学校会计真账实操
——从入门到精通——

张金霞 ● 编著

中国铁道出版社有限公司
CHINA RAILWAY PUBLISHING HOUSE CO., LTD.

内 容 简 介

本书既解读了会计制度，又示范了会计实务，理论与实务并举。从会计新制度的立意出发，全面、细致、准确地讲述了各个会计科目的核算方法。

新的学校会计制度重构了学校会计制度核算模式，强化了财务会计功能，完善了预算会计功能，是学校会计制度改革中具有里程碑意义的一个文件。本书帮助从事学校会计的人员，尽快熟悉实务操作中的具体特点，掌握具体技能。

本书内容通俗易懂，案例丰富，实用性强，特别适合学校会计的入门和进阶读者阅读，也适合教育部门的管理人员等学校会计爱好者阅读。另外，本书也适合作为相关培训机构的教材使用。

图书在版编目（CIP）数据

学校会计真账实操从入门到精通/张金霞编著．—北京：中国铁道出版社有限公司，2019. 9

ISBN 978-7-113-26029-3

Ⅰ. ①学… Ⅱ. ①张… Ⅲ. ①学校-会计方法 Ⅳ. ①G475

中国版本图书馆 CIP 数据核字(2019)第 141951 号

书　　名：学校会计真账实操从入门到精通
作　　者：张金霞

责任编辑：张　丹　　**读者热线：**010－63560056
责任印制：赵星辰　　**封面设计：**MXK DESIGN STUDIO

出版发行：中国铁道出版社有限公司(100054,北京市西城区右安门西街 8 号)
印　　刷：三河市兴博印务有限公司
版　　次：2019 年 9 月第 1 版　2019 年 9 月第 1 次印刷
开　　本：700 mm×1 000 mm　1/16　**印张：**29. 5　**字数：**468 千
书　　号：ISBN 978－7－113－26029－3
定　　价：69. 80 元

前　言

2018年8月，财政部颁发《关于印发高等学校执行《政府会计制度——行政事业单位会计科目和报表》的补充规定和衔接》（财会〔2018〕19号），原执行《高等学校会计制度》（财会〔2013〕30号，以下简称原制度）的高等学校，自2019年1月1日起执行新制度，不再执行原制度。2018年8月，财政部颁发《关于印发中小学校执行《政府会计制度——行政事业单位会计科目和报表》的补充规定和衔接》（财会〔2018〕20号），目前执行《中小学校会计制度》（财会〔2013〕27号，以下简称原制度）的中小学校，自2019年1月1日起执行新制度，不再执行原制度。

2019年全面实施的新的学校会计制度重构了学校会计核算模式，有机统一了学校会计制度，全面引入了权责发生制核算原则，充分体现了财政预算改革的新要求。新制度全面反映学校资产负债、收入费用、运行成本、现金流量等信息，有利于进一步规范学校行为、提高学校财务管理能力，是学校会计制度改革中具有里程碑意义的一个文件。

本书特色

1. 内容新、思维新、体例新

本书以国内政府会计改革为背景，以我国《政府会计制度——行政事业单位会计科目和报表》、《关于印发高等学校执行〈政府会计制度——行政事业单位会计科目和报表〉的补充规定和衔接》（财会〔2018〕19号）、《关于印发中小学校执行〈政府会计制度——行政事业单位会计科目和报表〉的补充规定和衔接》（财会〔2018〕20 号）为指南，以财务会计五大要素和预算会计三大要素为主线，按照学校会计要素和会计科目编排教学单元，全面系统论述了学校会计的主要内容与核算方法等，并体现推行学校财务会计、学校预算会计、学校综合财务报告等最新动态，有助于“算为管用、算管结合”的不断融合。

2. 内容翔实、详略得当，讲授符合初学者的认知规律

本书作为学校会计的理论和实务操作蓝本，对涉及的新学校会计制度理论、具体内容及具体的学校会计操作实务，进行了全面、系统、完整的介绍，旨在让学校会计主体单位的财务人员，快速高效地掌握学校会计的要义，尽快适应新的工作需要，确保新学校会计制度在我国的全面推行。

本书内容涵盖了票据凭证、账簿账册、会计分录、报告报表等学校会计实务所必须掌握的知识，从内容结构上非常注重知识的实用性和可操作性。必须掌握的细节处绝不吝惜笔墨；仅需要大致了解处绝不浪费纸张，整体结构的描述提纲挈领。这种由浅入深、循序渐进的讲述完全是遵循和尊重了初学者对学校会计知识的认知规律。

本书内容及体系结构

第 1 章　政府会计基础知识

本章主要讲述政府会计最新制度、政府会计基础、政府会计核算模式、借贷记账法、政府财务会计要素、政府预算会计要素、政府会计科目名称和编号及分类、政府会计账户、政府会计的会计凭证、政府会计账簿。

第 2 章　学校新会计制度与旧制度的衔接

本章主要讲述高等学校新会计制度与旧会计制度的衔接、中小学校新会计制度与旧会计制度的衔接。

按照新旧衔接规定的总体要求，各学校自 2019 年 1 月 1 日起，应当严格按照新制度的规定进行会计核算、编制财务报表和预算会计报表。读者在本章全面学习所有会计科目的衔接知识。

第 3 章　资产类科目核算

本章主要讲述资产概述、库存现金的核算、银行存款的核算、零余额账户用款额度的核算、其他货币资金的核算、短期投资的核算、财政应返还额度的核算、应收票据的核算、应收账款的核算、预付账款的核算、其他应收款的核算、坏账准备的核算、在途物品的核算、库存物品的核算、加工物品的核算、待摊费用的核算、长期股权投资的核算、长期债券投资的核算、固定资产的核算、固定资产累计折旧的核算、工程物资的核算、在建工程、无形资产的核算、无形资产累计摊销的核算、研发支出的核算、文物文化资产的核算、受托代理资产的核算、长期待摊费用的核算、待处理财产损溢的核算。

本章对财务会计的28项资产类科目核算内容进行了介绍，引导读者根据学校财务会计科目间的内在联系掌握其规律、熟悉其特征，进而逐步在自己的头脑中建立一个立体的、系统的、体系化的、相互联系的财务会计资产类科目群，为全面、系统、有序地核算和监督学校部门的经济运行奠定了前提和基础。

第4章　负债类科目核算

本章主要讲述负债概述、短期借款的核算、应交增值税的核算、其他应交税费的核算、应缴财政款的核算、应付职工薪酬的核算、应付票据的核算、应付账款的核算、应付利息的核算、预收账款的核算、其他应付款的核算、预提费用的核算、长期借款的核算、长期应付款的核算、预计负债的核算、受托代理负债的核算。

本章采用具体实例，详细分析了负债类科目的核算方法。

第5章　净资产类科目核算

本章主要讲述累计盈余的核算、专用基金的核算、权益法调整的核算、本期盈余的核算、本年盈余分配的核算、无偿调拨净资产的核算、以前年度盈余调整的核算。

本章同样是采用具体实例，详细分析了净资产科目的核算方法。

第6章　收入类科目核算

本章主要讲述财政拨款收入的核算、事业收入的核算、上级补助收入的核算、附属单位上缴收入的核算、经营收入的核算、非同级财政拨款收入的核算、投资收益的核算、捐赠收入的核算、利息收入的核算、租金收入的核算、其他收入的核算。

第7章　费用类科目核算

本章主要讲述业务活动费用的核算、单位管理费用的核算、经营费用的核算、资产处置费用的核算、上缴上级费用的核算、对附属单位补助费用的核算、所得税费用的核算、其他费用的核算。

费用类科目的会计核算类似于我们之前用过的支出科目，分录相对简单。

第 8 章　预算收入类科目核算

本章主要讲述财政拨款预算收入的核算、事业预算收入的核算、上级补助预算收入的核算、附属单位上缴预算收入的核算、经营预算收入的核算、债务预算收入的核算、非同级财政拨款预算收入的核算、投资预算收益的核算、其他预算收入的核算。

第 9 章　预算支出类科目核算

本章主要讲述预算支出概述、事业支出的核算、经营支出的核算、上缴上级支出的核算、对附属单位补助支出的核算、投资支出的核算、债务还本支出的核算、其他支出的核算。

第 10 章　预算结余类科目核算

本章主要讲述资金结存的核算、财政拨款结转的核算、财政拨款结余的核算、非财政拨款结转的核算 、非财政拨款结余的核算、专用结余的核算 、经营结余的核算、其他结余的核算、非财政拨款结余分配的核算。

第 11 章　高等学校、中小学校会计报表

本章主要讲述会计报表概述、资产负债表的填制、收入费用表的填制、净资产变动表的填制、现金流量表的填制、预算收入支出表的填制、预算结转结余变动表的填制、财政拨款预算收入支出表的填制、报表附注。

本书读者对象

- 学校会计从业人员
- 教育部门的管理人员
- 公立学校的管理者

因受作者水平和成书时间所限，本书难免存有疏漏和不当之处，敬请指正。

目　　录

第 1 章　政府会计基础知识

为完善各级行政部门及各级各类事业单位会计核算，统一其会计核算方法，新政府会计制度重新规范了政府会计要素，确定单位会计要素包括资产、负债、净资产、收入和费用；预算会计要素包括预算收入、预算支出和预算结余。

本章主要讲述政府会计最新制度、政府会计基础、政府会计核算模式、借贷记账法、政府财务会计要素、政府预算会计要素、政府会计科目名称和编号及分类、政府会计账户、政府会计的会计凭证、政府会计账簿。

1.1　政府会计最新制度

2017 年 10 月 24 日，财政部制定《政府会计制度——行政事业单位会计科目和报表》，自 2019 年 1 月 1 日起施行。2018 年 2 月，财政部发布《〈政府会计制度——行政事业单位会计科目和报表〉与〈行政单位会计制度〉〈事业单位会计制度〉有关衔接问题处理规定的通知》，至此新政府会计制度全面构建完成。

《政府会计制度——行政事业单位会计科目和报表》的特点：

1. 统一了多项单位会计制度。

《政府会计制度——行政事业单位会计科目和报表》颁布后，统一了原来的《行政单位会计制度》《事业单位会计制度》《医院会计制度》《高等学校会计制度》《中小学校会计制度》《科学事业单位会计制度》《基层医疗卫生机构会计制度》《测绘单位会计制度》《地质勘察单位会计制度》

《彩票机构会计制度》《国有林场（苗圃）会计制度》等11项事业单位各行业的会计制度。

2. 明确了适用单位。

《政府会计制度——行政事业单位会计科目和报表》适用于中华人民共和国各级行政单位和事业单位。民间非营利组织不在此范围，仍执行《民间非营利组织会计制度》。执行企业会计准则的事业单位，不执行本制度。

3. 重构了政府会计制度核算模式：双功能、双基础、双分录、双报告。

- 双功能：政府会计主体核算具备财务会计和预算会计双重功能，实现了财务会计和预算会计适度分离和相互衔接。
- 双基础：政府会计主体财务会计实行权责发生制；预算会计实行收付实现制。
- 双分录：政府会计主体财务会计按业务登记相关会计分录；预算会计按业务登记相关会计分录。
- 双报告：通过财务会计核算形成财务报告；通过预算会计编制年度决算，并为编制后续年度预算提供参考和依据。

4. 强化了财务会计功能，完善了预算会计功能。

一项经济业务发生后，需要依据财务会计的科目与要求编制财务会计分录；同时依据预算会计科目与规则编制预算会计分录。

通过编制“本期预算结余与本期盈余差异调节表”并在附注中进行披露，反映政府会计主体财务会计和预算会计因核算基础和核算范围不同所产生的本年盈余数（即本期收入与费用之间的差额）与本年预算结余数（本年预算收入与预算支出的差额）之间的差异，从而揭示财务会计和预算会计的内在联系。

5. 会计要素“5+3”：双体系下的会计要素特点。

- 财务会计要素共五项：资产、负债、净资产、收入、费用。其中的资产类会计要素有35个，负债类会计要素有16个，净资产类会计要素有7个，收入类会计要素有11个，费用类会计要素有8个。
- 预算会计要素共三项：预算收入、预算支出、预算结余。其中预算收入类会计要素有9个，预算支出类会计要素有8个，预算结余类会计要素有9个。

6. 加强政府会计主体内部财务控制建设。

由于增加了收入和费用两个财务会计要素的核算内容，以及对固定资产、无形资产等计提折旧或摊销，引入坏账准备等措施，对于准确反映政府会计主体财务状况和运行成本具有重要意义。

7. 基本建设会计并入。

在2013年、2014年“基建并入大账”的基础上，合并了“在建工程”和“基建工程”两个科目内容，并且在总说明中明确规定政府会计主体不再单独建账，但应当按项目单独核算。

8. 调整完善了报表体系：七张报表和一张附注。

七张报表为：资产负债表、收入费用表、净资产变动表、现金流量表、预算收入支出表、预算结转结余变动表、财政拨款预算收入支出表。其中选择编制现金流量表。一张附注为：财务报告体系下的报表附注。

1.2　政府会计基础

政府会计是指用于确认、计量、记录和报告政府和行政事业单位财务收支活动及其受托责任的履行情况的会计体系。

1. 预算会计是指以收付实现制为基础对政府会计主体预算执行过程中发生的全部收入和全部支出进行会计核算，主要反映和监督预算收支执行情况的会计。

2. 财务会计是指以权责发生制为基础对政府会计主体发生的各项经济业务或者事项进行会计核算，主要反映和监督政府会计财务状况、运行情况和现金流量等的会计。

3. 政府会计主体是会计工作为其服务的特定单位或组织，是会计人员进行会计核算时在空间范围上的界定。

4. 政府会计客体是会计核算和监督的内容。政府会计主体核算的对象是预算执行情况和财务收支活动（财务状况、运行情况、现金流量等）。政府会计活动监督的对象是资金取得、使用和结果所引起的经济业务活动。

5. 政府会计目标是政府会计系统通过自身功能的实现所要达到的最终

目的。政府会计目标的内容包括三项：向政府财务报告的使用者提供会计信息；政府财务报告使用者的信息需求；财务报告能够提供的信息。

1.2.1 政府会计信息质量的要求

按照《政府会计制度——行政事业单位会计科目和报表》的规定，会计信息质量的要求一般包括可靠性、全面性、相关性、及时性、可比性、可理解性、实质重于形式等。是对财务报告中所提供会计信息质量的基本要求，是使财务报告中所提供会计信息对使用者的决策有用应具备的基本特征。

1. 可靠性

可靠性是指政府会计主体应当以实际发生的经济业务或者事项为依据进行会计核算，如实反映各项会计要素的情况和结果，保证会计信息真实可靠。

2. 全面性

全面性是指政府会计主体应当将发生的各项经济业务或者事项统一纳入会计核算，确保会计信息能够全面反映政府会计主体预算执行情况和财务状况、运行情况、现金流量等。

《政府会计制度——行政事业单位会计科目和报表》中要求对固定资产、公共基础设施、保障性住房和无形资产计提折旧或摊销，引入坏账准备等减值概念，确认预计负债、待摊费用和预提费用以及对基本建设投资按照本制度规定统一进行会计核算等，都是会计信息全面性要求的具体体现。

3. 相关性

相关性是指政府会计主体提供的会计信息，应当与反映政府会计主体公共受托责任履行情况以及报告使用者的决策或者监督、管理的需要相关，有助于报告使用者对政府会计主体过去、现在或者未来的情况做出评价或者预测。

4. 及时性

及时性是指政府会计主体对已经发生的经济业务或者事项，应当及时进行会计核算，不得提前或者延后。

5. 可比性

政府会计主体提供的会计信息应当具有可比性。这主要包括两层含义：

同一政府会计主体不同时期发生的相同或者相似的经济业务或者事项，应当采用一致的会计政策，不得随意变更。确需变更的，应当将变更的内容、理由及其影响在附注中予以说明（横向可比）。

不同政府会计主体发生的相同或者相似的经济业务或者事项，应当采用一致的会计政策，确保政府会计信息口径一致，相互可比（纵向可比）。

6. 可理解性

可理解性是指政府会计主体提供的会计信息应当清晰明了，便于会计信息使用者理解和使用。

《政府会计制度——行政事业单位会计科目和报表》增加了净资产变动表，简化了本年盈余与预算结余差异调节表的内容，并将该表从主表移至附注，同时细化了报表附注的内容，对于提高会计信息的可理解性有重要意义。

7. 实质重于形式

实质重于形式是指应当按照经济业务或者事项的经济实质进行会计核算，不限于以经济业务或者事项的法律形式为依据。

《政府会计制度——行政事业单位会计科目和报表》中的计提固定资产折旧，将折旧计入成本费用而不是冲减净资产等，就是会计信息实质重于形式质量要求的体现。

1.2.2　政府会计核算的基本前提

政府会计核算主要是对政府会计主体及其相关机构所使用的公共资源、财政资金和财务收支活动情况进行有效的核算和监督。政府会计核算是指包括确认、计量、记录和报告各个环节，涵盖填制会计凭证、登记会计账簿、编制报告全过程。

会计基本前提也称会计假设，是对会计所处的时间和空间环境所作的合理假定，即对会计领域里某些无法正面加以论证的事物，根据客观的、正常的情况和趋势经过逐步认识所做的合理的判断。在组织核算工作之前，首先要解决与确立核算主体有关的一系列重要的问题，这是全部会计工作的基础。

政府会计基本前提包括以下四项：会计主体、持续经营、会计分期和货币计量。

1. 会计主体：会计核算服务的对象或者说是会计人员进行核算（确认、计量、记录、报告）采取的立场及空间活动范围界定。

政府会计的主体包括各级政府、各部门、各单位，具体来说是指与本级政府财政部门直接或者间接发生预算拨款关系的国家机关、军队、政党组织、社会团体、事业单位和其他单位，但不包括已纳入企业财务管理体系的单位和执行《民间非营利组织会计制度》的社会团体。

2. 持续经营：政府会计主体在可以预见的将来，不会面临破产和清算，而是持续不断地经营下去。

只有具备了这一前提条件，才能够以历史成本作为政府会计主体资产的计价基础，才能够认为资产在未来的经营活动中可以给政府会计主体带来经济效益，固定资产的价值才能够按照使用年限的长短以折旧的方式分期转为费用。

3. 会计分期：至少分为年度和月度。会计年度、月度等会计期间的起讫日期采用公历日期。

4. 货币计量：用货币来反映一切经济业务，是会计核算的基本特征，因而也是会计核算的一个重要的前提条件。

政府会计核算以人民币作为记账本位币。发生外币业务时，应当将有关外币资金折算为人民币金额计量，同时登记外币金额。

1.2.3 政府会计核算的原则

政府会计核算的原则包括两项：限制性原则和历史成本原则。

1. 限制性原则：对有指定用途的资金应按照规定的用途使用，并单独反映，即专款专用原则。例如行政事业单位中的固定基金、留本基金、专用基金等具有指定用途，规定有具体的使用范围，不能移作他用，特别是不能用于生产经营。

2. 历史成本原则：政府会计主体中需要核算记录的财产物资应当按照取得或购建时的实际成本核算。

1.3 政府会计核算模式

政府会计的核算模式：双功能、双基础、双分录、双报告的政府会计核算模式。自 2019 年 1 月 1 日起施行的《政府会计制度——行政事业单位会计科目和报表》，对行政及各类事业单位的会计核算发生了重大变化，特别是重新构建了“财务会计和预算会计适度分离并相互衔接”的会计核算模式，要求财务会计和预算会计进行平行核算。

1.3.1　双功能

双功能是财务会计与预算会计适度分离并相互衔接。预算会计对政府会计主体预算执行过程中发生的全部预算收入和全部预算支出进行会计核算，主要反映和监督预算收支执行情况。

财务会计对政府会计主体发生的各项经济业务或者事项进行会计核算，主要反映和监督政府会计主体财务状况、运行情况和现金流量等。(与企业财务会计最为接近的地方)

例如某政府会计主体通过授权支付方式购买固定资产时，在财务会计下，借记“固定资产”科目，贷记“零余额账户用款额度”科目；同时，在预算会计下，借记相关支出类科目，贷记“资金结存”相关明细科目。固定资产后续计量仅需要进行财务会计处理，如计提折旧时，借记相关费用科目，贷记“累计折旧”科目。但是，对于不属于预算收支的现金收支，如应当上缴国库或财政专户的款项、应当转拨其他政府会计主体的款项、受托代理的款项等，收到或支付时仅作财务会计核算，不需要进行预算会计核算。

1.3.2　双基础

政府会计记账基础即会计处理时，以何种标准确认、计量、记录、报告会计要素的基础。

《政府会计制度——行政事业单位会计科目和报表》规定，政府会计由预算会计和财务会计构成。预算会计实行收付实现制（国务院另有规定的，依照其规定），财务会计实行权责发生制。在同一会计核算系统中政府预算会计要素和相关财务会计要素相互协调，决算报告和财务报告相互补充，共同反映政府会计主体的预算执行信息和财务信息。

双基础是预算会计和财务会计共同构成政府会计。

1. 收付实现制： 亦称“收付实现基础”或“现收现付制”。是指以现金的实际收付为标志来确定本期收入和支出的会计核算基础。凡在当期实际收到的现金收入和支出，均应作为当期的收入和支出；凡是不属于当期的现金收入和支出，均不应当作为当期的收入和支出。我国预算会计都采用收付实现制，因为它能真实地反映当年的预算收支实际执行结果，既能避免预算上的虚假平衡，又便于资金调度和统筹使用。

2. 权责发生制：是指以取得收取款项的权利或支付款项的义务为标志来确定本期收入和费用的会计核算基础。指会计核算中确定本期收益和费用的方法。即凡属于本期的收入，不论款项是否收到，均作为本期收入处理；不属于本期的收入，即使本期收到的款项也只作为预收款项处理，而不作为本期收入。如表 1. 1 所示。

表 1. 1　权责发生制与收付实现制的比较

序号	经济业务	权责发生制		收付实现制		备注
		当期收入	当期费用	当期收入	当期费用	
1	某事业单位收回某客户上月所欠的音乐培训费 18 000 元	0		18 000		权责发生制下，该已经实现并确认了收入，所以本月不再确认为收入；收付实现制下，按实际收入的金额确认收入
2	某事业单位对外提供音乐培训收入 35 000 元，按合同规定下月收回音乐培训费	35 000		0		权责发生制下，由于已经提供音乐培训，收入权利已经形成；收付实现制下，没有实际收到这笔音乐培训费，则不能确认收入
3	根据合同规定收到某客户的音乐培训费定金 13 000 元，款项已经存入银行	0		13 000		因为尚未实际提供音乐培训，取得收入的权力没有形成；收付实现制下按实际取得的金额确认收入
4	以银行存款支付下一年财产保险费 12 000 元	0		12 000		由于收益期是下一年度，本月并未受益；但是收付实现制下，实际支付了，则确认为本月费用

续上表

序号	经济业务	权责发生制		收付实现制		备注
		当期收入	当期费用	当期收入	当期费用	
5	计算确定本月单位应负担的电费1 580元	1 580		0		承担该费用的责任在本月已经产生，故是本月费用，但是收付实现制下没有实际支付，则不确认
6	以银行存款支付本季度办公楼租金9 000元		3 000		9 000	虽然实际支付了9 000元办公楼租金，但是本月应负担的是9 000/3＝3 000元

1.3.3　双分录

双分录是一项经济业务发生后，需要依据财务会计的科目与要求编制财务会计分录；同时依据预算会计科目与规则编制预算会计分录。

一般情况下，对于财务会计“财政拨款收入”“零余额账户用款额度”“库存现金”“银行存款”“其他货币资金”科目发生增减变动时，预算会计应同时进行相应会计处理。

实例【1-1】　2019年2月1日，某事业单位以现金缴纳电费370元，应编制会计分录如下：

财务会计：

借：业务活动费用　370

　　贷：库存现金　370

预算会计：

借：事业支出　370

　　贷：资金结存——货币资金　370

注意：有些业务预算会计做相关会计分录，而财务会计却不做分录，反之亦然。有些业务预算会计和财务会计都要做相关会计分录。

1.3.4 双报告

双报告是政府会计主体应当编制决算报告和财务报告。

决算报告的目标是向决算报告使用者提供与政府预算执行情况有关的信息，综合反映政府会计主体预算收支的年度执行结果，有助于决算报告使用者进行监督和管理，并为编制后续年度预算提供参考和依据。

政府决算报告使用者包括各级人民代表大会及其常务委员会、各级政府及其有关部门、政府会计主体自身、社会公众和其他利益相关者。

财务报告的目标是向财务报告使用者提供与政府的财务状况、运行情况（含运行成本，下同）和现金流量等有关信息，反映政府会计主体公共受托责任履行情况，有助于财务报告使用者做出决策或者进行监督和管理。

政府财务报告使用者包括各级人民代表大会常务委员会、债权人、各级政府及其有关部门、政府会计主体自身和其他利益相关者。

1.3.5 编制政府财务报告的内容

政府财务报告的内容包括政府会计报表和报表附注。

1. 政府会计报表主要包括资产负债表、收入费用表、净资产变动表、现金流量表、预算收入支出表、预算结余结转变动表和财政拨款预算收入支出表。

- 资产负债表，反映政府部门年末财务状况，应当按照资产、负债和净资产分类分项列示。
- 收入费用表，反映政府部门年度运行情况，应当按照收入、费用和盈余分类分项列示。
- 净资产变动表反映单位在某一会计年度内净资产项目的变动情况。
- 现金流量表反映单位在某一会计年度内现金流入和流出的信息。
- 预算收入支出表反映单位在某一会计年度内各项预算收入、预算支出和预算收支差额的情况。
- 预算结转结余变动表反映单位在某一会计年度内预算结转结余的变动情况。
- 财政拨款预算收入支出表反映政府会计主体本年财政拨款预算资金

收入、支出及相关变动的具体情况。

2. 报表附注，重点对财务报表作进一步解释说明，一般应当按照下列顺序披露：

- 报表的编制基础、遵循政府会计准则和会计制度的声明。
- 报表涵盖的主体范围。
- 重要会计政策和会计估计。
- 报表中重要项目的明细资料和进一步说明。
- 或有和承诺事项、资产负债表日后重大事项的说明。
- 部门及所属单位代表政府管理的有关经济业务或事项的说明，包括政府储备资产、公共基础设施、保障性住房等。

1.4　借贷记账法

会计记账方法是根据政府会计主体所发生的经济业务采用特定的记账符号并运用一定的记账原理（程序和方法），在账簿中进行登记的方法。政府部门会计采取借贷记账法。

本节主要讲述政府会计的记账方法、借贷记账法的记账规则、借贷记账法的主要原理、借贷记账法的主要优点。

1.4.1　政府会计的记账方法——借贷记账法

借贷记账法是以“借”“贷”两个字作为记账符号，记录会计要素增减变动情况的一种复式记账法。其要点是：“有借必有贷，借贷必相等”。“资产类、成本费用类科目，借增贷减”，“负债及权益类、收入类借减贷增”，收支结转时则方向相反。

借贷记账法下，账户的左方称为借方，账户的右方称为贷方，所有的账户的借方和贷方按相反方向记录增加数和减少数，即一方登计增加额，另一方就登记减少额。至于“借”表示增加，还是“贷”表示增加，则取决于账户的性质与所记录经济内容的性质。“借”和“贷”所表示增减的含义。如表 1.2 所示。

表 1.2　各类账户“借”“贷”代表的含义

账户类别	借	贷
资产类账户	增加	减少
资产类备抵账户	减少	增加
负债类账户	减少	增加
所有者权益类账户	减少	增加
负债和所有者权益类备抵账户	增加	减少
成本类账户	增加	减少
收入类账户	减少	增加
费用类账户	增加	减少

1.4.2　借贷记账法的记账规则：“有借必有贷，借贷必相等”

按照这一记账规则，任何经济业务的发生总会涉及两个或两个以上的相关账户，账户一方（或几方）记入借方，另一方（或几方）必须记入贷方，记入借方的金额等于记入贷方的金额。如果涉及多个账户，记入借方账户金额的合计数等于记入贷方账户金额的合计数。

1.4.3　借贷记账法的主要原理

借贷记账法的主要原理：任何经济业务的发生，都会引起资产、负债、所有者权益等会计要素发生相应变动。包括以下的六种类型。

1. 资产和负债或者所有者权益同时增加，资金总额增加。这类经济业务，一方面要将发生的金额登记到资产类账户的借方，另一方面同时要以相等金额登记到负债或所有者权益的贷方。

2. 资产和负债或者所有者权益同时减少，资金总额减少。这类经济业务，一方面要将发生的金额登记到资产类账户的贷方，另一方面同时要以相等金额登记到负债或所有者权益的借方。

3. 发生经营收入，一般会导致资产和收入同时增加，资金总额增加。这类经济业务，一方面要将发生的金额登记到资产账户的借方，另一方面同时要以相等金额登记到收入账户的贷方。

4. 发生经营费用，一般会导致资产减少与费用增加，资金总额不变。

这类经济业务，一方面要将发生的金额登记到资产类账户的贷方，另一方面同时要以相等金额登记到费用账户的借方。

5. 资产内部项目互相转化，即两个项目一增一减，资金总额不变。这类经济业务，一方面要将发生的金额登记到某一资产账户的借方，另一方面同时要以相等金额登记到另一资产账户的贷方。

6. 负债或所有者权益一增一减，资金总额不变。这类经济业务，一方面要将发生的金额登记到某一负债或所有者权益账户的贷方，另一方面同时要以相等金额登记到另一负债或所有者权益账户的借方。

1.4.4 借贷记账法的主要优点

借贷记账法主要优点有以下四个方面：有利于分析经济业务，加强经济管理；有利于防止和减少记账差错；在账户设置上较为灵活；有利于会计电子化。

1.5 政府财务会计要素

会计要素，是对会计对象的具体内容所做的分类。政府财务会计要素共五项：资产类要素、负债类要素、净资产类要素、收入类要素和费用类要素。

1.5.1 认识资产类要素

资产：是指政府会计主体过去的经济业务或者事项形成的，由政府会计主体控制的，预期能够产生服务潜力或者带来经济利益流入的经济资源。

服务潜力是指政府会计主体利用资产提供公共产品和服务以履行政府职能的潜在能力。

经济利益流入表现为现金及现金等价物的流入，或者现金及现金等价物流出的减少。

1. 资产类要素共 35 项包括：库存现金、银行存款、零余额账户用款额度、其他货币资金、短期投资、财政应返还额度、应收票据、应收账款、预付账款、应收股利、应收利息、其他应收款、坏账准备、在途物品、库存物品、加工物品、待摊费用、长期股权投资、长期债券投资、固定资产、固定资产累计折旧、工程物资、在建工程、无形资产、无形资产累计摊销、研发支出、公共基础设施、公共基础设施累计折旧（摊销）、政府储备物资、文物文化资产、保障性住房、保障性住房累计折旧、受托代理资产、长期待摊费用、待处理财产损溢。

2. 资产的特点：资产是由政府会计主体过去的经济业务或事项形成的；资产是政府会计主体所拥有或控制的；资产能够为政府会计主体带来经济利益和服务潜力。

1.5.2 认识负债类要素

负债是指政府会计主体过去的经济业务或者事项形成的，预期会导致经济资源流出政府会计主体的现时义务。

现实义务是指政府会计主体在现行条件下已承担的义务。未来发生的经济业务或者事项形成的义务不适于现实义务，不应当确认为负债。

1. 负债类会计要素共 15 项包括：短期借款、应交增值税、其他应交税费、应缴财政款、应付职工薪酬、应付票据、应付账款、应付利息、预收账款、其他应付款、预提费用、长期借款、长期应付款、预计负债、受托代理负债。

2. 负债的特点：负债是由政府会计主体过去的经济业务或事项形成的；负债是政府会计主体承担的现时义务，即在现行条件下已承担的义务；负债的清偿将导致含有服务潜力或者经济资源流出政府会计主体。

1.5.3 认识净资产类要素

净资产是政府会计主体资产扣除负债后的净额，即属于财政会计核算主体所有的资产净值。是财政年终将各项收入与相应的支出相抵后的余额，即为该项资金的当年结余。当年结余加上年年末滚存结余为本年年末滚存结余，它是下年度可以结转使用或重新安排使用的资金。各项结余应每年结算一次。

1. 净资产类要素共 7 项包括：累计盈余、专用基金、权益法调整、本期盈余、本年盈余分配、无偿调拨净资产、以前年度盈余调整。

2. 净资产特点：政府会计主体净资产增加时，其表现形式为资产增加或负债减少；政府会计主体净资产减少时，其表现形式为资产减少或负债增加。而净资产是预算会计中特有的。

1.5.4 认识收入类要素

收入是报告期内导致政府会计主体净资产增加的，含有服务潜力或者经济利益的经济资源的流入。

1. 收入类要素共11项包括：财政拨款收入、事业收入、上级补助收入、附属单位上缴收入、经营收入、非同级财政拨款收入、投资收益、捐赠收入、利息收入、租金收入、其他收入。

2. 收入的特点：政府会计主体收入的增加将导致净资产增加，进而导致资产增加或负债减少（或两者兼而有之）并最终导致政府会计主体经济利益的增加或服务潜力增强；政府会计主体收入确认是建立在收付实现制原则和权责发生制原则基础上。

1.5.5 认识费用类要素

费用是报告期内导致政府会计主体净资产减少的，含有服务潜力或者经济利益的经济资源的流出。

1. 费用类要素共8项包括：业务活动费用、单位管理费用、经营费用、资产处置费用、上缴上级费用、对附属单位补助费用、所得税费用、其他费用。

2. 费用的特点：政府会计主体收入的增加将导致净资产减少，进而导致资产减少或负债增加（或两者兼而有之）并最终导致政府会计主体经济利益的减少或服务潜力减弱；政府会计主体费用确认是建立在收付实现制原则和权责发生制原则基础上的。

1.6 政府预算会计要素

政府预算会计是指对政府预算资金活动过程及其结果所实施的一种管理活动，是各级财政部门和行政事业单位用来核算、反映和监督政府预算执行情况的会计。它以货币为主要计量单位，对各级政府财政部门和行政事业单位的经济业务进行连续、系统、完整的反映和监督。

政府预算会计要素包括预算收入、预算支出与预算结余。

1.6.1 认识预算收入类要素

预算收入是指政府会计主体在预算年度内依法取得的并纳入预算管理的现金流入。

1. 预算收入类要素共9项包括：财政拨款预算收入、事业预算收入、上级补助预算收入、附属单位上缴预算收入、经营预算收入、债务预算收入、非同级财政拨款预算收入、投资预算收益、其他预算收入。

2. 预算收入特点：预算收入一般在实际收到时予以确认，以实际收到的金额计量。

1.6.2 认识预算支出类要素

预算支出是指政府会计主体在预算年度内依法发生的并纳入预算管理的现金流出。

1. 预算支出类要素共7项包括：事业支出、经营支出、上缴上级支出、对附属单位补助支出、投资支出、债务还本支出、其他支出。

2. 预算支出特点：预算支出一般在实际支付时予以确认，以实际支付的金额计量。

1.6.3 认识预算结余类要素

预算结余是指政府会计主体预算年度内预算收入扣除预算支出后的资金余额，以及历年滚存的资金余额。

预算结余包括结余资金和结转资金。

结余资金是指年度预算执行终了，预算收入实际完成数扣除支出和结转资金后剩余的资金。结转资金是指预算安排项目的支出年终尚未执行完毕或者因故未执行，且下年需要按原用途继续使用的资金。

预算结余类要素共9项包括：资金结余、财政拨款结转、财政拨款结余、非财政拨款结转、非财政拨款结余、专用结余、经营结余、其他结余、非财政拨款结余分配。

1.7　政府会计科目名称和编号及分类

《政府会计制度——行政事业单位会计科目和报表》在科目设置上，一般情况下不再区分行政和事业单位，也不再区分行业事业单位；在核算内容上，基本保留了现行各项制度中的通用事项，同时增加各级各类行政事业单位的共性业务；在会计政策上，对同类业务尽可能做出同样的处理规定。

1.7.1　认识政府会计科目

政府会计科目是按照经济业务的内容和经济管理的要求，对会计要素的具体内容进行分类核算的科目，称为会计科目。是会计要素的具体化，是设置账户、处理账务的依据。

2019 年政府会计科目汇总表，新科目表把所有行政事业单位科目统一到一张科目表上，其中有各行业通用的科目，也有每个行业专用的科目（77 财务会计科目 +26 预算科目 +6 个补充科目 =109 个总账科目）。

1.7.2　政府会计科目的设置原则

1. 统一性原则：总账（一级）科目必须统一。
2. 适用性原则：会计科目应与预算收支科目相适应。
3. 简明性原则：简单明了。

1.7.3　政府会计科目名称及编号

政府财务会计下设资产、负债、净资产、收入和费用五个要素共 77 个一级科目；政府预算会计下设预算收入、预算支出和预算结余三个要素共 26 个一级科目。如表 1.3 所示。

表 1.3　会计科目名称和编号表

序号	科目编号	科目名称
一、财务会计科目		
（一）资产类		
1	1001	库存现金
2	1002	银行存款
3	1011	零余额账户用款额度
4	1021	其他货币资金
5	1101	短期投资
6	1201	财政应返还额度
7	1211	应收票据
8	1212	应收账款
9	1214	预付账款
10	1215	应收股利
11	1216	应收利息
12	1218	其他应收款
13	1219	坏账准备
14	1301	在途物品
15	1302	库存物品
16	1303	加工物品
17	1401	待摊费用
18	1501	长期股权投资
19	1502	长期债券投资
20	1601	固定资产
21	1602	固定资产累计折旧
22	1611	工程物资
23	1613	在建工程
24	1701	无形资产
25	1702	无形资产累计摊销

续上表

序号	科目编号	科目名称
一、财务会计科目		
26	1703	研发支出
27	1801	公共基础设施
28	1802	公共基础设施累计折旧（摊销）
29	1811	政府储备物资
30	1821	文物文化资产
31	1831	保障性住房
32	1832	保障性住房累计折旧
33	1891	受托代理资产
34	1901	长期待摊费用
35	1902	待处理财产损溢
（二）负债类		
36	2001	短期借款
37	2101	应交增值税
38	2102	其他应交税费
39	2103	应缴财政款
40	2201	应付职工薪酬
41	2301	应付票据
42	2302	应付账款
43	2303	应付政府补贴款
44	2304	应付利息
45	2305	预收账款
46	2307	其他应付款
47	2401	预提费用
48	2501	长期借款
49	2502	长期应付款
50	2601	预计负债
51	2901	受托代理负债

续上表

序号	科目编号	科目名称
（三）净资产类		
52	3001	累计盈余
53	3101	专用基金
54	3201	权益法调整
55	3301	本期盈余
56	3302	本年盈余分配
57	3401	无偿调拨净资产
58	3501	以前年度盈余调整
（四）收入类		
59	4001	财政拨款收入
60	4101	事业收入
61	4201	上级补助收入
62	4301	附属单位上缴收入
63	4401	经营收入
64	4601	非同级财政拨款收入
65	4602	投资收益
66	4603	捐赠收入
67	4604	利息收入
68	4605	租金收入
69	4609	其他收入
（五）费用类		
70	5001	业务活动费用
71	5101	单位管理费用
72	5201	经营费用
73	5301	资产处置费用
74	5401	上缴上级费用
75	5501	对附属单位补助费用
76	5801	所得税费用
77	5901	其他费用

续上表

序号	科目编号	科目名称
二、预算会计科目		
（一）预算收入类		
1	6001	财政拨款预算收入
2	6101	事业预算收入
3	6201	上级补助预算收入
4	6301	附属单位上缴预算收入
5	6401	经营预算收入
6	6501	债务预算收入
7	6601	非同级财政拨款预算收入
8	6602	投资预算收益
9	6609	其他预算收入
（二）预算支出类		
10	7101	行政支出
11	7201	事业支出
12	7301	经营支出
13	7401	上缴上级支出
14	7501	对附属单位补助支出
15	7601	投资支出
16	7701	债务还本支出
17	7901	其他支出
（三）预算结余类		
18	8001	资金结存
19	8101	财政拨款结转
20	8102	财政拨款结余
21	8201	非财政拨款结转
22	8202	非财政拨款结余
23	8301	专用结余
24	8401	经营结余
25	8501	其他结余
26	8701	非财政拨款结余分配

注意：从一级科目来看，财务会计的科目和企业会计一模一样，所以可以说基本就是从财务会计演变过来的，按照权责发生制记账；而预算会计的科目相对简单，就是我们在部门决算报表中常见的收支余，仍然是按照收付实现制记账。可以说政府会计制度是在加强权责发生制记账的同时，进一步完善收付实现制。

1.7.4　政府会计科目分类

政府会计科目按照提供指标的详细程度分为总账科目和明细科目。

1. 总账科目：总账中根据各个明细科目汇总登记，使用的会计科目分类。总账科目为一级科目，也就是现金、银行存款、原材料、产成品、其他应收款、其他应付款、应付账款、应交税金、本年利润、管理费用、销售费用、财务费用、利润分配、生产成本、制造费用等。比如招待客人吃饭用的钱，总账科目为管理费用，明细科目为业务招待费。

2. 明细分类科目：根据核算与管理的需要对某些会计科目所做的进一步分类的项目，提供更详细更具体会计信息的科目，是对总分类科目的具体化和详细说明。按照其分类的详细程序不同，又可分为子目和细目。如，管理费用：差旅费、办公费、运输费、招待费、工会经费、修理费；财务费用：利息。

1.8　政府会计账户

会计账户是根据会计科目设置的户头。会计科目与会计账户的联系是会计科目与会计账户两者的名称一致，即会计科目的名称就是会计账户的名称；两者所反映的经济内容一致，共同反映财政资金的运动及其结果。但账户具有一定的结构，科目没有结构；各种会计信息都是通过会计账户提供的。

会计账户与会计科目区别：会计科目仅仅是账户的名称，不存在结构；而账户具有一定的格式和结构。

1.8.1　认识政府会计账户

政府会计账户是根据会计科目设置的，具有一定格式和结构，用于反映会计要素的增减变动情况及其结果的载体。

会计账户按其反映的经济内容（所归属会计要素）不同，可以分为：资产类账户、负债类账户、净资产类账户、收入类账户、费用类账户、预算收入类账户、预算支出类账户、预算结余类账户。

1. 政府会计账户功能：连续、系统、完整地提供政府会计主体经济活动中会计要素增减变动及其结果的具体信息。

2. 政府会计账户四个金额要素：期初余额、本期增加发生额、本期减少发生额、期末余额。对于同一账户而言，四个金额要素之间的基本关系为：期末余额＝期初余额＋本期增加发生额－本期减少发生额。

1.8.2　认识政府会计账户结构

政府会计账户结构是账户的组成部分及其相互关系。具体分析如下。

1. 资产类、成本类账户的结构：在借贷记账法下，资产类、成本类账户的借方登记增加额；贷方登记减少额。期末余额一般在借方，有时可能无余额。

资产类、成本和费用类账户的增加用“借”表示，减少用“贷”表示；负债、所有者权益和收入类的账户的增加用“贷”表示，减少用“借”表示，备抵类账户的结构与所调整账户的结构正好相反。

余额计算公式：期末借方余额 ＝期初借方余额＋本期借方发生额－本期贷方发生额。

资产类备抵账户的结构与所调整账户的结构正好相反。

2. 负债类和所有者权益类账户的结构：在借贷记账法下，负债类、所有者权益类账户的借方登记减少额；贷方登计增加额；期末余额一般在贷方，有时可能无余额。

余额计算公式：期末贷方余额＝期初贷方余额＋本期贷方发生额－本期借方发生额。

负债类和所有者权益类备抵账户的结构于所调整账户的结构正好相反。

3. 损益类账户的结构：损益类账户主要包括收入和费用类账户。

4. 收入类账户的结构：在借贷记账法下，收入类账户的借方登记减少额；贷方登记增加额。本期收入净额在期末结转至“本年利润”账户，用以计算当期损益，结转后无余额。

5. 费用类账户的结构：在借贷记账法下，费用类账户的借方登记增加额，贷方登记减少额。本期费用净额在期末结转至“本年利润”账户，用以计算当期损益，结转后无余额。

1.8.3 复式记账法下会计账户的内容

复式记账法是对于每一笔经济业务，都必须用相等的金额在两个或两个以上相互联系的账户中进行登记，全面系统地反映会计要素增减变化的一种记账方法。

由于任何一项经济业务的发生，都会引起会计要素的至少两个具体项目的增减变化，而且变化金额相等，因此，为了全面系统地反映和监督经济活动过程，对于发生的每一笔经济业务，都应该以相等的金额同时在两个或两个以上的科目中进行登记。如表 1.4 所示。

表 1.4 复式记账法下会计账户的内容

2018 年		凭证字号	摘要	增加	减少	余额
月	日					
1	1		月初结余			900 000.00
1	7	略	将现金存入银行	200 000.00		1 100 000.00
1	9	略	支付公务用车费用		40 000.00	1 060 000.00
1	20	略	购买办公用品		50 000.00	1 010 000.00
1	21	略	归还短期借款		20 000.00	990 000.00
1	22	略	支付办公费		60 000.00	930 000.00
1	22	略	支付专用材料价款		30 000.00	900 000.00
1	27	略	支付电费		10 000.00	890 000.00
1	31	略	支付本月通讯费		10 000.00	880 000.00
1	31	略	支付员工出差补助		30 000.00	850 000.00
1	31	略	月末结余	200 000.00	25 000.00	850 000.00

账户的基本结构整体上类似于汉字“丁”和大写的英文字母“T”，所以，在实务中账户的结构被形象地称为“丁”字账户或者“T”型账户。所以上面单位“银行存款”账户用“T”型账户表示，如表1.5所示。

表1.5　“T”型账户表

借方	银行存款	贷方	
期初余额	900 000.00		
本期增加额 200 000.00		本期减少额 40 000.00 50 000.00 20 000.00 60 000.00 30 000.00 10 000.00 10 000.00 30 000.00	
本期借方发生额合计	200 000.00	本期贷方发生额合计	250 000.00
	850 000.00		

1.9　政府会计的会计凭证

会计凭证是指记录经济业务、明确经济责任的书面证明，也是登记账簿的依据。会计凭证是多种多样的，按照填制程序和用途不同，可以分为原始凭证和记账凭证。

1.9.1　认识原始凭证

原始凭证又称单据，是在经济业务发生或完成时取得或填制的，用以记录或证明经济业务的发生、执行或完成，用以明确经济责任，作为记账依据的最初的书面证明文件。它不仅能用来记录经济业务发生或完成情况，还可以明确经济责任，是进行会计核算工作的原始资料和重要依据，是会计资料中最具有法律效力的一种文件。

如出差乘坐的车船票、采购材料的发货票、到仓库领料的领料单、销货发票、款项收据等，都是原始凭证。在法律上具有证明效力，所以也可叫作“证明凭证”。

工作令号、购销合同、购料申请单等不能证明经济业务发生或完成情况的各种单证不能作为原始凭证并据以记账。

原始凭证的分类，按其取得的来源不同，可以分为自制原始凭证和外来原始凭证。

1. 自制原始凭证：在经济业务发生、执行或完成时，由本单位的经办人员自行填制的仅供内部使用的原始凭证，如收料单、领料单、产品入库单等。自制原始凭证按其填制手续不同，又可分为一次凭证、累计凭证、汇总原始凭证和记账编制凭证四种。

2. 外来原始凭证：在同外单位发生经济往来关系时，从外单位取得的凭证。外来原始凭证都是一次凭证。如购买材料、商品时，从供货单位取得的发货票，就是外来原始凭证。

1.9.2 原始凭证的填制和审核

原始凭证的填制和审核是通过对会计原始凭证的填制和审核来核算和监督每一项经济业务。对于已经发生的经济业务，都必须由经办人或单位填制原始凭证，并签名盖章。所有原始凭证都要经过会计部门和其他有关部门的审核。只有审核后并认为正确无误的原始凭证，才能作为填制记账凭证的依据并作为登记账簿的依据。

1. 原始凭证的填制要求包括四项：填制及时；内容完整；计算准确；记录要真实。

2. 原始凭证的审核要求包括六项：真实性审核；合法性审核；合理性审核；及时性审核；完整性审核；正确性审核。

1.9.3 认识记账凭证

记账凭证是会计人员根据审核无误的原始凭证及有关资料，按照经济业务事项的内容和性质加以归类，并确定会计分录，作为登记会计账簿依据的会计凭证。它是登入账簿的直接依据，常用的记账凭证有收款凭证、付款凭证、转账凭证等。

记账凭证的填制规则包括三项：必须根据审核无误的原始凭证填制记账凭证；必须对记账凭证进行编号；避免重复记账。

1.10　政府会计账簿

政府会计账簿的设置是各政府会计主体根据《会计法》《会计基础工作规范》《政府会计制度——行政事业单位会计科目和报表》的原则规定，结合本单位会计核算业务的需要，建立有关的会计账簿，构成本单位会计核算体系的过程。

1.10.1　认识政府会计账簿

政府会计账簿简称账簿，是由具有一定格式、相互联系的账页所组成，用来序时、分类地全面记录一个政府会计主体经济业务事项的会计簿籍。

设置和登记会计账簿，是重要的会计核算基础工作，是连接会计凭证和会计报表的中间环节。

会计账簿的分类：一般分为序时账簿和分类账簿，分类账簿又分为总分类账簿和明细分类账簿。序时账簿按记录的内容不同，又分为普通日记账和特种日记账两种。

1.10.2　认识序时账簿

序时账簿亦称日记账，是按照经济业务发生的时间先后顺序，逐日逐笔登记经济业务的账簿。

序时账簿的分为现金日记账、银行日记账等。

1. 现金日记账的登记：出纳根据现金收款凭证、现金付款凭证和银行付款凭证（从银行提取现金的业务）逐日逐笔登记现金日记账，还要做到日清月结。

2. 银行存款日记账的登记方法与现金日记账基本相同，只是记账依据有所不同，根据银行收、付款凭证和现金付款凭证（把现金存入银行的业务）登记银行存款日记账，同时定期与开户行送来的对账单进行核对。

政府会计主体的现金日记账和银行存款日记账通常由出纳员负责登记，会计员则负责登记现金和银行存款总分类账。

1.10.3 认识分类账簿

分类账簿是按照分类账户设置登记的账簿。在会计核算中，分类账簿是必须设置的主要账簿，它所提供的核算资料是编制会计报表的主要依据。

分类账薄的分为总分类账簿、明细分类账簿。

1. 总分类账簿：简称总账，是根据总分类账户开设的，总括地反映某类经济活动。总分类账簿主要为编制财务报表提供直接数据资料，通常采用三栏式。

2. 明细分类账簿：简称明细账，是根据明细分类账户开设的，用来提供明细的核算资料。明细分类账簿可采用的格式主要有三栏式明细账（格式与三栏式总分类账相同）、数量金额式明细账等。明细分类账能分类详细地反映和记录资产、负债、所有者权益、费用、成本和收入、利润的各种资料，也为编制会计报表提供一定的资料。

第 2 章　学校新会计制度与旧制度的衔接

2018 年 8 月 14 日，财政部颁发《关于印发高等学校执行〈政府会计制度——行政事业单位会计科目和报表〉的补充规定和衔接》（财会〔2018〕19 号），原执行《高等学校会计制度》（财会〔2013〕30 号，以下简称原制度）的高等学校，自 2019 年 1 月 1 日起执行新制度，不再执行原制度。

2018 年 8 月 14 日，财政部颁发《关于印发中小学校执行〈政府会计制度——行政事业单位会计科目和报表〉的补充规定和衔接》（财会〔2018〕20 号），目前执行《中小学校会计制度》（财会〔2013〕27 号，以下简称原制度）的中小学校，自 2019 年 1 月 1 日起执行新制度，不再执行原制度。

学校包括：高等学校、中小学校。

高等学校包括：各级人民政府举办的全日制普通高等学校和成人高等学校。

中小学校包括：各级人民政府和接受国家经常性资助的社会力量举办的普通中小学校、中等职业学校、特殊教育学校、工读教育学校、成人中学和成人初等学校。各级人民政府和接受国家经常性资助的社会力量举办的幼儿园依照本规定执行。中小学校以校为单位进行会计核算。

2.1　高等学校新会计制度与旧制度的衔接

中华人民共和国财政部
关于印发高等学校执行《政府会计制度——行政事业单位会计科目和报表》的补充规定和衔接规定的通知

财会〔2018〕19 号

教育部，各省、自治区、直辖市、计划单列市财政厅（局），新疆生产建设兵团财政局，有关单位：

《政府会计制度——行政事业单位会计科目和报表》（财会〔2017〕25号）自2019年1月1日起施行。为了确保新制度在高等学校的有效贯彻实施，我部制定了《关于高等学校执行〈政府会计制度——行政事业单位会计科目和报表〉的补充规定》和《关于高等学校执行〈政府会计制度——行政事业单位会计科目和报表〉的衔接规定》，现印发给你们，请遵照执行。执行中有何问题，请及时反馈我部。

附件：1. 关于高等学校执行《政府会计制度——行政事业单位会计科目和报表》的补充规定。

2. 关于高等学校执行《政府会计制度——行政事业单位会计科目和报表》的衔接规定。

财政部

2018年8月14日

2.1.1 高等学校新会计制度与旧制度的衔接规定

中华人民共和国财政部

关于高等学校执行《政府会计制度——行政事业单位会计科目和报表》的衔接规定

我部于2017年10月24日印发了《政府会计制度——行政事业单位会计科目和报表》（财会〔2017〕25号，以下简称新制度）。原执行《高等学校会计制度》（财会〔2013〕30号，以下简称原制度）的高等学校，自2019年1月1日起执行新制度，不再执行原制度。为了确保新旧会计制度顺利过渡，现对高等学校执行新制度及《关于高等学校执行〈政府会计制度——行政事业单位会计科目和报表〉的补充规定》（以下简称补充规定）有关衔接问题规定如下。

一、新旧制度衔接总要求

（一）自2019年1月1日起，高等学校应当严格按照新制度及补充规定进行会计核算、编制财务报表和预算会计报表。

（二）高等学校应当按照本规定做好新旧制度衔接的相关工作，主要包括以下几个方面：

1. 根据原账编制 2018 年 12 月 31 日的科目余额表，并按照本规定要求，编制原账的部分科目余额明细表。

2. 按照新制度及补充规定设立 2019 年 1 月 1 日的新账。

3. 按照本规定要求，登记新账的财务会计科目余额和预算结余科目余额，包括将原账科目余额转入新账财务会计科目、按照原账科目余额登记新账预算结余科目，将未入账事项登记新账科目，并对相关新账科目余额进行调整。原账科目是指按照原制度规定设置的会计科目。

4. 按照登记及调整后新账的各会计科目余额，编制 2019 年 1 月 1 日的科目余额表，作为新账各会计科目的期初余额。

5. 根据新账各会计科目期初余额，按照新制度编制 2019 年 1 月 1 日资产负债表。

（三）及时调整会计信息系统。高等学校应当按照新制度及补充规定要求对原有会计信息系统进行及时更新和调试，实现数据正确转换，确保新旧账套的有序衔接。

二、财务会计科目的新旧衔接

（一）将 2018 年 12 月 31 日原账会计科目余额转入新账财务会计科目。

1. 资产类

（1）“库存现金”“财政应返还额度”“短期投资”“应收票据”“应收账款”“无形资产”科目；（2）“银行存款”科目；（3）“预付账款”科目；（4）“其他应收款”科目；（5）“存货”科目；（6）“长期投资”科目；（7）“固定资产”科目（8）“累计折旧”科目；（9）“在建工程”科目；（10）“累计摊销”科目；（11）“待处置资产损溢”科目；（12）“零余额账户用款额度”科目。

2. 负债类

（1）“短期借款”“应付职工薪酬”“应付票据”“应付账款”“预收账款”“长期借款”“长期应付款”科目；（2）“应缴税费”科目；（3）“应缴国库款”“应缴财政专户款”科目；（4）“其他应付款”科目；（5）“代管款项”科目。

3. 净资产类

（1）“事业基金”科目；（2）“非流动资产基金”科目；（3）“专用

基金”科目；（4）“财政补助结转”、“财政补助结余”、“非财政补助结转”科目；（5）“经营结余”科目；（6）“事业结余”、“非财政补助结余分配”科目。

4. 收入类、支出类

由于原账中收入类、支出类科目年末无余额，无需进行转账处理。自2019 年 1 月 1 日起，高等学校应当按照新制度设置收入类、费用类科目并进行账务处理。

高等学校存在其他本规定未列举的原账科目余额的，应当比照本规定转入新账的相应科目。新账的科目设有明细科目的，应将原账中对应科目的余额加以分析，分别转入新账中相应科目的相关明细科目。

高等学校在进行新旧衔接的转账时，应当编制转账的工作分录，作为转账的工作底稿，并将转入新账的对应原科目余额及分拆原科目余额的依据作为原始凭证。

（二）将原未入账事项登记新账财务会计科目

1. 应收股利；

2. 研发支出；

3. 受托代理资产；

4. 盘盈资产；

5. 应付质量保证金；

6. 预计负债。

高等学校存在 2018 年 12 月 31 日前未入账的其他事项，应当比照本规定登记新账的相应科目。

高等学校对新账的财务会计科目补记未入账事项时，应当编制记账凭证，并将补充登记事项的确认依据作为原始凭证。

（三）对新账的相关财务会计科目余额按照新制度规定的会计核算基础进行调整。

1. 计提坏账准备；

2. 按照权益法调整长期股权投资账面余额；

3. 确认长期债券投资期末应收利息；

4. 补提折旧；

5. 补提摊销；

6. 确认长期借款期末应付利息。

三、预算会计科目的新旧衔接

（一）“财政拨款结转”和“财政拨款结余”科目及对应的“资金结存”科目余额。

（二）“非财政拨款结转”科目及对应的“资金结存”科目余额。

（三）“专用结余”科目及对应的“资金结存”科目余额。

（四）“经营结余”科目及对应的“资金结存”科目余额。

（五）“非财政拨款结余”科目及对应的“资金结存”科目余额。

1. 登记“非财政拨款结余”科目余额。

2. 对新账“非财政拨款结余”科目及“资金结存”科目余额进行调整。

（1）调整短期投资对非财政拨款结余的影响；（2）调整应收票据、应收账款对非财政拨款结余的影响；（3）调整预付账款对非财政拨款结余的影响；（4）调整其他应收款对非财政拨款结余的影响；（5）调整存货对非财政拨款结余的影响；（6）调整长期股权投资对非财政拨款结余的影响；（7）调整长期债券投资对非财政拨款结余的影响；（8）调整短期借款、长期借款对非财政拨款结余的影响；（9）调整应付票据、应付账款对非财政拨款结余的影响；（10）调整应缴增值税对非财政拨款结余的影响；（11）调整其他应缴税费对非财政拨款结余的影响；（12）调整预收账款对非财政拨款结余的影响；（13）调整其他应付款对非财政拨款结余的影响；（14）调整专用基金对非财政拨款结余的影响。

3. 高等学校按照前述 1、2 两个步骤难以准确调整出“非财政拨款结余”科目及对应的“资金结存”科目余额的，在新旧制度转换时，可以在新账的“库存现金”“银行存款”“其他货币资金”“财政应返还额度”科目借方余额合计数基础上，对不纳入单位预算管理的资金进行调整（如减去新账中货币资金形式的受托代理资产、应缴财政款、已收取将来需要退回资金的其他应付款，加上已支付将来需要收回资金的其他应收款），按照调整后的金额减去新账的“财政拨款结转”“财政拨款结余”“非财政拨款结转”“专用结余”科目贷方余额合计数，加上“经营结余”科目借方余额后的金额，登记新账的“非财政拨款结余”科目贷方；同时，按照相同的金额登记新账的“资金结存——货币资金”科目借方。

（六）“其他结余”“非财政拨款结余分配”科目

（七）预算收入类、预算支出类会计科目

由于预算收入类、预算支出类会计科目年初无余额，在新旧制度转换时，高等学校无须对预算收入类、预算支出类会计科目进行新账年初余额登记。

高等学校自2019年1月1日起，应按照新制度设置预算收入类、预算支出类科目并进行账务处理。

高等学校存在2018年12月31日需要按照新制度预算会计核算基础调整预算会计科目期初余额的其他事项的，应当比照本规定调整新账的相应预算会计科目期初余额。

高等学校对预算会计科目期初余额登记和调整，应当编制记账凭证，并将期初余额登记和调整的依据作为原始凭证。

四、财务报表和预算会计报表的新旧衔接

（一）编制2019年1月1日资产负债表

高等学校应当根据2019年1月1日新账的财务会计科目余额，按照新制度编制2019年1月1日资产负债表（仅要求填列各项目“年初余额”）。

（二）2019年度财务报表和预算会计报表的编制

高等学校应当按照新制度及补充规定编制2019年财务报表和预算会计报表。在编制2019年度收入费用表、净资产变动表、现金流量表和预算收入支出表、预算结转结余变动表时，不要求填列上年比较数。

高等学校应当根据2019年1月1日新账财务会计科目余额，填列2019年净资产变动表各项目的“上年年末余额”；根据2019年1月1日新账预算会计科目余额，填列2019年预算结转结余变动表的“年初预算结转结余”项目和财政拨款预算收入支出表的“年初财政拨款结转结余”项目。

五、其他事项

（一）截至2018年12月31日尚未进行基建“并账”的高等学校，应当首先按照《新旧高等学校会计制度有关衔接问题的处理规定》（财会〔2014〕3号），将基建账套相关数据并入2018年12月31日原账中的相关科目余额，再按照本规定将2018年12月31日原账相关会计科目余额转入新账相应科目。

（二）2019年1月1日前执行新制度及补充规定的高等学校，应当按照本规定做好新旧制度衔接工作。

2.1.2　高等学校新旧会计制度转账、登记新账科目对照（表 2.1）

高等学校应当按照《政府会计制度——行政事业单位会计科目和报表》的规定设置和使用会计科目。因没有相关业务不需使用的会计科目可以不设置。在不影响账务处理和编报财务报表的前提下，可以根据实际情况自行增设、减少或合并某些明细科目。

本制度统一规定会计科目的编号，以便于填制会计凭证、登记账簿、查阅账目，实行会计信息化管理。学校不得打乱重编。

表 2.1　高等学校新旧会计制度转账、登记新账科目对照表

序号	新制度会计科目		原制度会计科目	
	编号	名称	编号	名称
一、资产类				
1	1001	库存现金	1001	库存现金
2	1002	银行存款	1002	银行存款
3	1021	其他货币资金		
4	1101	短期投资	1101	短期投资
5	1201	财政应返还额度	1201	财政应返还额度
6	1211	应收票据	1211	应收票据
7	1212	应收账款	1212	应收账款
8	1214	预付账款	1213	预付账款
9	1891	受托代理资产		
10	1218	其他应收款	1215	其他应收款
11	1301	在途物品		
12	1891	受托代理资产		
13	1302	库存物品	1301	存货
14	1303	加工物品		
15	1891	受托代理资产		
16	1501	长期股权投资	1401	长期投资
17	1502	长期债券投资		

续上表

<table>
<tr><th rowspan="2">序号</th><th colspan="2">新制度会计科目</th><th colspan="2">原制度会计科目</th></tr>
<tr><th>编号</th><th>名称</th><th>编号</th><th>名称</th></tr>
<tr><td>18</td><td>1601</td><td>固定资产</td><td rowspan="2">1501</td><td rowspan="2">固定资产</td></tr>
<tr><td>19</td><td>1891</td><td>受托代理资产</td></tr>
<tr><td>20</td><td>1602</td><td>固定资产累计折旧</td><td rowspan="2">1502</td><td rowspan="2">累计折旧</td></tr>
<tr><td>21</td><td>3001</td><td>累计盈余</td></tr>
<tr><td>22</td><td>1611</td><td>工程物资</td><td rowspan="3">1511</td><td rowspan="3">在建工程</td></tr>
<tr><td>23</td><td>1613</td><td>在建工程</td></tr>
<tr><td>24</td><td>1214</td><td>预付账款</td></tr>
<tr><td>25</td><td>1701</td><td>无形资产</td><td>1601</td><td>无形资产</td></tr>
<tr><td>26</td><td>1702</td><td>无形资产累计摊销</td><td>1602</td><td>累计摊销</td></tr>
<tr><td>27</td><td>1902</td><td>待处理财产损溢</td><td>1701</td><td>待处置资产损溢</td></tr>
<tr><td colspan="5">二、负债类</td></tr>
<tr><td>28</td><td>2001</td><td>短期借款</td><td>2001</td><td>短期借款</td></tr>
<tr><td>29</td><td>2101</td><td>应交增值税</td><td rowspan="2">2101</td><td rowspan="2">应缴税费</td></tr>
<tr><td>30</td><td>2102</td><td>其他应交税费</td></tr>
<tr><td>31</td><td rowspan="2">2103</td><td rowspan="2">应缴财政款</td><td>2102</td><td>应缴国库款</td></tr>
<tr><td>32</td><td>2103</td><td>应缴财政专户款</td></tr>
<tr><td>33</td><td>2201</td><td>应付职工薪酬</td><td>2201</td><td>应付职工薪酬</td></tr>
<tr><td>34</td><td>2301</td><td>应付票据</td><td>2301</td><td>应付票据</td></tr>
<tr><td>35</td><td>2302</td><td>应付账款</td><td>2302</td><td>应付账款</td></tr>
<tr><td>36</td><td>2305</td><td>预收账款</td><td>2303</td><td>预收账款</td></tr>
<tr><td>37</td><td>2307</td><td>其他应付款</td><td rowspan="2">2305</td><td rowspan="2">其他应付款</td></tr>
<tr><td rowspan="2">38</td><td rowspan="2">2901</td><td rowspan="2">受托代理负债</td></tr>
<tr><td>3101</td><td>非流动资产基金</td></tr>
<tr><td>39</td><td>2501</td><td>长期借款</td><td>2401</td><td>长期借款</td></tr>
<tr><td>40</td><td>2502</td><td>长期应付款</td><td>2402</td><td>长期应付款</td></tr>
<tr><td>41</td><td>2901</td><td>受托代理负债</td><td rowspan="3">2501</td><td rowspan="3">代管款项</td></tr>
<tr><td>42</td><td>2307</td><td>其他应付款</td></tr>
<tr><td>43</td><td>2502</td><td>长期应付款</td></tr>
</table>

续上表

序号	新制度会计科目		原制度会计科目	
	编号	名称	编号	名称
三、净资产类				
44	3001	累计盈余	3001	事业基金
45			3101	非流动资产基金
46	3101	专用基金	3201	专用基金
47	3001	累计盈余	3301	财政补助结转
48			3302	财政补助结余
49			3401	非财政补助结转
50	3001	累计盈余（借方）	3403	经营结余（借方）
四、预算结余类				
51	8101	财政拨款结转	3301	财政补助结转
52	8102	财政拨款结余	3302	财政补助结余
53	8201	非财政拨款结转	3401	非财政补助结转
54	8202	非财政拨款结余	3001	事业基金
55	8301	专用结余	3201	专用基金
56	8401	经营结余	3403	经营结余
57	8001	资金结存（借方）	3301	财政补助结转
			3302	财政补助结余
			3401	非财政补助结转
			3001	事业基金
			3201	专用基金
			3403	经营结余

2.2 中小学校新会计制度与旧制度的衔接

中华人民共和国财政部
关于印发高等学校执行《政府会计制度——行政事业单位会计科目和报表》的补充规定和衔接规定的通知

财会〔2018〕20 号

教育部，各省、自治区、直辖市、计划单列市财政厅（局），新疆生产建设兵团财政局，有关单位：

《政府会计制度——行政事业单位会计科目和报表》（财会〔2017〕25号）自2019年1月1日起施行。为了确保新制度在高等学校的有效贯彻实施，我部制定了《关于高等学校执行〈政府会计制度——行政事业单位会计科目和报表〉的补充规定》和《关于高等学校执行〈政府会计制度——行政事业单位会计科目和报表〉的衔接规定》，现印发给你们，请遵照执行。执行中有何问题，请及时反馈我部。

附件：1. 关于中小学校执行《政府会计制——行政事业单位会计科目和报表》的补充规定。

2. 关于中小学校执行《政府会计制度——行政事业单位会计科目和报表》的衔接规定。

财政部

2018年8月14日

2.2.1　中小学校新会计制度与旧制度的衔接规定

中华人民共和国财政部

关于中小学校执行《政府会计制度——行政事业单位会计科目和报表》的衔接规定

我部于2017年10月24日印发了《政府会计制度——行政事业单位会计科目和报表》（财会〔2017〕25号，以下简称新制度）。目前执行《中小学校会计制度》（财会〔2013〕27号，以下简称原制度）的中小学校，自2019年1月1日起执行新制度，不再执行原制度。为了确保新旧会计制度顺利过渡，现对中小学校执行新制度及《关于中小学校执行〈政府会计制度——行政事业单位会计科目和报表〉的补充规定》（以下简称补充规定）的有关衔接问题规定如下。

一、新旧制度衔接总要求

（一）自2019年1月1日起，中小学校应当严格按照新制度及补充规定进行会计核算、编制财务报表和预算会计报表。

（二）中小学校应当按照本规定做好新旧制度衔接的相关工作，主要包括以下几个方面：

1. 根据原账编制 2018 年 12 月 31 日的科目余额表，并按照本规定要求，编制原账的部分科目余额明细表。

2. 按照新制度及补充规定设立 2019 年 1 月 1 日的新账。

3. 按照本规定要求，登记新账的财务会计科目余额和预算结余科目余额，包括将原账科目余额转入新账财务会计科目、按照原账科目余额登记新账预算结余科目，将未入账事项登记新账科目，并对相关新账科目余额进行调整。原账科目是指按照原制度规定设置的会计科目。

4. 按照登记及调整后新账的各会计科目余额，编制 2019 年 1 月 1 日的科目余额表，作为新账各会计科目的期初余额。

5. 根据新账各会计科目期初余额，按照新制度编制 2019 年 1 月 1 日资产负债表。

（三）及时调整会计信息系统。中小学校应当按照新制度及补充规定要求对原有会计信息系统进行及时更新和调试，实现数据正确转换，确保新旧账套的有序衔接。

二、财务会计科目的新旧衔接

（一）将 2018 年 12 月 31 日原账会计科目余额转入新账财务会计科目。

1. 资产类

（1）“库存现金”“财政应返还额度”“短期投资”“固定资产”“无形资产”科目；（2）“银行存款”科目；（3）“应收账款”科目；（4）“其他应收款”科目；（5）“存货”科目；（6）“长期投资”科目；（7）“在建工程”科目；（8）“待处置资产损溢”科目；（9）“零余额账户用款额度”科目。

2. 负债类

（1）“短期借款”“应付职工薪酬”“长期借款”“长期应付款”科目；（2）“应缴税费”科目；（3）“应缴国库款”“应缴财政专户款”科目；（4）“应付账款”科目；（5）“其他应付款”科目；（6）“代管款项”科目。

3. 净资产类

（1）“事业基金”科目；（2）“非流动资产基金”科目；（3）“专用基金”科目；（4）“财政补助结转”“财政补助结余”“非财政补助结转”

科目；（5）“经营结余”科目；（6）“事业结余”“非财政补助结余分配”科目。由于原账的“事业结余”“非财政补助结余分配”科目年末无余额，这两个科目无须进行转账处理。

4. 收入类、支出类

由于原账中收入类、支出类科目年末无余额，无须进行转账处理。自2019年1月1日起，应当按照新制度设置收入类、费用类科目并进行账务处理。

中小学校存在其他本规定未列举的原账科目余额的，应当比照本规定转入新账的相应科目。新账的科目设有明细科目的，应将原账中对应科目的余额加以分析，分别转入新账中相应科目的相关明细科目。

中小学校在进行新旧衔接的转账时，应当编制转账的工作分录，作为转账的工作底稿，并将转入新账的对应原科目余额及分拆原科目余额的依据作为原始凭证。

（二）将原未入账事项登记新账财务会计科目。

1. 应收股利；

2. 受托代理资产；

3. 盘盈资产；

4. 应付质量保证金；

5. 预计负债。

中小学校存在2018年12月31日前未入账的其他事项的，应当比照本规定登记新账的相应科目。

中小学校对新账的财务会计科目补记未入账事项时，应当编制记账凭证，并将补充登记事项的确认依据作为原始凭证。

（三）对新账的相关财务会计科目余额按照新制度规定的会计核算基础进行调整。

1. 计提坏账准备；

2. 按照权益法调整长期股权投资账面余额；

3. 确认长期债券投资期末应收利息；

4. 补提折旧；

5. 补提摊销；

6. 确认长期借款期末应付利息。

中小学校对新账的财务会计科目期初余额进行调整时，应当编制记账凭证，并将调整事项的确认依据作为原始凭证。

三、预算会计科目的新旧衔接

（一）“财政拨款结转”和“财政拨款结余”科目及对应的“资金结存”科目余额；

（二）“非财政拨款结转”科目及对应的“资金结存”科目余额；

（三）“专用结余”科目及对应的“资金结存”科目余额；

（四）“经营结余”科目及对应的“资金结存”科目余额；

（五）“非财政拨款结余”科目及对应的“资金结存”科目余额。

1. 登记“非财政拨款结余”科目余额；

2. 对新账“非财政拨款结余”科目及“资金结存”科目余额进行调整。

（1）调整短期投资对非财政拨款结余的影响；（2）调整应收票据、应收账款对非财政拨款结余的影响；（3）调整预付账款对非财政拨款结余的影响；（4）调整其他应收款对非财政拨款结余的影响；（5）调整存货对非财政拨款结余的影响；（6）调整长期股权投资对非财政拨款结余的影响；（7）调整长期债券投资对非财政拨款结余的影响；（8）调整短期借款、长期借款对非财政拨款结余的影响；（9）调整应缴税费、应付职工薪酬对非财政拨款结余的影响；（10）调整应付票据、应付账款对非财政拨款结余的影响；（11）调整预收账款对非财政拨款结余的影响；（12）调整专用基金对非财政拨款结余的影响。

3. 中小学校按照前述 1、2 两个步骤难以准确调整出“非财政拨款结余”科目及对应的“资金结存”科目余额的，在新旧制度转换时，可以在新账的“库存现金”“银行存款”“其他货币资金”“财政应返还额度”科目借方余额合计数基础上，对不纳入单位预算管理的资金进行调整（如减去新账中货币资金形式的受托代理资产、应缴财政款、已收取将来需要退回资金的其他应付款，加上已支付将来需要收回资金的其他应收款），按照调整后的金额减去新账的“财政拨款结转”“财政拨款结余”“非财政拨款结转”“专用结余”科目贷方余额合计数，加上“经营结余”科目借方余额后的金额，登记新账的“非财政拨款结余”科目贷方；同时，按照相同的金额登记新账的“资金结存——货币资金”科目借方。

（六）“其他结余”“非财政拨款结余分配”科目。

（七）预算收入类、预算支出类会计科目。

由于预算收入类、预算支出类会计科目年初无余额，在新旧制度转换时，无需对预算收入类、预算支出类会计科目进行新账年初余额登记。

中小学校应当自2019年1月1日起，按照新制度设置预算收入类、预算支出类科目并进行账务处理。

中小学校存在2018年12月31日需要按照新制度预算会计核算基础调整预算会计科目期初余额的其他事项的，应当比照本规定调整新账的相应预算会计科目期初余额。

中小学校对预算会计科目的期初余额登记和调整，应当编制记账凭证，并将期初余额登记和调整的依据作为原始凭证。

四、财务报表和预算会计报表新旧衔接

（一）编制2019年1月1日资产负债表。

中小学校应当根据2019年1月1日新账的财务会计科目余额，按照新制度编制2019年1月1日资产负债表（仅要求填列各项目“年初余额”）。

（二）2019年度财务报表和预算会计报表的编制。

中小学校应当按照新制度及补充规定编制2019年财务报表和预算会计报表。在编制2019年度收入费用表、净资产变动表、现金流量表和预算收入支出表、预算结转结余变动表时，不要求填列上年比较数。

中小学校应当根据2019年1月1日新账财务会计科目余额，填列2019年净资产变动表各项目的“上年年末余额”；根据2019年1月1日新账预算会计科目余额，填列2019年预算结转结余变动表的“年初预算结转结余”项目和财政拨款预算收入支出表的“年初财政拨款结转结余”项目。

五、其他事项

（一）截至2018年12月31日尚未进行基建“并账”的中小学校，应当首先按照《新旧中小学校会计制度有关衔接问题的处理规定》（财会〔2014〕5号），将基建账套相关数据并入2018年12月31日原账中的相关科目余额，再按照本规定将2018年12月31日原账相关会计科目余额转入新账相应科目。

（二）2019 年 1 月 1 日前执行新制度及补充规定的中小学校，应当按照本规定做好新旧制度衔接工作。

2.2.2　中小学校新旧会计制度转账、登记新账科目对照（表 2.2）

中小学校应当按照《政府会计制度——行政事业单位会计科目和报表》的规定设置和使用会计科目。因没有相关业务不需使用的会计科目可以不设置。在不影响账务处理和编报财务报表的前提下，可以根据实际情况自行增设、减少或合并某些明细科目。

本制度统一规定会计科目的编号，以便于填制会计凭证、登记账簿、查阅账目，实行会计信息化管理。学校不得打乱重编。

表 2.2　中小学校新旧会计制度转账、登记新账科目对照表

序号	新制度会计科目		原制度会计科目	
	编号	名称	编号	名称
一、资产类				
1	1001	库存现金	1001	库存现金
2	1002	银行存款	1002	银行存款
3	1021	其他货币资金		
4	1101	短期投资	1101	短期投资
5	1201	财政应返还额度	1201	财政应返还额度
6	1211	应收票据	1212	应收账款
7	1212	应收账款		
8	1214	预付账款		
9	1218	其他应收款	1215	其他应收款
10	1301	在途物品		
11	1302	库存物品	1301	存货
12	1891	受托代理资产		
13	1501	长期股权投资	1401	长期投资
14	1502	长期债券投资		

续上表

序号	新制度会计科目		原制度会计科目	
	编号	名称	编号	名称
15	1601	固定资产	1501	固定资产
16	1611	工程物资	1511	在建工程
17	1613	在建工程		
18	1214	预付账款		
19	1701	无形资产	1601	无形资产
20	1902	待处理财产损溢	1701	待处置资产损溢
二、负债类				
21	2001	短期借款	2001	短期借款
22	2101	应交增值税	2101	应缴税费
23	2102	其他应交税费		
24	2103	应缴财政款	2102	应缴国库款
25			2103	应缴财政专户款
26	2201	应付职工薪酬	2201	应付职工薪酬
27	2301	应付票据	2302	应付账款
28	2302	应付账款		
29	2305	预收账款		
30	2307	其他应付款	2305	其他应付款
31	2901	受托代理负债		
32	2501	长期借款	2401	长期借款
33	2502	长期应付款	2402	长期应付款
34	2901	受托代理负债	2501	代管款项
35	2307	其他应付款		
36	2502	长期应付款		
三、净资产类				
37	3001	累计盈余	3001	事业基金
38			3101	非流动资产基金
39	3101	专用基金	3201	专用基金

续上表

序号	新制度会计科目		原制度会计科目	
	编号	名称	编号	名称
40	3001	累计盈余	3301	财政补助结转
41			3302	财政补助结余
42			3401	非财政补助结转
43	3001	累计盈余（借方）	3403	经营结余（借方）
四、预算结余类				
44	8101	财政拨款结转	3301	财政补助结转
45	8102	财政拨款结余	3302	财政补助结余
46	8201	非财政拨款结转	3401	非财政补助结转
47	8202	非财政拨款结余	3001	事业基金
48	8301	专用结余	3201	专用基金
49	8401	经营结余	3403	经营结余
50	8001	资金结存（借方）	3301	财政补助结转
			3302	财政补助结余
			3401	非财政补助结转
			3001	事业基金
			3201	专用基金
			3403	经营结余

第 3 章　资产类科目核算

高等学校、中小学校应当按照《政府会计制度》的规定设置和使用会计科目，因为没有相关业务不需要使用的总账科目可以不设；在不影响会计处理前提下，学校会计可以根据实际情况自行增设本制度以外的明细科目，或者自行减少、合并本制度规定的明细科目。

本章中所介绍的高等学校、中小学校资产类科目共 30 项包括：库存现金、银行存款、零余额账户用款额度、其他货币资金、短期投资、财政应返还额度、应收票据、应收账款、预付账款、应收股利、应收利息、其他应收款、坏账准备、在途物品、库存物品、加工物品、待摊费用、长期股权投资、长期债券投资、固定资产、固定资产累计折旧、工程物资、在建工程、无形资产、无形资产累计摊销、研发支出、文物文化资产、受托代理资产、长期待摊费用、待处理财产损溢。

3.1　资 产 概 述

资产是企业、自然人、国家拥有或者控制的能以货币来计量收支的经济资源，包括各种收入、债权和其他。资产是财务会计最基本的要素之一，与负债、所有者权益共同构成的会计等式，成为财务会计的基础。

在会计恒等式中：资产 = 负债 + 所有者权益。高等学校与中小学校在资产的核算上有很多相同之处。

3.1.1　认识资产

资产是指高等学校、中小学校过去的经济业务或者事项形成的，由高等学校、中小学校控制的，预期能够产生服务潜力或者带来经济利益流入的经济资源。

服务潜力是指高等学校、中小学校利用资产提供公共产品和服务以履行政府职能的潜在能力。经济利益流入表现为现金及现金等价物的流入，或者现金及现金等价物流出的减少。

资产的特点如下。

1. 资产是由高等学校、中小学校过去的经济业务或事项形成的。资产必须是现时的资产，是过去实际发生的经济业务或事项，而不是预期、计划的资产。例如，某学校去年购买的一台专用设备属于资产。

2. 资产是高等学校、中小学校控制的，所谓控制是指高等学校、中小学校能够获得和支配资产。例如，某学校租用的办公楼，因为不是房产所有人，所以该房产不是学校的资产。

3. 资产能够为高等学校、中小学校带来经济利益和服务潜力，经济利益流入表现为现金及现金等价物的流入、或者现金及现金等价物流出的减少。

资产的确认条件如下。

1. 与该资产经济资源相关的服务潜力很可能实现或者经济利益很可能流入高等学校、中小学校。例如，待处理财产损失或已失效、已毁损的存货，他们已经不能带来未来经济利益，就不应该再作为资产出现在资产负债表中。

2. 该经济资源的成本或者价值能够可靠计量。资产的成本或价值能够用货币来计量，如果不能，则不是资产。

资产的计量属性包括五项：历史成本、重置成本、现值、公允价值、名义金额。

在历史成本计量下，资产按照取得时支付的现金金额或者支付对价的公允价值计量。

在重置成本计量下，资产按照现在购买相同或者相似资产所需支付的现金金额计量。

在现值计量下，资产按照预计从其持续使用和最终处置中所发生的未来净现金流入量的折现金额计量。

在公允价值计量下，资产按照市场参与者在计量日发生的有序交易中，出售资产所能收到的价格计量。无法采用上述计量属性的，采用名义金额（人民币 1 元）计量。政府会计主体在对资产进行计量时，一般应当采用历史成本。采用重置成本、现值、公允价值计量的，应当保证所确定的资产金额能够持续、可靠计量。

3.1.2　资产的分类

资产按照流动性分为流动资产和非流动资产。

1. 流动资产： 预计在 1 年内（含 1 年）耗用或者可以变现的资产，包括库存现金、银行存款、零余额账户用款额度、其他货币资金、短期投资、财政应返还额度、应收票据、应收账款、预付账款、应收股利、应收利息、其他应收款、坏账准备、在途物品、库存物品、加工物品、待摊费用、长期股权投资、长期债券投资。

2. 非流动资产： 流动资产以外的资产，包括固定资产、固定资产累计折旧、工程物资、在建工程、无形资产、无形资产累计摊销、研发支出、文物文化资产、受托代理资产、长期待摊费用、待处理财产损溢。

3.2　库存现金的核算

库存现金的管理，我们现在主要还是依据《中华人民共和国会计法》和《中华人民共和国现金管理暂行条例》（以下简称《暂行条例》），虽然是 1988 年出台的，但是尚且没有新的制度可以参考。

将 2018 年 12 月 31 日原账会计科目余额转入新账财务会计科目：新制度设置了“库存现金”科目，其核算内容与原账的“库存现金”科目的核算内容基本相同。转账时，高等学校与中小学校应当将原账的上述科目余额直接转入新账的相应科目。其中，还应当将原账的“库存现金”科目余额中属于新制度规定受托代理资产的金额，转入新账的“库存现金”科目下“受托代理资产”明细科目。

“库存现金”为高等、中小学校共用科目。

3.2.1　认识库存现金

库存现金是指高等学校、中小学校持有可随时用于支付的现金限额，存放在财会部门由出纳人员经管的现金，包括人民币现金和外币现金。

期末，库存现金期末借方余额，反映高等学校、中小学校实际持有的库存现金。

高等学校、中小学校应当严格按照国家有关现金管理的规定收支现金，并按照本制度规定核算现金的各项收支业务，不得坐支现金。

1. 库存现金的使用范围：职工工资、津贴；个人劳务报酬；根据国家规定颁发给个人的科学技术、文化艺术、体育等各种奖金；各种劳保、福利费用以及国家规定的对个人的其他支出；向个人收购农副产品和其他物资的价款；出差人员必须随身携带的差旅费；结算起点（1000元人民币）以下的零星支出；中国人民银行确定需要支付现金的其他支出。

2. 库存现金的科目设置：应设置“库存现金”科目。

“库存现金”科目的借方反映当期会计主体库存现金的增加；贷方反映当期库存现金的减少。

《政府会计制度——行政事业单位会计科目和报表》特别点明应在“库存现金”科目下设置“受托代理资产”二级科目，用来核算高等学校、中小学校受托代理、代管的现金。受托代理资产不属于纳入预算管理的现金，所以不应计入预算会计。

3. 库存现金的管理：高等学校、中小学校应当设置“库存现金日记账”，由出纳人员根据收付款凭证，按照业务发生顺序逐笔登记。每日终了，应当计算当日的现金收入合计数、现金支出合计数和结余数，并将结余数与实际库存数相核对，做到账款相符。

3.2.2　提取、缴存现金的核算方法

学校应对严格按照国家有关现金管理的规定收支现金，并核算现金的各项收支业务。

1. 学校从银行等金融机构提取现金时的核算方法

按照实际提取的金额，财务会计：借记“库存现金”科目，贷记“银行存款”科目。

实例【3-1】 2019年1月3日，某学校开出现金支票从银行提取现金2 000元，做备用金使用。应编制会计分录如下：

财务会计：

借：库存现金——备用金　　2 000

　　贷：银行存款　　2 000

注意：预算会计不需要做分录。

2. 从学校零余额账户提取现金时的核算方法

按照实际提取的金额，财务会计：借记“库存现金”科目，贷记“零余额账户用款额度”科目；预算会计：借记“资金结存——货币资金”科目，贷记“资金结存——零余额账户用款额度”科目。

实例【3-2】 2019年1月3日，某学校从零余额账户提取现金2 000元。应编制会计分录如下：

财务会计：

借：库存现金　　2 000

　　贷：零余额账户用款额度　　2 000

预算会计：

借：资金结存——货币资金　　2 000

　　贷：资金结存——零余额账户用款额度　　2 000

3. 学校将现金存入银行等金融机构时的核算方法

按照实际存入金额，财务会计：借记“银行存款”科目，贷记“库存现金”科目。

实例【3-3】 2019年2月3日，某学校出纳将现金2 000元存入银行。应编制会计分录如下：

财务会计：

借：银行存款　　2 000

　　贷：库存现金　　2 000

注意：预算会计不需要做分录。

4. 学校将现金退回零余额账户时的核算方法

按照实际退回金额，财务会计：借记“零余额账户用款额度”科目，贷记“库存现金”科目；预算会计：借记“资金结存——零余额账户用款额度”科目，贷记“资金结存——货币资金”科目。

实例【3-4】 2019年2月23日，某学校将5 000元现金退回零余额账户。应编制会计分录如下：

财务会计：

借：零余额账户用款额度 5 000

贷：库存现金 5 000

预算会计：

借：资金结存——零余额账户用款额度 5 000

贷：资金结存——货币资金 5 000

3.2.3 职工出差借出现金的核算方法

1. 学校职工出差预借现金作为差旅费时的核算方法

按照预借金额，财务会计：借记“其他应收款”科目，贷记“库存现金”科目。

实例【3-5】 2019年2月10日，某学校职工李康出差预借现金3 000元，应编制会计分录如下：

财务会计：

借：其他应收款——李康 3 000

贷：库存现金 3 000

注意：预算会计不需要做分录。

2. 学校职工出差报销差旅费时的核算方法

按照实际报销的金额，财务会计：借记“单位管理费用”科目，按照实际借出的现金金额，贷记“其他应收款”科目，按照其差额，借记或贷记“现金”科目；预算会计：借记“事业支出”科目，贷记“资金结存——货币资金”科目。

实例【3-6】 接上例，2019年2月15日，李康出差回来，报销差旅费3 500元。已预借现金3 000元。应编制会计分录如下：

财务会计：

借：单位管理费用　　3 500

　　贷：其他应收款——李康　　3 000

　　　　库存现金　　500

预算会计：

借：事业支出——行政管理支出　　3 500

　　贷：资金结存——货币资金　　3 500

3.2.4 收入现金的核算方法

1. 学校因提供服务、物品或者其他事项收到现金时的核算方法

按照实际收到的金额，财务会计：借记“库存现金”科目，贷记“其他收入”科目；预算会计：借记“资金结存——货币资金”科目，贷记“其他预算收入”科目。涉及增值税业务的，相关账务处理参见“应交增值税”科目。

实例【3-7】 2019年2月28日，某学校向某单位提供英语培训服务，收到英语培训收入5 000元。应编制会计分录如下：

财务会计：

借：库存现金　　5 000

　　贷：其他收入——英语培训收入　　5 000

预算会计：

借：资金结存——货币资金　　5 000

　　贷：其他预算收入　　5 000

2. 学校因提供服务、物品或者其他事项未收到现金时的核算方法

未实际收到现金时，财务会计：借记“应收账款”相关科目，贷记“其他收入”科目。涉及增值税业务的，相关账务处理参见“应交增值税”科目。

实例【3-8】 2019年3月23日，某高等学校向社会提供英语培训服务，暂时未收到英语培训收入3 000元（不上交财政户）。应编制会计分录如下：

财务会计：

借：应收账款——英语培训收入　　3 000

　　贷：其他收入——英语培训收入　　3 000

注意：预算会计不需要做分录。

3. 学校收回上例中欠款的核算方法

实例【3-9】 2019年4月23日，收回上例中欠款。应编制会计分录如下：

财务会计：

借：库存现金　　3 000

　　贷：应收账款——英语培训收入　　3 000

预算会计：

借：资金结存——货币资金　　3 000

　　贷：其他预算收入　　3 000

3.2.5 以现金支出办公经费、对外捐赠的核算方法

1. 学校以现金支出办公费时的核算方法

按照实际支出金额，财务会计：借记“单位管理费用”科目，贷记“库存现金”科目；预算会计：借记“事业支出”科目，贷记“资金结存——货币资金”科目。

实例【3-10】 2019年1月14日，学校以现金支付办公装订费800元。应编制会计分录如下：

财务会计：

借：单位管理费用　　800

　　贷：库存现金　　800

预算会计：

借：事业支出——行政管理支出　　800

　　贷：资金结存——货币资金　　800

2. 学校以库存现金购买办公用品时的核算方法

按照实际支付的金额，财务会计：借记“库存物品”科目，贷记“库存现金”科目；预算会计：借记“事业支出”科目，贷记“资金结存——货币资金”科目。

实例【3-11】 2019 年 1 月 24 日，某学校用库存现金 400 元购买教学用品。应编制会计分录如下：

财务会计：

借：库存物品　　400

　　贷：库存现金　　400

预算会计：

借：事业支出——教育支出　　400

　　贷：资金结存——货币资金　　400

3. 学校以库存现金对外捐赠时的核算方法

按照实际捐出的金额，财务会计：借记“其他费用”科目，贷记“库存现金”科目；预算会计：借记“其他支出”科目，贷记“资金结存——货币资金”科目。

实例【3-12】 2019 年 1 月 28 日，某学校通过民政局对地震灾区捐赠库存现金 1 000 元。应编制会计分录如下：

财务会计：

借：其他费用　　1 000

　　贷：库存现金　　1 000

预算会计：

借：其他支出　　1 000

　　贷：资金结存——货币资金　　1 000

3.2.6 受托代理、代管现金的核算方法

1. 学校收到受托代理、代管现金时的核算方法

按实际收到的金额，财务会计：借记“库存现金”科目，贷记“受托代理负债”科目。

实例【3-13】 2019 年 2 月 17 日，某学校收到全体教师捐赠灾区的现金 10 000 元。应编制会计分录如下：

财务会计：

借：库存现金——受托代理资产　　10 000

　　贷：受托代理负债　　10 000

注意：预算会计不需要做分录。

2. 学校支付受托代理、代管现金时的核算方法

按实际支付的金额，做相反的会计分录，财务会计：借记“受托代理负债”科目，贷记“库存现金”科目。

实例【3-14】 2019 年 2 月 17 日，某学校收到全体教师捐赠灾区的现金 10 000 元，通过民政局支付给灾区。应编制会计分录如下：

财务会计：

借：受托代理负债　　10 000

　　贷：库存现金——受托代理资产　　10 000

注意：预算会计不需要做分录。

3.2.7　盘查时现金的核算方法

现金要做到日清月结，即出纳员应当计算当日的现金收入合计数、现金支出合计数和结余数，并将结余数与实际库存数相核对，做到账款相符。每日账款核对中发现有待查明原因的现金短缺或溢余的，应通过“待处理财产损溢”科目核算。

1. 学校发生现金溢余时的核算方法

按照实际溢余的金额，财务会计：借记“库存现金”科目，贷记“待处理财产损溢”科目；预算会计：借记“资金结存——货币资金”科目，贷记“其他预算收入”科目。

实例【3-15】 2019 年 2 月 28 日，某学校财务科检查发现：现金的实际数比账面数多出 50 元，后经过调查盘盈的 50 元为错收本学校职工张雨的现金，应当归还。发现未查明原因时，应编制会计分录如下：

财务会计：

借：库存现金 50

　　贷：待处理财产损溢 50

预算会计：

借：资金结存——货币资金 50

　　贷：其他预算收入 50

后查到原因，退还时，应编制会计分录如下：

财务会计：

借：待处理财产损溢 50

　　贷：其他应付款——张雨 50

借：其他应付款——张雨 50

　　贷：库存现金 50

预算会计：

借：其他预算收入 50

　　贷：资金结存——货币资金 50

2. 学校发生无法查明原因的现金溢余时的核算方法

按照实际溢余的金额，财务会计：借记“待处理财产损溢”科目，贷记“其他收入”科目。

实例【3-16】 2019年2月28日，某学校财务科检查发现：现金的实际数比账面数多出100元，无法查明原因时。应编制会计分录如下：

财务会计：

借：库存现金 100

　　贷：待处理财产损溢 100

借：待处理财产损溢 100

　　贷：其他收入 100

注意：预算会计不需要做分录。

3. 学校发生现金盘亏时的核算方法

现金实际比账面少，属于现金盘亏，应当按照实际短缺的金额，财务会计：借记“待处理财产损溢”科目，贷记“库存现金”科目；预算会计：借记“其他支出”科目，贷记“资金结存——货币资金”科目。

实例【3-17】 2019年2月27日，某学校财务科检查发现如下情况。现金的实际数比账面数少出100元，暂时未查明原因。应编制会计分录如下：

财务会计：

借：待处理财产损溢　100

　　贷：库存现金　100

预算会计：

借：其他支出　100

　　贷：资金结存——货币资金　100

后经过调查发现盘亏的100元现金为出纳李丽错付所致。应编制会计分录如下：

财务会计：

借：其他应收款——李丽　100

　　贷：待处理财产损溢　100

借：库存现金　100

　　贷：其他应收款——李丽　100

预算会计：

借：资金结存——货币资金　100

　　贷：其他支出　100

另一种情况，盘亏的资金查不到原因了。此时通过“资产处置费用”核算。应编制会计分录如下：

财务会计：

借：资产处置费用　100

　　贷：待处理财产损溢　100

注意：预算会计不需要做分录。

库存现金是高等学校、中小学校流动性最强的资产，是重要支付手段和流通手段，对于维持正常的管理具有重要作用，但库存现金也是资产中最容易流失的资产，加强库存现金管理对于高等学校、中小学校都具有重要的意义。

3.3 银行存款的核算

银行存款是储存在银行的款项，它是货币资金的组成部分。按照国家现金管理和结算制度的规定，每个单位都要在银行开立账户，称为结算户存款，用来办理存款、取款和转账结算。高等学校、中小学校应该按照国家有关支付结算办法的规定办理和核实银行存款收支业务。

将2018年12月31日原账会计科目余额转入新账财务会计科目：新制度设置了“银行存款”和“其他货币资金”科目，原制度设置了“银行存款”科目。转账时，高等学校、中小学校应当将原账“银行存款”科目中核算的属于新制度规定的其他货币资金的金额，转入新账的“其他货币资金”科目；将原账“银行存款”科目余额减去其中属于其他货币资金余额后的差额，转入新账的“银行存款”科目。其中，还应当将原账的“银行存款”科目余额中属于新制度规定受托代理资产的金额，转入新账“银行存款”科目下的“受托代理资产”明细科目。

“银行存款”是高等学校、中小学校共用科目。

3.3.1 认识银行存款

银行存款是高等学校、中小学校存入银行或者金融机构的各种存款，包括人民币和外币存款。银行存款期末借方余额，反映实际存放在银行或其他金融机构的款项。

1. 银行存款的科目设置：应设置“银行存款”科目，银行存款属于资产类，期末余额在借方。

《政府会计制度——行政事业单位会计科目和报表》特别点明应在“银行存款”科目下设置“受托代理资产”二级科目，用来核算高等学校、中小学校受托代理、代管的银行存款。受托代理资产不属于纳入预算管理的银行存款，所以不应计入预算会计。

2. 银行存款的管理：高等学校、中小学校应当按照开户银行和其他金融机构、存款种类、币种等，分别设置“银行存款日记账”，由出纳人员根据收付款凭证，按照业务的发生顺序逐笔登记。每日终了，应结出余额。“银行存款日记账”应定期与“银行对账单”核对，至少每月核对一次。月末，高等学校、中小学校银行存款账面余额与银行对账单余额之间如有差额，应按月编制“银行存款余额调节表”，以调节相符。应当严格按照国家有关支付结算办法的规定办理银行存款收支业务，并按照规定核算银行存款的各项收支业务。

3. 银行结算方式：中国人民银行总行发布的《支付结算办法》规定，现行结算方式共有七种。支票、银行汇票、银行本票、商业汇票、汇兑、委托收款、托收承付，高等学校、中小学校发生的大量资金收付业务，可通过上述结算方式进行结算。

3.3.2　存入或收入银行存款的核算方法

1. 学校将现金存入银行等金融机构时的核算方法

按照实际存入的金额，财务会计：借记“银行存款”科目，贷记“库存现金”科目。

实例【3-18】　2019 年 3 月 11 日，某学校出纳将现金 5 000 元存入银行。应编制会计分录如下：

财务会计：

借：银行存款	5 000	
贷：库存现金		5 000

注意：预算会计不需要做分录。

2. 学校发生一笔经营业务收入，将款项存入银行时的核算方法

按照实际收到的金额，财务会计：借记“银行存款”科目，贷记“经营收入”科目；预算会计：借记“资金结存——货币资金”科目，贷记“经营预算收入”科目。

实例【3-19】　2019 年 4 月 16 日，某学校对外开放的非独立核算的体育场，获得收入 22 000 元，将款项存入银行。应编制会计分录如下：

财务会计：

借：银行存款	22 000	
贷：经营收入		22 000

预算会计：

借：资金结存——货币资金　　22 000

　　贷：经营预算收入　　22 000

3. 学校收到上级单位拨入事业经费时的核算方法

按照实际收到的金额，财务会计：借记“银行存款”科目，贷记“上级补助收入”科目；预算会计：借记“资金结存——货币资金”科目，贷记“上级补助预算收入”科目。

实例【3-20】 2019 年 3 月 21 日，某学校收到上级拨入事业经费 500 000 元。应编制会计分录如下：

财务会计：

借：银行存款　　500 000

　　贷：上级补助收入　　500 000

预算会计：

借：资金结存——货币资金　　500 000

　　贷：上级补助预算收入　　500 000

4. 学校收到应收账款时的核算方法

按照实际收到的金额，财务会计：借记“银行存款”科目，贷记“应收账款”科目；预算会计：借记“资金结存——货币资金”科目，贷记“经营预算收入”科目。

实例【3-21】 2019 年 3 月 24 日，某学校收到应收账款 3 000 元，款项存入银行。应编制会计分录如下：

财务会计：

借：银行存款　　3 000

　　贷：应收账款　　3 000

预算会计：

借：资金结存——货币资金　　3 000

　　贷：经营预算收入　　3 000

3.3.3 使用、支出、对外捐赠银行存款的核算方法

1. 学校支付银行手续费等的核算方法

按照实际支出的金额，财务会计：借记“单位管理费用”科目，贷记“银行存款”科目；预算会计：借记“事业支出”科目，贷记“资金结存——货币资金”科目。

实例【3-22】 2019 年 2 月 21 日，某学校支付银行汇款手续费 200 元，应编制会计分录如下：

财务会计：

借：单位管理费用　200

　贷：银行存款　200

预算会计：

借：事业支出——行政管理支出　200

　贷：资金结存——货币资金　200

2. 学校开出转账支票偿付应付账款时的核算方法

按照实际支付的金额，财务会计：借记“应付账款”科目，贷记“银行存款”科目；预算会计：借记“事业支出”科目，贷记“资金结存——货币资金”科目。

实例【3-23】 2019 年 2 月 27 日，某学校开出转账支票 1 张，支付购买教学材料所欠货款 5 000 元。应编制会计分录如下：

财务会计：

借：应付账款　5 000

　贷：银行存款　5 000

预算会计：

借：事业支出——教育支出　5 000

　贷：资金结存——货币资金　5 000

3. 学校开出转账支票支付购买办公用品款时的核算方法

按照实际支付的金额，财务会计：借记“库存物品”科目，贷记“银行存款”科目；预算会计：借记“事业支出”科目，贷记“资金结

存——货币资金”科目。

实例【3-24】 2019年3月27日，某学校开出转账支票一张用于购置某科研项目专用材料支付款项20 000元。应编制会计分录如下：

财务会计：

借：库存物品　　20 000

　　贷：银行存款　　20 000

预算会计：

借：事业支出——科研支出　　20 000

　　贷：资金结存——货币资金　　20 000

4. 学校以银行存款对外捐赠时的核算方法

按照实际捐出的金额，财务会计：借记“其他费用”科目，贷记“银行存款”科目；预算会计：借记“其他支出”科目，贷记“资金结存——货币资金”科目。

实例【3-25】 2019年1月28日，某学校通过民政局对地震灾区捐赠银行存款5 000元。应编制会计分录如下：

财务会计：

借：其他费用　　5 000

　　贷：银行存款　　5 000

预算会计：

借：其他支出　　5 000

　　贷：资金结存——货币资金　　5 000

3.3.4 受托代理、代管银行存款的核算方法

1. 学校收到受托代理、代管的银行存款时的核算方法

按实际收到的金额，财务会计：借记“银行存款——受托代理资产”科目，贷记“受托代理负债”科目。

实例【3-26】 2019年2月17日，某学校收到全体学生教师捐赠灾区的银行存款50 000元。应编制会计分录如下：

财务会计：

借：银行存款——受托代理资产 50 000

贷：受托代理负债 50 000

注意：预算会计不需要做分录。

2. 学校支付的受托代理、代管的现金时的核算方法

按实际支付的金额，做相反的会计分录，财务会计：借记“受托代理负债”科目，贷记“银行存款——受托代理资产”科目。

实例【3-27】 2019 年 2 月 21 日，某学校收到全体学生教师捐赠灾区的银行存款 50 000 元，通过民政局支付给灾区。应编制会计分录如下：

财务会计：

借：受托代理负债 50 000

贷：银行存款——受托代理资产 50 000

注意：预算会计不需要做分录。

3.3.5 认识外币业务

高等学校、中小学校发生外币业务的，应当按照业务发生当日的即期汇率，将外币金额折算为人民币金额记账，并登记外币金额和汇率。期末，各种外币账务的期末余额，应当按照期末的即期汇率折算为人民币，作为外币账户期末人民币余额，调整后的各种外币账户人民币余额与原账面余额的差额，作为汇兑损益计入当期费用。

3.3.6 外币业务的核算方法

1. 学校提供服务以外币收取相关款项等的核算方法

按照收入确认当日的即期汇率将收取的外币或应收取的外币折算为人民币金额，财务会计：借记“银行存款”“应收账款”等科目的外币账户，贷记“业务活动收入”科目；预算会计：借记“资金结存——货币资金”科目，贷记“事业收入”等相关科目。

实例【3-28】 某学校发生如下业务：2018 年 4 月 1 日，银行账户收到外语服务收入 1 400 美元，当日人民币与美元的汇率为 6.8:1，应编制会计分录如下：

财务会计：

借：银行存款——美元户　　9 520

　　贷：业务活动收入　　9 520

预算会计：

借：资金结存——货币资金　　9 520

　　贷：其他预算收入　　9 520

2. 学校报销外币支付的出差费用的核算方法

按照收入确认当日的即期汇率将支付外币折算为人民币金额，财务会计：借记“单位管理费用”科目的外币账户，贷记“银行存款——外币户”科目；预算会计：借记“事业支出”科目，贷记“资金结存——货币资金”科目。

实例【3-29】 2018 年 4 月 17 日，某学校职工报销因公出国费用，实际支出外汇 600 美元，人民币与美元的汇率为 6.86:1，应编制会计分录如下：

财务会计：

借：单位管理费用　　4 116

　　贷：银行存款——美元户　　4 116

预算会计：

借：事业支出——行政管理支出　　4 116

　　贷：资金结存——货币资金　　4 116

3. 期末，各种外币账务的期末余额，应当按照期末的即期汇率折算为人民币，作为外币账户期末人民币余额，调整后的各种外币账户人民币余额与元账面余额的差额，作为汇兑损益计入当期费用

实例【3-30】 接上例，2018 年 4 月 30 日，人民币与美元的汇率为 6.96:1，应编制会计分录如下：

财务会计：

借：银行存款——美元户

$[(1\,400-600)\times6.86-(9\,520-4\,116)]$ 84

　　贷：单位管理费用　　84

预算会计：

借：资金结存——货币资金　　84

　　贷：事业支出——其他事业支出　　84

3.4　零余额账户用款额度的核算

零余额账户用款额度是指实行国库集中支付的高等学校、中小学校根据财政部门批复的用款计划收到和支用的零余额账户用款额度。就是财政部门在商业银行为自己以及预算单位开设的账户，应用这个账户，可以进行财政直接支付、财政授权支付以及清算的业务操作。

将2018年12月31日原账会计科目余额转入新账财务会计科目：由于原账的“零余额账户用款额度”科目年末无余额，该科目无须进行转账处理。

“零余额账户用款额度”是高等学校、中小学校共用科目。

3.4.1　认识零余额账户

零余额账户是高等学校、中小学校在办理支付款项业务时，先由代理银行根据财政预算批复拨款凭证支付指令，通过零余额账户将资金支付到供应商或收款人账户。支付的资金由代理银行在每天规定的时间内与人民银行通过国库账户进行清算，将当天支付的所有资金从人民银行国库划到代理银行账户，当天轧账后，账户的余额为零。

1. 零余额账户用款额度的内容

相当于银行存款科目，但不是真正存在银行的款项，期末，余额方向借方，反映尚未支用的零余额账户用款额度。年末注销余额账户用款额度后，零余额账户用款额度科目无余额。

2. 零余额账户用于进行财政支付

- 财政直接支付，财政部门的零余额账户用于进行财政直接支付，在这个账户中，每天发生的支付需要在完成当天的业务前与国库单一账户清算，如果存在单笔 5 000 万元以上的支付，必须及时完成与国库单一账户的清算。
- 财政授权支付，预算单位的零余额账户用于进行财政授权支付，在这个账户中，每天发生的支付应在完成当天业务前按照财政部门批准完成用款额度的清算。对于有财政授权的部分转账，需要使用预算单位的零余额账户对其进行办理。在高等学校、中小学校的运营过程中，需要在银行开设零余额账户。在收到支付到账通知书后，应按通知书中的支付金额进行相关的借贷操作，首先完成借记“零余额账户用款额度”，完后进行贷记“财政补助收入”。在因购买商品而产生支用额度时，同样需要完成相关的借贷操作，首先完成借记“经费支出”，再进行贷记“零余额账户用款额度”操作。

3. 零余额账户的作用

零余额账户在财政支付管理体系中发挥着重要作用，有利于财政支付管理工作以及财政集中支付的正常进行。

- 首先，零余额账户能够使国库单一账户与供应商账户形成联系，代理国库单一账户向供应商账户支付。财政支付实际上就是将国库单一账户中的预算资金转至供应商账户中，利用零余额账户，可以通过支付与清算的方式完成这部分资金的转移，预算资金可以由零余额账户支付到供应商账户，再通过国库单一账户对零余额账户进行支付清算，完成支付。
- 其次，零余额账户能够实现对预算资金最终支付的控制，能够保证预算资金在实际支付时才流出国库单一账户。零余额账户的余额为零，这是为了保证预算资金都可以集中在国库单一账户中，这样可以有效地防止因账户的重复与分散而造成预算资金滞留在预算单位的账户中。
- 最后，在建立国库单一账户、实现财政集中支付后，高等学校、中小学校在商业银行的存款账户将被取消，而零余额账户可以代替这些账户，既能够照顾到高等学校、中小学校的支付方式，向零余额账户发出支付命令，保证在进行预算内的采购时支付承诺可以按时兑现，又可以保持高等学校、中小学校的管理权限，并且可以满足会计主体地位不变要求。

3.4.2　认识国库集中支付制度

国库集中支付制度是政府将所有财政性资金都纳入国库单一账户体系、预算部门每年给高等学校、中小学校下达预算指标，并审批预算单位提出的用款申请，委托支付中心办理具体的支付手续。

国库集中支付方式分为：财政直接支付方式和财政授权支付方式。

1. 财政直接支付方式是指按财政部门核定的用款计划，由财政开具支付令，通过国库单一账户体系，直接将资金支付到收款人或用款单位账户。例如，人员工资、政府集中采购的采购支出和基本建设资金等。

2. 财政授权支付方式是指高等学校、中小学校按照部门预算和用款计划确定资金用途，根据财政部门的授权，自行开具支付令送达代理银行，通过国库单一账户体系中的零余额账户或特设专户，将财政资金支付到收款人或用款单位账户。商业银行代理支付的财政资金，每日与财政部门开设在中国人民银行的国库单一账户进行清算。

3.4.3　零余额账户用款额度的核算方法

1. 学校收到授权支付额度时的核算方法

学校收到代理银行盖章的“财政授权支付到账通知书”时，根据通知书所列金额，财务会计：借记“零余额账户用款额度”科目，贷记“财政拨款收入”科目；预算会计：借记“资金结存——零余额账户用款额度”科目，贷记“财政拨款预算收入”科目。

实例【3-31】 2019 年 1 月 3 日，某学校收到代理银行盖章的“财政授权支付到账通知书”，通知所列金额为 50 000 元。应编制会计分录如下：

财务会计：

借：零余额账户用款额度	50 000	
贷：财政拨款收入		50 000

预算会计：

借：资金结存——零余额账户用款额度	50 000	
贷：财政拨款预算收入		50 000

2. 学校使用授权支付额度支付日常活动费用时的核算方法

按照支付的金额，财务会计：借记“单位管理费用”科目，贷记“零余额账户用款额度”科目；预算会计：借记“事业支出”科目，贷记“资金结存——零余额账户用款额度”科目。

实例【3-32】 2019年2月12日，某学校开出授权支付凭证，通过零余额账户支付办公费5 000元。应编制会计分录如下：

财务会计：

借：单位管理费用　　5 000

　　贷：零余额账户用款额度　　5 000

预算会计：

借：事业支出——行政管理支出　　5 000

　　贷：资金结存——零余额账户用款额度　　5 000

3. 学校使用授权支付额度购买库存物品或构建固定资产时的核算方法

按照实际支付或应付的金额，财务会计：借记“库存物品”“固定资产”“在建工程”等科目，贷记“零余额账户用款额度”“应付账款”等科目。预算会计：借记“事业支出”科目，贷记“资金结存——零余额账户用款额度”科目。涉及增值税业务的，相关账务处理参见“应交增值税”科目。

实例【3-33】 2019年2月23日，某学校通过零余额账户购买教学专用材料一批，共支出5 000元，应编制会计分录如下：

财务会计：

借：库存物品——教学专用材料　　5 000

　　贷：零余额账户用款额度　　5 000

预算会计：

借：事业支出——教育支出　　5 000

　　贷：资金结存——零余额账户用款额度　　5 000

4. 单位购买库存物品或构建固定资产，若发生退回，做相反的会计分录

实例【3-34】 2019年4月3日，某学校通过零余额账户购买教学专用材料，共支出6 000元，发生退回。应编制会计分录如下：

财务会计：

借：零余额账户用款额度　　6 000

　　贷：库存物品——教学专用材料　　6 000

预算会计：

借：资金结存——零余额账户用款额度　　6 000

　　贷：事业支出——教育支出　　6 000

5. 学校从零余额账户提取现金时的核算方法

按照实际提取的金额，财务会计：借记“库存现金”科目，贷记“零余额账户用款额度”科目。预算会计：借记“资金结存——货币资金”科目，贷记“资金结存——零余额账户用款额度”科目。

实例【3-35】 2019年2月3日，某学校从零余额账户提取现金2 000元，应编制会计分录如下：

财务会计：

借：库存现金　　2 000

　　贷：零余额账户用款额度　　2 000

预算会计：

借：资金结存——货币资金　　2 000

　　贷：资金结存——零余额账户用款额度　　2 000

6. 学校将现金退回单位零余额账户时的核算方法

财务会计：借记“零余额账户用款额度”科目，贷记“库存现金”科目；预算会计：借记“资金结存——零余额账户用款额度”科目，贷记“资金结存——货币资金”科目。

实例【3-36】 2019年2月3日，某学校将现金3 000元退回单位零余额账户。应编制会计分录如下：

财务会计：

借：零余额账户用款额度　　3 000

　　贷：库存现金　　3 000

预算会计：

借：资金结存——零余额账户用款额度　3 000
　　贷：资金结存——货币资金　3 000

3.4.4 零余额账户用款额度年终注销的核算方法

1. 年末，学校根据代理银行提供的对账单做注销额度的核算方法

学校根据代理银行提供的对账单，财务会计：借记“财政应返还额度——财政授权支付”科目，贷记“零余额账户用款额度”科目。预算会计：借记“资金结存——财政应返还额度”科目，贷记“资金结存——零余额账户用款额度”科目。

实例【3-37】 2018年12月31日，某学校根据代理银行提供的对账单，注销尚未使用的零余额用款额度45 000元。应编制会计分录如下：

财务会计：

借：财政应返还额度——财政授权支付　45 000
　　贷：零余额账户用款额度　45 000

预算会计：

借：资金结存——财政应返还额度　45 000
　　贷：资金结存——零余额账户用款额度　45 000

2. 年末，学校根据代理银行提供的对账单做注销额度的相关账户处理，单位本年度财政授权支付预算指标数大于零余额账户用款额度下达数时的核算方法

学校本年度财政授权支付预算指标数大于零余额账户用款额度下达数的，根据未下达的用款额度，财务会计：借记“财政应返还额度——财政授权支付”科目，贷记“财政拨款收入”科目；预算会计：借记“资金结存——财政应返还额度”科目，贷记“财政拨款预算收入”科目。

实例【3-38】 2018年12月31日，某学校财政授权支付预算指标大于财政授权支付额度下达数，两者之间的差额为35 000元。应编制会计分录如下：

财务会计：

借：财政应返还额度——财政授权支付 35 000

贷：财政拨款收入 35 000

预算会计：

借：资金结存——财政应返还额度 35 000

贷：财政拨款预算收入 35 000

3.4.5 零余额账户用款额度下年初恢复额度的核算方法

下年初，学校根据代理银行提供的上年度注销额度恢复到账通知书做恢复额度的相关账务处理，财务会计：借记“零余额账户用款额度”科目，贷记“财政应返还额度——财政授权支付”科目；预算会计：借记“资金结存——零余额账户用款额度”科目，贷记“资金结存——财政应返还额度”科目。

实例【3-39】 2018年12月31日，某学校根据代理银行提供的对账单，注销尚未使用的零余额用款额度45 000元。2019年1月1日，恢复上年未使用完的零余额用款额度45 000元。应编制会计分录如下：

财务会计：

借：零余额账户用款额度 45 000

贷：财政应返还额度——财政授权支付 45 000

预算会计：

借：资金结存——零余额账户用款额度 45 000

贷：资金结存——财政应返还额度——财政授权支付 45 000

3.5 其他货币资金的核算

其他货币资金主要包括外埠存款、银行本票存款、银行汇票存款、信用卡存款等。

将2018年12月31日原账会计科目余额转入新账财务会计科目：新制

度设置了“银行存款”和“其他货币资金”科目，原制度设置了“银行存款”科目。转账时，高等学校、中小学校应当将原账“银行存款”科目中核算的属于新制度规定的其他货币资金的金额，转入新账的“其他货币资金”科目。

“其他货币资金”是高等学校、中小学校共用科目。

3.5.1 认识其他货币资金

其他货币资金是高等学校、中小学校的外埠存款、银行本票存款、银行汇票存款、信用卡存款等各种其他货币资金。期末，其他货币资金期末借方余额，反映实际持有的其他货币资金。

其他货币资金应当设置的明细科目：其他货币资金分为外埠存款、银行本票存款、银行汇票存款、信用卡存款等明细科目，进行明细核算。

3.5.2 发生外埠存款的核算方法

1. 学校在异地开立银行账户时的核算方法

学校按照有关规定需要在异地开立银行账户，将款项委托本地银行汇往异地开立账户时，财务会计：借记“其他货币资金——外埠存款”科目，贷记“银行存款”科目。

实例【3-40】 2019年2月1日，某学校汇往外地采购教学用具款项50 000元存入采购地的银行开立采购专户，采购教学用具共花费46 400元，余额采购后退回开户银行。应编制会计分录如下：

将款项汇到外地开立专户时：

财务会计：

借：其他货币资金——外埠存款　　50 000

　　贷：银行存款　　50 000

注意：预算会计不需要做分录。

2. 学校使用外埠存款报销凭证时的核算方法

收到采购员交来供应单位发票账单等报销凭证时，财务会计：借记“材料采购”“应交增值税——应交税金”科目，贷记“其他货币资金——外埠存款”科目。

实例【3-41】 接上例，2019 年 4 月 11 日，收到采购员交来供应单位发票服单等报销凭证时，应编制会计分录如下：

财务会计

借：材料采购	40 000	
应交增值税——应交税金（进项税额）	5 200	
贷：其他货币资金——外埠存款		45 200

注意：预算会计不需要做分录。

3. 学校多余的外埠存款转回本地银行时的核算方法

根据银行的收款通知，财务会计：借记“银行存款”科目，贷记“其他货币资金——外埠存款”科目。

实例【3-42】 接上例，2019 年 6 月 1 日，将多余的外埠存款转回本地银行时，应编制会计分录如下：

财务会计：

借：银行存款	4 800	
贷：其他货币资金——外埠存款		4 800

注意：预算会计不需要做分录。

3.5.3　银行汇票、本票、信用卡存款、信用证保证金存款等的核算方法

银行汇票、本票、信用卡存款、信用证保证金存款等的财务会计、预算会计处理也是相同的思路。高等学校、中小学校应当加强对其他货币资金的管理，及时办理结算，对于逾期尚未办理结算的银行汇票、银行本票等，应当按照规定及时转回，并按照上述规定进行相应账务处理。

1.　银行汇票存款

银行汇票存款是指高等学校、中小学校为取得银行汇票按规定存入银行的款项。高等学校、中小学校在填送“银行汇票申请书”并将款项交存银行，取得银行汇票后，根据银行盖章退回的申请书存根联，借记“其他货币资金——银行汇票”科目，贷记“银行存款”科目。高等学校、中小学校使用银行汇票后，根据发票账单等有关凭证，借记“在途物品”“库存物品”“应交增值税——应交税金（进项税额）”等科目，贷记“其他

货币资金——银行汇票”科目。如有多余或因汇票超过付款期等原因而退回款项，根据开户银行转来的银行汇票第四联（多余款收账单），借记“银行存款”科目，贷记“其他货币资金——银行汇票”科目。

2. 银行本票存款

银行本票存款是指高等学校、中小学校为取得银行本票按规定存入银行的款项。银行本票是银行签发的，承诺自己在见票时无条件支付确定的金额给收款人或持票人的票据。

高等学校、中小学校向银行提交“银行本票申请书”并将款项存入银行，取得银行本票后，应根据银行盖章退回的申请书存根联，编制付款凭证，借记“其他货币资金——银行本票”科目，贷记“银行存款”科目。高等学校、中小学校使用本票后，根据发票账单等有关凭证，借记“在途物品”“库存物品”“应交增值税——应交税金（进项税额）”等科目，贷记“其他货币资金——银行本票”科目。因本票超过付款期等原因要求退款时，应当填制进账单，连同本票一并送交银行，根据银行盖章退回的进账单第一联，借记“银行存款”科目，贷记“其他货币资金——银行本票”科目。

3. 信用卡存款

信用卡存款是指高等学校、中小学校为取得信用卡按照规定存入银行的款项。高等学校、中小学校应按规定填制申请表，连同支票和有关资料一并送交发卡银行，根据银行盖章退回的进账单第一联，借“其他货币资金——信用卡”科目，贷记“银行存款”科目。高等学校、中小学校用信用卡购物或支付有关费用时，借记有关科目，贷记“其他货币资金——信用卡”科目。高等学校、中小学校信用卡在使用过程中，向其账户续存资金时，借记“其他货币资金——信用卡”科目，贷记“银行存款”科目。

4. 信用证保证金存款

信用证保证金存款是指高等学校、中小学校为取得信用证按规定存入银行的保证金。高等学校、中小学校向银行申请开立信用证，应按规定向银行提交开证申请书，信用证申请人承诺书和购销合同。高等学校、中小学校向银行交纳保证金，根据银行退回的进账单第一联，借记“其他货币资金——信用证保证金”科目，贷记“银行存款”科目。根据开证行交来的信用证通知书及有关单据列明的金额，借记“在途物品”“库存物品”

“应交增值税——应交税金（进项税额）”等科目，贷记“其他货币资金——信用证保证金”和“银行存款”科目。

5. 存出投资款

存出投资款是指高等学校、中小学校已存入证券公司但尚未进行投资的现金。高等学校、中小学校向证券公司划出资金时，应按实际划出的金额，借记“其他货币资金——存出投资款”科目，贷记“银行存款”科目；购买股票、债券等时，按实际发生的金额，借记有关科目，贷记“其他货币资金——存出投资款”科目。

3.6　短期投资的核算

由于各种各样的原因，学校往往有多余的货币资金，为了获得比银行存款利息较高的收益，可购买有公开市场的可随时抛售的有价证券，主要是国债投资。

“短期投资”核算高等学校、非义务教育阶段中小学校短期投资的成本，主要是国债投资。高等学校应当严格遵守国家法律、行政法规，以及财政部门、主管部门关于对外投资的有关规定。

将 2018 年 12 月 31 日原账会计科目余额转入新账财务会计科目：新制度设置了“短期投资”科目，其核算内容与原账上的核算内容基本相同，转账时高等学校应当将原账上的科目余额直接转入新账的相应科目。

“短期投资”是高等学校、非义务教育阶段中小学校使用科目。

3.6.1　认识短期投资

短期投资是高等学校、非义务教育阶段中小学校将暂时多余不用的资金购买各种能随时变现的持有时间不超过一年的有价证券以及不超过一年的其他投资。

“短期投资”科目的借方反映当期高等学校、非义务教育阶段中小学校短期投资的增加；贷方反映当期高等学校、非义务教育阶段中小学校出售或收回的短期投资。本科目期末借方余额反映当期持有短期投资的成本。

短期投资的科目设置：应设置“短期投资”科目，应当按照投资的种类进行明细核算。

3.6.2 短期投资的核算方法

1. 学校取得短期投资时的核算方法

学校按照实际成本（包括购买价款以及税金、手续费等相关税费）作为投资成本，财务会计：借记“短期投资”科目，贷记“银行存款”科目；预算会计：借记“投资支出”科目，贷记“资金结存——货币资金”科目。

实例【3-43】 2019年1月1日，某学校以银行存款购买有价证券支出金额为60 000元。应编制会计分录如下：

财务会计：

借：短期投资　　60 000

　　贷：银行存款　　60 000

预算会计：

借：投资支出　　60 000

　　贷：资金结存——货币资金　　60 000

2. 学校取得短期投资利息时的核算方法

按照实际收到的金额，财务会计：借记“银行存款”科目，贷记“投资收益”科目；预算会计：借记“资金结存——货币资金”科目，贷记“投资预算收益”科目。

实例【3-44】 接上例，2019年4月1日，某学校收到该有价证券利息300元。应编制会计分录如下：

财务会计：

借：银行存款　　300

　　贷：投资收益　　300

预算会计：

借：资金结存——货币资金　　300

　　贷：投资预算收益　　300

3. 学校出售短期投资或到期收回短期投资本息时的核算方法

按照收到的金额，财务会计：借记“银行存款”科目，贷记“短期投资”“投资收益”科目；预算会计：借记“资金结存——货币资金”科目，贷记“投资支出”“投资预算收益”科目。

实例【3-45】 接上例，2019 年 10 月 1 日，某学校出售该有价证券收到本息合计 60 900 元。应编制会计分录如下：

财务会计：

借：银行存款	60 900	
贷：短期投资		60 000
投资收益		900

预算会计：

借：资金结存——货币资金	60 900	
贷：投资支出		60 000
投资预算收益		900

3.7　财政应返还额度的核算

“财政应返还额度”核算实行国库集中支付的高等学校、中小学校应收财政返还的资金额度。包括可以使用的以前年度财政直接支付资金额度和财政应返还的财政授权支付资金额度。

将 2018 年 12 月 31 日原账会计科目余额转入新账财务会计科目：新制度设置了“财政应返还额度”科目，其核算内容与原账上的核算内容基本相同，转账时高等学校、中小学校应当将原账上的科目余额直接转入新账的相应科目。

“财政应返还额度”是高等学校、中小学校共用科目。

3.7.1　认识财政应返还额度

财政应返还额度是实行国库集中支付的高等学校、中小学校应收财政返还的资金额度。本科目期末借方余额，反映应收财政返还的资金额度。

财政应返还额度的分类：财政应返还直接支付额度、财政应返还授权支付额度。

1. 财政应返还直接支付额度是指财政直接支付额度本年预算指标与当年财政实际支付数的差额。

2. 财政应返还授权支付额度是指财政授权支付额度本年预算指标与当年财政实际支付数的差额。未下达的授权支付额度是指授权支付额度的本年预算指标与当年下达数之间的差额即未下达数，财务处理确认当年收入；未使用的授权支付额度是指授权支付额度的下达数与当年实际使用数之间的差（即未使用完的数额）财务处理注销额度。

财政应返还额度的科目设置：应当设置“财政直接支付”“财政授权支付”两项明细科目核算。

3.7.2 财政直接支付额度的核算方法

财政直接支付是财政部门向中国人民银行和代理银行签发支付指令，代理银行根据支付指令通过国库单一账户体系将资金直接支付到收款人（商品或劳务的供应商等）或用款单位（具体申请和使用财政性资金的预算单位）账户。

1. 年底，学校注销财政直接支付额度时的核算方法

根据实际剩余指标，财务会计：借记“财政应返还额度——财政直接支付”科目，贷记“财政拨款收入”科目；预算会计：借记“资金结存——财政应返还额度——财政直接支付”科目，贷记“财政拨款预算收入”科目。

实例【3-46】 2018 年 12 月 31 日，某学校财政直接支付预算指标数为 200 000 元，财政直接支付实际支出数为 170 000 元，应编制会计分录如下：

财务会计：

借：财政应返还额度——财政直接支付　　30 000

　　贷：财政拨款收入　　30 000

预算会计：

借：资金结存——财政应返还额度——财政直接支付　　30 000

　　贷：财政拨款预算收入　　30 000

2. 下年初，学校恢复财政直接支付额度时的核算方法

收到恢复预算额度通知时只做记录。待使用以前年度的财政直接支付额度发生时，再进行确认。财务会计：借记“单位管理费用”科目，贷记“财政应返还额度——财政直接支付”科目；预算会计：借记“事业支出”科目，贷记“资金结存——财政应返还额度——财政直接支付”科目。

实例【3-47】 2019 年 1 月 1 日，某学校使用恢复的 2018 年度用款额度，采用直接支付方式，支付通信费 6 400 元，已经收到国库支付执行机构委托代理银行转来“财政直接支付入账通知书”及相关原始凭证。应编制会计分录如下：

财务会计：

借：单位管理费用　　6 400

　　贷：财政应返还额度——财政直接支付　　6 400

预算会计：

借：事业支出——行政管理支出　　6 400

　　贷：资金结存——财政应返还额度——财政直接支付　　6 400

3. 学校使用以前年度财政直接支付额度支付办公费时的核算方法

财务会计：借记“单位管理费用”科目，贷记“财政应返还额度——财政直接支付”科目；预算会计：借记“事业支出 ”科目，贷记“资金结存——财政应返还额度”科目。

实例【3-48】 2019 年 1 月 1 日，某学校使用以前年度财政直接支付额度 4 300 元印刷费。使用以前年度财政直接支付额度支付印刷费。应编制会计分录如下：

财务会计：

借：单位管理费用　　4 300

　　贷：财政应返还额度——财政直接支付　　4 300

预算会计：

借：事业支出——行政管理支出　　4 300

　　贷：资金结存——财政应返还额度——财政直接支付　　4 300

3.7.3 财政授权支付额度的核算方法

财政授权支付是高等学校、中小学校按照财政部门的授权，自行向代理银行签发支付指令，代理银行根据支付指令，在财政部门批准的预算单位的用款额度内，通过国库单一账户体系将资金支付到收款人账户。

1. 学校未使用的授权支付额度，年底需要注销额度时的核算方法

年底注销额度时，财务会计：借记“财政应返还额度——财政授权支付”科目，贷记“零余额账户用款额度”科目；预算会计：借记“资金结存——财政应返还额度”科目，贷记“资金结存——零余额账户用款额度——财政授权支付”科目。

实例【3-49】 2018年12月31日，某学校根据代理银行提供的对账单，注销尚未使用的零余额用款额度30 000元。应编制会计分录如下：

财务会计：

借：财政应返还额度——财政授权支付　　30 000

　　贷：零余额账户用款额度　　30 000

预算会计：

借：资金结存——财政应返还额度　　30 000

　　贷：资金结存——零余额账户用款额度——财政授权支付

　　　　30 000

2. 学校未下达的授权支付额度的核算方法

根据未下达的额度，财务会计：借记“财政应返还额度——财政授权支付”科目，贷记“财政拨款收入”科目；预算会计：借记“资金结存——零余额账户用款额度——财政授权支付”科目，贷“财政拨款预算收入”科目。

实例【3-50】 2018年12月31日，某学校财政授权支付预算指标数大于零余额账户用款额度下达数，未下达的用款额度为100 000元。应编制会计分录如下：

财务会计：

借：财政应返还额度——财政授权支付　　100 000

　　贷：财政拨款收入　　100 000

预算会计：

借：资金结存——零余额账户用款额度——财政授权支付　　100 000

　　贷：财政拨款预算收入　　100 000

3. 学校恢复财政授权支付额度的核算方法

根据收到代理银行转来上年未使用完的恢复额度通知书，列明额度，财务会计：借记“零余额账户用款额度”科目，贷记“财政应返还额度——财政授权支付”科目；预算会计：借记“资金结存——零余额账户用款额度”科目，贷记“资金结存——财政应返还额度——财政授权支付”科目。

实例【3-51】 2019 年 1 月 1 日，某学校收到代理银行转来上年未使用完的恢复额度通知书，列明额度 100 000 元。应编制会计分录如下：

财务会计：

借：零余额账户用款额度　　100 000

　　贷：财政应返还额度——财政授权支付　　100 000

预算会计：

借：资金结存——零余额账户用款额度　　100 000

　　贷：资金结存——财政应返还额度——财政授权支付　　100 000

3.8　应收票据的核算

“应收票据”核算高等学校、非义务教育阶段中小学校因开展经营活动销售产品、提供服务等而收到的商业汇票，包括银行承兑汇票和商业承兑汇票。

将 2018 年 12 月 31 日原账会计科目余额转入新账财务会计科目：新制度设置了“应付票据”“应付账款”“预收账款”科目，这三个科目的核算内容与原账的“应付账款”科目的核算内容基本相同。转账时，高等学校、非义务教育阶段中小学校应当将原账的“应付账款”科目余额中属于应付票据的金额转入新账的“应付票据”科目。

“应收票据”高等学校、非义务教育阶段中小学校共用科目。

3.8.1 认识应收票据

应收票据是高等学校、非义务教育阶段中小学校因销售产品或从事经营活动而收到的商业汇票，包括银行承兑汇票和商业承兑汇票。期末，科目借方余额，反映本单位持有的商业汇票票面金额。

1. 应收票据的科目设置：应收票据科目应当按照开出、承兑商业汇票的单位进行明细核算。

2. 应收票据的管理：高等学校、非义务教育阶段中小学校应当设置“应收票据备查簿”，逐笔登记每一应收票据的种类、号数、出票日期、到期日、票面金额、交易合同号和付款人、承兑人、背书人姓名或单位名称、背书转让日、贴现日期、贴现净额、收款日期、收回金额和退票情况等。应收票据到期结清票款或退票后，应当在备查簿内逐笔注销。

3.8.2 收到应收票据的核算方法

1. 学校收到商业汇票的核算方法

因销售产品、提供服务等收到商业汇票，按照商业汇票的票面金额，财务会计：借记“应收票据”科目，贷记“经营收入”“应交增值税——应交税金（销项税额）”科目。

实例【3-52】 2019年1月1日，某高等学校为一般纳税人，销售一批自主研发的产品给A公司，货物已经发出，价税合计46 400元，其中增值税6 400元。双方约定，3个月后付款。A公司给该学校开具一张不带息的3个月到期的银行承兑汇票，票面金额46 400元，应编制会计分录如下：

财务会计：

借：应收票据——银行承兑汇票——A公司　　46 400

　　贷：经营收入　　40 000

　　　　应交增值税——应交税金（销项税额）　　6 400

注意：预算会计不需要做分录。

2. 学校收到的商业汇票到期时的核算方法

根据实际金额，财务会计：借记“银行存款”科目；贷记“应收票据”科目，预算会计：借记“资金结存——货币资金”科目，贷记“经营预算收入”科目。

实例【3-53】 接上例，2019 年 4 月 1 日，银行承兑汇票到期，应编制会计分录如下：

财务会计：

借：银行存款　46 400

　贷：应收票据——银行承兑汇票——某公司　46 400

预算会计：

借：资金结存——货币资金　46 400

　贷：经营预算收入　46 400

3. 学校发生商业汇票贴现的核算方法

学校持未到期的商业汇票向银行贴现，财务会计：按照实际收到的金额，借记“银行存款”科目，按照贴现息金额，借记“经营费用”等科目，按照商业汇票的票面金额，贷记“应收票据”科目（无追索权）或“短期借款”科目（有追索权）。预算会计，按照实际收到的金额借记“资金结存——货币资金”科目，贷记“经营预算收入”科目；按照贴现息金额，借记“其他支出”科目，贷记“资金结存——货币资金”科目。

实例【3-54】 2019 年 2 月 1 日，某高等学校（一般纳税人）因急需资金，将一张面值为 80 000 元，3 个月期的无息票据（无追索权）提前两个月向银行办理贴现，出票日为 1 月 1 日，到期日为 4 月 1 日，假设银行贴现利率为 5%。应编制会计分录如下：

贴现期限 = 90 − 30 = 60（天）

贴现息 = 80 000 × 5% ×（60 ÷ 360）= 666.66（元）

贴现净值 = 80 000 − 666.66 = 79 333.34（元）

财务会计：

借：经营费用　(80 000 × 5% ÷ 12 × 2) 666.66

　　银行存款　(80 000 − 666.66) 79 333.34

　贷：应收票据　80 000

预算会计：

借：资金结存——货币资金　　79 333.34
　　贷：经营预算收入　　79 333.34
借：其他支出　　666.66
　　贷：资金结存——货币资金　　666.66

4. 假设该商业汇票附有追索权，到期，未发生追索事项时的核算方法

实例【3-55】 接上例，贴现时。应编制会计分录如下：

财务会计：

借：经营费用　　（80 000×5%÷12×2）666.66
　　银行存款　　（80 000－666.66）79 333.34
　　贷：短期借款　　（当作向企业借款）80 000

预算会计：

借：资金结存——货币资金　　79 333.34
　　贷：经营预算收入　　79 333.34
借：其他支出　　666.66
　　贷：资金结存——货币资金　　666.66

到期，未发生追索事项。应编制会计分录如下：

财务会计：

借：短期借款　　80 000
　　贷：应收票据　　80 000

注意：预算会计不需要做分录。

5. 附有追索权，发生追索事项（承兑人的银行账户不足支付）的核算方法

实例【3-56】 接上例，发生追索事项（承兑人的银行账户不足支付），应编制会计分录如下：

财务会计：

借：短期借款　　80 000
　　贷：银行存款　　80 000
借：应收账款　　80 000
　　贷：应收票据　　80 000

注意：预算会计不需要做分录。

3.8.3　背书转让商业汇票的核算方法

将持有的商业汇票背书转让以取得所需物资时，财务会计：按照取得物资的成本，借记“库存物品”等科目，按照商业汇票的票面金额，贷记“应收票据”科目，如有差额，借记或贷记“银行存款”科目。预算会计：根据以银行存款支付的差额，借记“资金结存——货币资金”科目，贷记“经营预算收入”科目。

实例【3-57】 2019 年 4 月 16 日，某学校将收到的面值为 40 000 元的商业汇票背书转让给乙公司购买一批教学实验材料，价款 30 000 元，增值税 3 900 元，差额款项以银行存款支付，应编制会计分录如下：

财务会计：

借：库存物品——教学实验材料	30 000	
应交增值税——应交税金（进项税额）	3 900	
银行存款	6 100	
贷：应收票据——商业汇票		40 000

预算会计：

借：资金结存——货币资金	6 100	
贷：经营预算收入		6 100

3.8.4　到期商业汇票的核算方法

1. 学校收到的商业汇票到期，收回款项的核算方法

根据实际收到的金额，财务会计：借记“银行存款”科目，贷记“应收票据”科目；预算会计：借记“资金结存——货币资金”科目，贷记“经营预算收入”科目。

实例【3-58】 2019 年 1 月 1 日，某学校面值为 10 000 元，3 个月期银行贴现利率为 5% 的无息商业承兑汇票到期，委托开户银行收回货款 10 000 元，应编制会计分录如下：

财务会计：

借：银行存款	10 000	

贷：应收票据——商业承兑汇票　　10 000

预算会计：

借：资金结存——货币资金　　10 000

贷：经营预算收入　　10 000

2. 学校收到的商业汇票到期，收不回款项的核算方法

根据应该收到的金额，财务会计：借记“应收账款”科目，贷记“应收票据——商业汇票”科目。

实例【3-59】 接上例，假设 3 个月到期，付款人无力支付票款，应编制会计分录如下：

财务会计：

借：应收账款　　10 000

贷：应收票据——商业汇票　　10 000

注意：预算会计不需要做分录。

3.9 应收账款的核算

将 2018 年 12 月 31 日原账会计科目余额转入新账财务会计科目：新制度设置了“应收票据”“应收账款”“预付账款”科目，这三个科目的核算内容与原账的“应收账款”科目的核算内容基本相同。转账时，高等学校、非义务教育阶段中小学校将原账的“应收账款”科目余额中属于新制度规定的应收账款的金额转入新账的“应收账款”科目。

“应收账款”是高等学校、非义务教育阶段中小学校共用科目。

3.9.1 认识应收账款

应收账款是高等学校、非义务教育阶段中小学校因提供服务、开展有偿服务以及销售产品等业务应收取的款项以及因出租资产、出售物资等应收取而尚未收取的款项。期末，本科目借方余额，反映单位尚未收回的应收款项。

不包括借出款、备用金、应向职工收取的各种垫付款项等。

应收账款的科目设置：应收账款应当按照债务单位（或个人）进行明细核算，按不同的购货或接受劳务的单位设置明细账户进行明细核算。

应收账款的管理：高等学校、非义务教育阶段中小学校应当于每年年末，对收回后应当上缴财政的应收账款进行全面检查，逾期3年或以上、有确凿证据表明确实无法收回的应收账款，按规定报经批准后予以核销。对于核销的应收账款，应在“已核销应收账款备查簿”中保留登记。

3.9.2 收回应收账款的核算方法

学校发生的应收账款收回后不需要上缴财政，做收入核算。

发生应收账款时，财务会计：按照应收未收金额，借记“应收账款”科目，按照确认的收入金额，贷记“经营收入”等科目。涉及增值税业务的，相关账务处理参见“应交增值税”科目。

实例【3-60】 2019年4月1日，某高等学校（一般纳税人）向甲公司提供音乐培训服务，应收取培训费8 000元，税费480元，款项尚未收到，应编制会计分录如下：

财务会计：

借：应收账款——甲公司　　8 480

　贷：经营收入　　8 000

　　应交增值税——应交税金（销项税额）　　480

注意：服务业增值税率为6%。

实例【3-61】 接上例，2019年4月25日，某高等学校（一般纳税人）收到甲公司的音乐培训费8 480元已经通过银行办理转账，同时使用银行存款支付增值税。应编制会计分录如下：

财务会计：

借：银行存款　　8 480

　贷：应收账款——甲公司　　8 480

借：应交增值税——应交税金（销项税额）　　480

　贷：银行存款　　480

预算会计：

借：资金结存——货币资金　　8 000

贷：经营预算收入　　8 000

3.9.3　不能确认收入的应收账款的核算方法

学校发生应收账款收回后需要上缴财政时，不能确认收入，而应将其确认为负债。

1. 学校出租资产、出售物资发生应收未收取租金款项时应收账款的核算方法

按照应收取的金额，财务会计：借记“应收账款”科目，贷记“应缴财政款”科目。

实例【3-62】 2019年3月25日，某学校将办公用房5间出租给甲责任有限公司，月租金5 000元，每月收一次租金，房子已出租1个月，但仍未收到租金，应编制会计分录如下：

财务会计：

借：应收账款——甲责任有限公司　　5 000

　　贷：应缴财政款　　5 000

注意：预算会计不需要做分录。

2. 学校收到租金时应收账款的核算方法

实例【3-63】 2019年4月25日，某学校将办公用房5间出租给甲责任有限公司，月租金5 000元，每月收一次租金，房子已出租1个月，但仍未收到租金。后某学校收到甲责任有限公司缴纳的办公用房租金5 000元，应编制会计分录如下：

财务会计：

借：银行存款　　5 000

　　贷：应收账款——甲责任有限公司　　5 000

注意：预算会计不需要做分录。

“应缴财政款”科目年末一般是无余额的。

注：高等学校、非义务教育阶段中小学校应当于每年年末，对收回后

应当上缴财政的应收账款进行全面检查，逾期3年或以上、有确凿证据表明确实无法收回的应收账款，按规定报经批准后予以核销。对于核销的应收账款，我们应在“已核销应收账款备查簿”中保留登记。

3.10　预付账款的核算

将2018年12月31日原账会计科目余额转入新账财务会计科目：新制度设置了“预付账款”科目，该科目的核算内容与原账“预付账款”科目的核算内容基本相同。转账时，高等学校、中小学校应当将原账的“预付账款”科目余额转入新账的“预付账款”科目。新制度设置了“受托代理资产”科目，在原账的“预付账款”科目中核算了使用受托代理资金的预付账款的，应当将原账的“预付账款”科目余额中使用受托代理资金的金额转入新账的“受托代理资产——应收及暂付款”科目。

“预付账款”是高等学校、中小学校共用科目。

3.10.1　认识预付账款

预付账款是高等学校、中小学校按照购货、服务合同或协议规定预付给供应单位（或个人）的款项，以及按照合同规定向承包工程的施工企业预付的备料款和工程款，期末科目借方余额，反映实际预付但尚未结算的款项。

预付账款的科目设置：预付账款应当按照供应单位（或个人）进行明细核算。

预付账款的管理：高等学校、中小学校应当通过明细核算或辅助登记方式，登记预付账款的资金性质（区分财政补助资金、非财政专项资金和其他资金）。高等学校、中小学校应当于每年年末，对预付账款进行全面检查。如果有确凿证据表明预付账款不再符合预付款项性质，或者因供应单位破产，撤销等原因可能无法收到所购货物、服务的，应当将其转入其他应收款，按照规定进行处理。

逾期3年或以上、有确凿证据表明因供货单位破产、撤销等原因已无望再收到所购物资，且确实无法收回的预付账款，按规定批准后予以核销。对于核销的预付账款，应在“已核销预付账款备查簿”中保留登记。

3.10.2 根据购货、服务合同或协议规定预付款项的核算方法

1. 学校根据购货、服务合同或协议规定预付款项时的核算方法

学校发生预付款项时，按照实际预付的金额，财务会计：借记“预付账款”科目，贷记“财政拨款收入”“零余额账户用款额度”“银行存款”科目。预算会计：借记“事业支出”科目，贷记“资金结存——零余额账户用款额度”科目。

实例【3-64】 2019年2月25日，某学校向乙公司订购教学用的材料，不含税价50 000元，双方约定预付定金25 000元，通过零余额账户转账支付，应编制会计分录如下：

财务会计：

借：预付账款——乙公司	25 000	
贷：零余额账户用款额度		25 000

预算会计：

借：事业支出——教育支出	25 000	
贷：资金结存——零余额账户用款额度		25 000

2. 学校收到所购资产或服务时预付款项的核算方法

学校收到所购资产或服务财务会计：按照购入资产或服务的成本，借记“库存物品”“固定资产”“无形资产”“单位管理费用”等相关科目，按照相关预付账款的账面余额，贷记“预付账款”科目，按照实际补付的金额，贷记“财政拨款收入”“零余额账户用款额度”“银行存款”等科目。预算会计：按照实际补付的金额，借记“事业支出”科目，贷记“资金结存——零余额账户用款额度”科目。涉及增值税业务的，相关账务办理参见“应交增值税”科目。

实例【3-65】 2019年2月25日，某学校向乙公司订购教学用的材料，不含税价50 000元，双方约定预付定金25 000元，通过零余额账户转账支付。3天后，收到乙公司发来材料及发票，增值税8 000元（已认证），验收材料入库，通过零余额账户用款额度账户支付，补足货款

33 000 元，应编制会计分录如下：

财务会计：

借：库存物品——材料　50 000

　应交增值税——应交税金（进项税额）　8 000

　贷：预付账款——乙公司　25 000

　　零余额账户用款额度　33 000

预算会计：

借：事业支出——教育支出　33 000

　贷：资金结存——零余额账户用款额度　33 000

注意：教学材料增值税率为 16%。

3. 学校根据工程进度结算工程价款及备料款时预付款项的核算方法

财务会计：按照结算金额，借记“在建工程”科目，按照相关预付账款的账面余额，贷记“预付账款”科目，按照实际补付的金额，贷记“财政拨款收入”“零余额账户用款额度”“银行存款”科目；预算会计：按照实际补付的金额，借记“事业支出”科目，贷记“资金结存——货币资金”科目。

实例【3-66】 2019 年 4 月 25 日，某学校收到由监理工程师核证的中期支付凭证等计量支付手续及建筑业发票时，按规定支付本月已完工工程的价款，本月 A 公司完成工程价款 1 100 000 元，按照合同规定应扣回备料款 100 000 元，扣回工程款 47 500 元，扣回工程保留金 55 000 元，余款用银行存款支付，应编制会计分录如下：

财务会计：

借：在建工程——建筑安装工程投资——建筑工程　1 100 000

　贷：预付账款——预付备料款　110 000

　　预付账款——预付工程款　47 500

　　其他预付款——A 公司——保留金　55 000

　　银行存款　887 500

预算会计：

借：事业支出——教育支出　887 500

　贷：资金结存——货币资金　887 500

3.10.3 退回预付账款的核算方法

发生退回时，按照实际退回金额核算，财务会计：借记“财政拨款收入”（本年直接支付）、“财政应返还额度”（以前年度直接支付）、“零余额账户用款额度”、“银行存款”等科目，贷记“预付账款”科目。

实例【3-67】 2019年4月25日，某学校本年通过财政授权支付方式预付甲公司一笔教学实验材料费10 000元作为定金，因甲公司内部原因，甲公司退回该业务定金，应编制会计分录如下：

财务会计：

借：零余额账户用款额度　10 000

　　贷：预付账款——甲公司　10 000

预算会计：

借：资金结存——零余额账户用款额度　10 000

　　贷：事业支出——教育支出　10 000

3.11 其他应收款的核算

将2018年12月31日原账会计科目余额转入新账财务会计科目：新制度设置了“其他应收款”科目，该科目的核算内容与原账“其他应收款”科目的核算内容基本相同。转账时，高等学校、中小学校应当将原账的“其他应收款”科目余额，转入新账的“其他应收款”科目。新制度设置了“在途物品”科目，在原账“其他应收款”科目中核算的已经付款或开出商业汇票、尚未收到物资的款项金额，应转入新账的“在途物品”科目。

“其他应收款”是高等学校、中小学校共用科目。

3.11.1 认识其他应收款

其他应收款是指高等学校、中小学校除财政应返还额度、应收票据、应收账款、应付账款、应收股利、应收利息以外的其他各项应收及暂付款项，如职工预借的差旅费、已经偿还银行尚未报销的本单位公务卡欠款、拨付给内部有关部门的备用金、应向职工收取的各种垫付款项、支付的可以收回的定金或押金等。

本科目借方反映当期高等学校、中小学校其他应收款的增加；贷方反映当期高等学校、中小学校其他应收款的减少。本科目期末借方余额反映尚未收回的其他应收款。

其他应收款的科目设置：应当按照其他应收款的类别以及债务单位（或个人）进行明细核算。高等学校应当在“1218 其他应收款”科目下设置“留本基金委托投资”明细科目，核算高等学校将留本基金委托给基金会进行的投资。

其他应收款的管理是高等学校、中小学校应当于每年年末，对“其他应收款”进行全面检查，如发现有不能收回的迹象，应当计提坏账准备。对于超过规定年限、确认无法收回的其他应收款，按照规定报经批准后予以核销。

逾期 3 年或以上、有确凿证据表明确实无法收回的其他应收款，按规定批准后予以核销。对于核销的其他应收款，应在“已核销其他应收款备查簿”中保留登记。

3.11.2　其他应收款的核算方法

1. 学校为职工代垫款项发生其他应收款的核算

实例【3-68】 2019 年 2 月 1 日，某学校为职工代垫房租 1 000 元，从应付工资中扣除代垫款项，应编制会计分录如下：

（1）代垫房租时。

财务会计：

借：其他应收款　　1 000

　　贷：银行存款　　1 000

注意：预算会计不需要做分录。

（2）从应付工资中扣除代垫费用时。

财务会计：

借：应付职工薪酬　　1 000

　　贷：其他应收款　　1 000

预算会计：

借：事业支出——其他事业支出　　1 000

　贷：资金结存——货币资金　　1 000

3.12 坏账准备的核算

新制度要求对高等学校、中小学校收回后无须上缴财政的应收账款和其他应收款提取坏账准备。在新旧制度转换时，高等学校、中小学校应当按照2018年12月31日无须上缴财政的应收账款和其他应收款的余额计算应计提的坏账准备金额，借记“累计盈余”科目，贷记“坏账准备”科目。

“坏账准备”是高等学校、中小学校共用科目。

3.12.1 认识坏账准备

坏账准备是高等学校、中小学校对收回后不需上缴财政的应收账款和其他应收款提取的坏账准备。坏账准备科目期末贷方余额，反映事业单位提取的坏账准备金额。

高等学校、中小学校应当于每年年末，对收回后不需要上缴财政的应收账款和其他应收账款进行全面检查，分析其可回收性，对预计可能产生的坏账损失计提坏账准备，确认坏账损失。

坏账准备计提方法：高等学校、中小学校可以应收账款余额百分比法、账龄分析法、个别认定法等方法计提坏账准备。坏账准备计提方法一经确定，不得随意变更，如需变更，应当按照规定报经批准，并在财务报表附注中予以说明。

1. 余额百分比法：这是按照期末应收账款余额的一定百分比估计坏账损失的方法。坏账百分比由单位根据以往的资料或经验自行确定。在余额百分比法下，高等学校、中小学校应在每个会计期末根据本期末应收账款的余额和相应的坏账率估计出期末坏账准备账户应有的余额，它与调整前坏账准备账户已有的余额的差额，就是当期应提的坏账准备金额。首次计提坏账准备的计算公式：当期应计提的坏账准备 = 期末应收账款余额 × 坏账准备计提百分比；以后计提坏账准备的计算公式：当期应计提的坏账准备 = 当期按应收账款计算应计提的坏账准备金额 +（或 -）坏账准备账户借方余额（或贷方余额）。

2. 账龄分析法：这是根据应收账款账龄的长短来估计坏账损失的方法。通常而言，应收账款的账龄越长，发生坏账的可能性越大。为此，将高等学校、中小学校的应收账款按账龄长短进行分组，分别确定不同的计提百分比估算坏账损失，使坏账损失的计算结果更符合客观情况。首次计提坏账准备的计算公式：当期应计提的坏账准备 = ∑（期末各账龄组应收账款余额 × 各账龄组坏账准备计提百分比）；以后计提坏账准备的计算公式：当期应计提的坏账准备 = 当期按应收账款计算应计提的坏账准备金额 +（或 -）坏账准备账户借方余额（或贷方余额）。

3. 销货百分比法：这是根据高等学校、中小学校销售总额的一定百分比估计坏账损失的方法。百分比按高等学校、中小学校以往实际发生的坏账与销售总额的关系结合生产经营与销售政策变动情况测定。在实际工作中，高等学校、中小学校也可以按赊销百分比估计坏账损失。采用销货百分比法计提坏账准备的计算公式如下：当期应计提的坏账准备 = 本期销售总额（或赊销额）× 坏账准备计提比例。

4. 个别认定法：这是针对每项应收款项的实际情况分别估计坏账损失的方法。例如高等学校、中小学校是根据应收单位账款的 5% 来计算坏账，但是有一企业有明显的还款困难迹象，就可以对这一企业的应收账款进行个别认定法计提坏账准备金（按 10% 或其他比例）。

坏账准备的科目设置：坏账准备应当分别“应收账款”“其他应收账款”进行明细核算。

3.12.2　坏账准备的核算方法

1. 学校提取坏账准备时的核算方法

采用“余额百分比法”：首次计提坏账准备的计算公式：当期应计提的坏账准备 = 期末应收账款余额 × 坏账准备计提百分比；以后计提坏账准备的计算公式：当期应计提的坏账准备 = 当期按应收账款计算应计提的坏

账准备金额+(或-)坏账准备账户借方余额（或贷方余额）。

提取坏账准备时，财务会计：借记“其他费用”科目，贷记“坏账准备”科目。

实例【3-69】 2017年12月31日，某学校应收账款的余额为12 000元，提取坏账准备的比例为0.5%，应编制会计分录如下：

财务会计：

借：其他费用　600

　　贷：坏账准备　600

注意：预算会计不需要做分录。

实例【3-70】 2019年1月1日，某学校发现2018年发生坏账损失700元，其中A单位300元，B单位400元，期末应收账款余额为150 000元。应编制会计分录如下：

财务会计：

借：坏账准备——应收账款坏账准备　700

　　贷：应收账款——A单位　300

　　　　应收账款——B单位　400

注意：预算会计不需要做分录。

上面2个例子联合考虑，2018年年末应计提的坏账准备余额：150 000×0.5%=750元，计提或冲减前，坏账准备科目余额：600-700=-100元,借方余额，应编制会计分录如下：

财务会计：

借：其他费用　850

　　贷：坏账准备　850

注意：预算会计不需要做分录。

2. 学校冲减坏账时的核算方法

已核销的应收账款在以后期间又收回的，按照实际收回金额，财务会计：借记“坏账准备”科目，贷记“其他费用”科目；同时，借记“银行存款”等科目，贷记“坏账准备”科目。

实例【3-71】 2019 年 1 月 27 日，某学校已冲销的上年丙单位应收账款又收回，期末应收账款余额为 80 000 元，2019 年年末应计提的坏账准备余额：180 000 × 0.5% = 900 元，计提或冲减前坏账准备科目余额：2018 年期末余额 750 + 转回丙单位 500 = 1 250。应编制会计分录如下：

财务会计：

借：坏账准备	350	
贷：其他费用		350
借：银行存款	500	
贷：坏账准备		500

注意：预算会计不需要做分录。

3. 学校的应收账款无法收回时的核算方法

对于账龄超过规定年限并确认无法收回的应收账款、其他应收账款应当按照有关规定报经批准后，按照无法收回的金额，财务会计：借记“坏账准备”科目，贷记“应收账款”“其他应收款”科目。

3.13　在途物品的核算

将 2018 年 12 月 31 日原账会计科目余额转入新账财务会计科目：新制度设置了“在途物品”科目，高等学校和中小学如果有在原账“其他应收款”科目中核算已经付款或开出商业汇票、尚未收到物资的款项，应当将原账的“其他应收款”科目余额中已经付款或开出商业汇票、尚未收到物资的款项金额转入新账的“在途物品”科目。

“在途物品”是高等学校、中小学校共用科目。

3.13.1　认识在途物品

在途物品是高等学校、中小学校采购材料等物资时货款已付或已开出商业汇票但尚未验收入库的在途物品的采购成本。本科目期末借方余额反映在途物品的采购成本。

在途物品的科目设置：在途物品科目可按供应单位和物品种类设置进行明细核算。采购原材料但尚未办理入库手续时，按采购成本借记“在途物品”科目，贷方按照支付方式不同，分别为“零余额账户用款额度”“银行存款”“财政拨款收入”等科目。涉及增值税业务的相关账务处理参见“应交增值税科目。

3.13.2 银行存款支付在途物品的核算方法

1. 学校在途物品尚未验收入库时的核算方法

根据实际成本，财务会计：借记“在途物品”“应交增值税——应交税金（进项税额）”科目，贷记“银行存款”科目；预算会计：借记“事业支出”科目，贷记“资金结存——货币资金”科目。

实例【3-72】 2019年5月10日，某学校购入教学专用材料一批，价值20 000元，增值税2 600元，运输费500元，尚未验收入库，全部款项银行支付完毕。应编制会计分录如下：

财务会计：

借：在途物品	20 500	
应交增值税——应交税金（进项税额）	2 600	
贷：银行存款		23 100

预算会计：

借：事业支出——教育支出	23 100	
贷：资金结存——货币资金		23 100

2. 学校在途物品验收入库时的核算方法

实例【3-73】 5月12日，学校所购的教学专用材料一批（5月10日购买）到达验收入库，发生搬运费500元，现金支付完毕。应编制会计分录如下：

财务会计：

借：库存物品	21 000	
贷：在途物品		20 500
现金		500

预算会计：

借：事业支出　500

　贷：资金结存——货币资金　500

3.13.3 财政直接支付在途物品的核算方法

1. 学校在途物品尚未验收入库时的核算方法

根据实际成本，财务会计：借记“在途物品”“应交增值税——应交税金（进项税额）”科目，贷记“财政拨款收入”科目；预算会计：借记“事业支出”科目，贷记“财政拨款预算收入”科目。

实例【3-74】 2019 年 3 月 5 日，某学校购入办公用品一批，价值 5 000 元，运输费 500 元，尚未验收入库，款项全部采用财政直接支付方式支付（不考虑税务事项）。应编制会计分录如下：

财务会计：

借：在途物品　5 500

　贷：财政拨款收入　5 500

预算会计：

借：事业支出——行政管理支出　5 500

　贷：财政拨款预算收入　5 500

2. 学校在途物品验收入库时的核算方法

实例【3-75】 2019 年 3 月 8 日，办公用品（3 月 5 日购买）验收入库。应编制会计分录如下：

财务会计：

借：库存物品　5 500

　贷：在途物品　5 500

注意：预算会计不需要做分录。

3.13.4 财政授权支付在途物品的核算方法

1. 学校在途物品尚未验收入库时的核算方法

根据实际成本，财务会计：借记“在途物品”“应交增值税——应交税金（进项税额）”科目，贷记“零余额账户用款额度”科目；预算会计：借记“事业支出”科目，贷记“资金结存——零余额账户用款额度”科目。

实例【3-76】 2019年3月4日，某学校购入后勤保障物资一批，价值10 000元，运输费500元，尚未验收入库，款项全部采用财政授权支付方式支付。(不考虑税务事项）应编制会计分录如下：

财务会计：

借：在途物品 10 500

  贷：零余额账户用款额度 10 500

预算会计：

借：事业支出——后勤保障支出 10 500

  贷：资金结存——零余额账户用款额度 10 500

2. 学校在途物品验收入库时的核算方法

实例【3-77】 3月8日，物资（3月4日购买）验收入库。应编制会计分录如下：

财务会计：

借：库存物品 10 500

  贷：在途物品 10 500

注意：预算会计不需要做分录。

3.13.5 财政应返还额度支付在途物品的核算方法

1. 学校在途物品尚未验收入库时的核算方法

根据实际成本，财务会计：借记“在途物品”“应交增值税——应交税金（进项税额）”科目，贷记“财政应返还额度”科目；预算会计：借记“事业支出”科目，贷记“资金结存——财政应返还额度”科目。

实例【3-78】 2019 年 3 月 13 日，某学校购入慰问离休干部物品一批，价值 80 00 元，用上年财政应返还额度直接支付额度支付。同时银行支付运输费 500 元，尚未验收入库，（不考虑税务事项）应编制会计分录如下：

财务会计：

借：在途物品　85 00

　　贷：财政应返还额度　8 000

　　　　银行存款　500

预算会计：

借：事业支出——离退休支出　8 500

　　贷：资金结存——财政应返还额度　8 000

　　　　资金结存——货币资金　500

2. 学校在途物品验收入库时的核算方法

实例【3-79】 3 月 17 日，慰问离休干部物品一批（3 月 13 日购买）到达验收入库。应编制会计分录如下：

财务会计：

借：库存物品　85 00

　　贷：在途物品　85 00

注意：预算会计不需要做分录。

3.14　库存物品的核算

将 2018 年 12 月 31 日原账会计科目余额转入新账财务会计科目：新制度设置了“库存物品”和“加工物品”科目，原制度设置了“存货”科目。转账时，高等学校、中小学校应当将原账的“存货”科目余额中属于在加工存货的金额，转入新账的“加工物品”科目；将原账的“存货”科目余额减去属于在加工存货的金额后的差额，转入新账的“库存物品”科目。

“库存物品”是高等学校、中小学校共用科目。

3.14.1 认识库存物品

库存物品是高等学校、中小学校在开展业务活动及其他活动中为耗用或出售而储存的各种材料、产品、包装物、低值易耗品，以及达不到固定资产标准的用具、装具、动植物等的成本。期末借方余额，反映库存物品的成本。

已完成的测绘、地质勘查、设计成果等的成本，也通过“库存物品”科目核算。其成本包括购买价款、相关税费、运输费、装卸费、保险费以及使得存货达到目前场所和状态所发生的归属于存货成本的其他支出。按照确定的成本，借记“库存物品”科目，按照支付方式的不同，分别贷记“零余额账户用款额度”“银行存款”“财政拨款收入”“应付账款”等科目。

不在“库存物品”科目核算的几种特殊情况：

1. 高等学校、中小学校随买随用的零星办公用品，可以在购进时直接作为费用核算（“单位管理费用”科目），不通过“库存物品”科目核算；

2. 高等学校、中小学校受托存储保管的物资和受托转赠的物资，应当通过“受托代理资产”科目核算，不通过“库存物品”科目核算；

3. 高等学校、中小学校在在建工程购买和使用的材料物资，应当通过“工程物资”科目核算，不通过“库存物品”科目核算。

库存物品的科目设置：库存物品科目应当按照库存物品的种类、规格、保管地点等进行明细核算。单位储存的低值易耗品、包装物较多的，可以在本科目（低值易耗品、包装物）下按照“在库”“在用”和“摊销”等进行明细核算。库存物品——材料等——包装物——在用等。

库存物品的管理：高等学校、中小学校的库存物品应当定期进行清查盘点，至少每年盘点一次。

3.14.2 外购取得库存物品的核算方法

1. 学校使用银行存款支付外购取得库存物品时的核算方法

根据支付金额，财务会计：借记“库存物品”科目，贷记“银行存款”科目；预算会计：借记“经营支出”科目，贷记“资金结存——货币资金”科目。

实例【3-80】 2019 年 5 月 12 日，某学校购入一批对外经营的体育馆专用材料，为学校自用。通过银行存款支付 10 000 元，已验收入库。应编制会计分录如下：

财务会计：

借：库存物品 10 000

贷：银行存款 10 000

预算会计：

借：经营支出 10 000

贷：资金结存——货币资金 10 000

2. 学校使用财政直接支付外购取得库存物品时的核算方法

根据实际支付金额，财务会计：借记“库存物品”科目，贷记“财政拨款收入”科目；预算会计：借记“事业支出”科目，贷记“财政拨款预算收入”科目。

实例【3-81】 2019 年 6 月 11 日，某学校购入一批后勤部门使用的低值易耗品，财政直接支付 2 000 元，已验收入库。应编制会计分录如下：

财务会计：

借：库存物品 2 000

贷：财政拨款收入 2 000

预算会计：

借：事业支出——后勤保障支出 2 000

贷：财政拨款预算收入 2 000

3. 学校使用财政授权支付外购取得库存物品时的核算方法

根据实际支付金额，财务会计：借记“库存物品”科目，贷记“零余额账户用款额度”科目；预算会计：借记“事业支出”科目，贷记“资金结存——零余额账户用款额度”科目。

实例【3-82】 2019年6月14日，某学校购入一批办公用品，财政直接支付5 000元，已验收入库。应编制会计分录如下：

财务会计

借：库存物品　　5 000

　　贷：零余额账户用款额度　　5 000

预算会计：

借：事业支出——行政管理支出　　5 000

　　贷：资金结存——零余额账户用款额度　　5 000

4. 学校使用财政应返还的财政直接支付资金额度支付应付账款时外购取得库存物品时的核算方法

根据支付金额，财务会计：借记“库存物品”科目，贷记“财政应返还额度——财政直接支付”科目；预算会计：借记“事业支出”科目，贷记“资金结存——财政应返还额度”科目。

实例【3-83】 2019年6月22日，某学校购入一批电脑耗材10 000元，以前年度财政直接支付额度支付，已验收入库。应编制会计分录如下：

财务会计：

借：库存物品　　10 000

　　贷：财政应返还额度——财政直接支付　　10 000

预算会计：

借：事业支出　　10 000

　　贷：资金结存——财政应返还额度　　10 000

5. 学校使用财政应返还的财政授权支付资金额度支付应付账款时外购取得库存物品的核算方法

根据应支付金额，财务会计：借记“应付账款”科目，贷记“财政应返还额度——财政授权支付”科目；预算会计：借记“经营支出”科目，贷记“资金结存——财政应返还额度”科目。

实例【3-84】 2019年6月27日，某学校购入一批对外开放的体育馆使用的低值易耗品，价值7 500元。7月12日，财政应返还的财政授权支付资金额度支付6月低值易耗品款项7 500元。应编制会计分录如下：

财务会计：

借：应付账款 7 500

贷：财政应返还额度——财政授权支付 7 500

预算会计：

借：经营支出 7 500

贷：资金结存——财政应返还额度 7 500

6. 学校款项尚未支付外购取得库存物品时的核算方法

根据实际应支付款项，财务会计：借记“库存物品”科目，贷记“应付账款”科目。

实例【3-85】 2019年6月23日，某学校购入一批低值易耗品，价值17 000元，款项未支付。应编制会计分录如下：

财务会计：

借：库存物品 17 000

贷：应付账款 17 000

注意：预算会计不需要做分录。

3.14.3 自制、委托加工取得库存物品的核算方法

1. 学校自行加工的库存物品的核算方法

其成本包括耗用的直接材料费用、发生的直接人工费用和按照一定方法分配的与存货加工有关的间接费用。加工完成并验收入库，按照确定的成本，财务会计：借记“库存物品”科目，贷记“加工物品——自制物品”科目。

实例【3-86】 2019年6月27日，某学校自行生产加工一种自用甲产品，甲产品加工完成验收入库，共500件，经计算加工成本总计20 000元，应编制会计分录如下：

财务会计：

借：库存物品——甲产品 20 000

贷：加工物品——自制物品 20 000

注意：预算会计不需要做分录

2. 学校委托加工取得库存物品的核算方法

学校发出加工物资时，学校委托加工的库存物品，其成本包括委托加工前库存物品成本、委托加工的成本（加工费及相关税费等），以及使库存物品达到目前场所和状态所发生的其他支出。加工收回并验收入库，财务会计：借记“加工物品——委托加工”科目，贷记“库存物品——材料”等科目。预算会计：借记“事业支出”科目，贷记“资金结存——货币资金”科目。

实例【3-87】 2019 年 6 月 21 日，某学校科研部门与受托方签订委托加工合同，按照合同向受托方发出加工物资 20 000 元，受托方加工完成时，委托方向受托方支付加工费、运杂费 500 元，应编制会计分录如下：

财务会计：

借：加工物品——委托加工	20 500	
贷：库存物品——材料		20 000
银行存款		500

预算会计：

借：事业支出——科研支出	500	
贷：资金结存——货币资金		500

学校收到委托加工物资并办理了入库手续时，根据总成本，财务会计：借记“库存物品”科目，贷记“加工物品——委托加工”等科目。

实例【3-88】 接上例，2019 年 7 月 29 日，某学校收到委托加工物资并办理了入库手续，成本总计 20 500 元，应编制会计分录如下：

财务会计：

借：库存物品	20 500	
贷：加工物品——委托加工		20 500

注意：预算会计不需要做分录。

3. 14. 4　接受捐赠取得库存物品的核算方法

接受捐赠的库存物品成本的确定顺序：

- 按照有关凭据注明的金额加上相关税费、运输费等；
- 经过资产评估的，按照评估价值加上相关税费、运输费等；

● 按照同类或类似资产的市场价格加上相关税费、运输费等；

● 按照名义金额入账，相关税费、运输费等计入当期费用。

1. 学校接受捐赠的库存物品验收入库时的核算方法

按照确定的成本，财务会计：借记“库存物品”科目，按照发生的相关税费、运输费等，贷记“银行存款”等科目，按照其差额，贷记“捐赠收入”科目。

实例【3-89】 2019 年 1 月 17 日，某学校接受捐赠用于初中运动会的体育服装一批，账面价值 20 000，支付相关运输费 400 元，服装已入库，应编制会计分录如下：

财务会计：

借：库存物品　　20 400

　　贷：捐赠收入　　20 000

　　　　银行存款　　400

预算会计：

借：其他支出　　400

　　贷：资金结存——货币资金　　400

2. 学校按照名义金额入账的接受捐赠的库存物品及发生的相关税费、运输费时的核算方法

实例【3-90】 2019 年 1 月 27 日，某学校接受捐赠一批教学材料，没有附相关凭据。此材料在市场中并无销售，无法可靠取得其评估价值和市场价格，经批准以名义金额入账，接受材料捐赠时，发生税费支出 300 元，通过转账支付。应编制会计分录如下：

财务会计：

借：库存物品　　1

　　贷：捐赠收入　　1

借：其他费用　　300

　　贷：银行存款　　300

预算会计：

借：其他支出　　300

　　贷：资金结存——货币资金　　300

3.14.5 无偿调入取得库存物品的核算方法

1. 学校无偿调入库存物品时的核算方法

其成本按照调出方账面价值加上相关税费、运输费用等确定。按照确定的成本，财务会计：借记“库存物品”科目，按照发生的相关税费、运输费等，贷记“银行存款”等科目，按照其差额，贷记“无偿调拨净资产”科目。

实例【3-91】 2019年2月19日，某学校从其他单位无偿调入教学专用材料一批。该教学专用材料调出方账面价值为10 000元。设备调入时发生运费500元，以银行存款支付。应编制会计分录如下：

库存物品的成本＝10 000＋500＝10 500

财务会计：

借：库存物品　　10 500

　　贷：无偿调拨净资产　　10 000

　　　　银行存款　　500

预算会计：

借：其他支出　　500

　　贷：资金结存——货币资金　　500

2. 学校接受无偿调入的库存物品，成本无法估计，按照名义金额入账时的核算方法

实例【3-92】 2019年2月19日，某学校从其他单位无偿调入教学专用材料一批。该教学专用材料成本无法估计，现按照名义金额入账。同时，发生的相关税费、运输费支出500元，财政直接支付完毕。应编制会计分录如下：

财务会计：

借：库存物品　　1

　　贷：无偿调拨净资产　　1

借：其他费用　　500

　　贷：财政拨款收入　　500

预算会计：

借：其他支出　　500

　　贷：财政拨款预算收入　　500

3.14.6　置换换入取得库存物品的核算方法

置换换入库存物品是高等学校、中小学校通过置换取得的存货，其成本按照换出资产的评估价值加上支付的补价或减去收到的补价，加上为换入存货发生的其他相关支出确定。

置换换入的库存物品验收入库，财务会计：按照确定的成本，借记“库存物品”科目，按照换出资产的账面余额，贷记相关资产科目（换出资产为固定资产、无形资产的还应当借记“固定资产累计折旧”“无形资产累计摊销”科目），置换过程中发生的其他相关支出，贷记“银行存款”等科目，按照借贷方差额，借记“资产处置费用”科目，贷记“其他收入”科目。

1. 学校支付补价的（换出资产的价值小）时的核算方法

实例【3-93】 2019 年 3 月 11 日，某学校通过置换换入一批办公用品。换出材料的账面价值为 5 000 元，评估值为 6 000 元，通过零余额账户支付补价 1 000 元，支付运杂费 500 元，办公用品已经验收入库。应编制会计分录如下：

换入存货的成本 = 换出资产评估价值 + 其他相关支出 + 补价 = 6 000 + 1 000 + 500 = 7 500（元）

财务会计：

借：库存物品——办公用品　　7 500

　　贷：库存物品——材料　　5 000

　　　　零余额账户用款额度　　1 500

　　　　其他收入　　1 000

预算会计：

借：其他支出　　1 000

　　贷：资金结存——零余额账户用款额度　　1 000

2. 学校收到补价的（换出资产的价值大）时的核算方法

实例【3-94】 2019 年 3 月 24 日，某学校以账面价值 20 000 元（评估价 20 000 元）的专用材料，与另一单位价值 19 000（元）的办公用品进行置换，银行账户收到补价1 000元，该置换事项应缴税款600元暂未付清，置换换入的办公用品已验收入库。假设补价1 000元留归本单位。应编制会计分录如下：

换入存货的成本＝换出资产评估价值＋其他相关支出－补价＝20 000－1 000＋600＝19 600（元）

财务会计：

借：库存物品——办公用品	19 600	
银行存款	1 000	
贷：库存物品——材料		19 000
其他应交税费		600
其他收入		1 000

预算会计：

借：资金结存——货币资金	1 000	
贷：其他预算收入		1 000

3.14.7 领用发出库存物品的核算方法

发出库存物品计价的3种方法：

- 先进先出法：先购进的材料先消耗。
- 加权平均法：按收入各批材料的平均成本对材料计价。
- 个别计价法：每一种存货的实际成本。

1. 学校领用库存物品（采用加权平均法计算出其价值）时的核算方法

学校开展业务活动等费用、按照规定自主出售发出或加工发出库存物品，财务会计：按照领用、出售等发出物品的实际成本，借记“单位管理费用”“经营费用”“加工物品”等科目，贷记“库存物品”科目。

实例【3-95】 2019年4月12日，某学校领用甲材料一批，采用加权平均法计算出其价值为2 000元，应编制会计分录如下：

财务会计：

借：单位管理费用	2 000	
贷：库存物品——材料		2 000

注意：预算会计不需要做分录。

2. 学校领用库存物品（采用一次转销法摊销低值易耗品、包装物）时的核算方法

首次领用时，将其账面余额一次性摊销计入有关成本费用，财务会计：借记有关成本费用科目，贷记“库存物品”科目。

实例【3-96】 2019 年 5 月 11 日，某学校领用低值易耗品一批，价款 4 500 元，采用一次转销法摊销，应编制会计分录如下：

财务会计：

借：单位管理费用　　4 500

　　贷：库存物品——材料　　4 500

注意：预算会计不需要做分录。

3. 学校领用库存物品（采用五五摊销法摊销低值易耗品、包装物）时的核算方法

首次领用时，将账面余额的 50% 摊销计入有关成本费用，使用完时，将剩余的账面余额转销计入有关成本费用，财务会计：借记有关成本费用科目，贷记“库存物品”科目。

实例【3-97】 2019 年 2 月 22 日，某学校领用教学专用材料一批，价款 10 000 元，采用五五转销法摊销，应编制会计分录如下：

财务会计：

借：单位管理费用　　5 000

　　贷：库存物品——材料　　5 000

注意：预算会计不需要做分录。

3.14.8 对外销售库存物品的核算方法

经批准对外出售的库存物品（不含可自主出售的库存物品）发出时，按照库存物品的账面余额，财务会计：借记“资产处置费用”科目，贷记“库存物品”科目，同时按照收到的价款，借记“银行存款”等科目，按照处置过程中发生的相关费用，贷记“银行存款”等科目，按照其差额，贷记“应缴财政款”科目。

实例【3-98】 2019年3月17日，某学校出售一批教学材料，成本共计50 000元，取得价款60 000元，通过银行存款收讫，发生的相关费用1500元，通过库存现金支付，处置净收入作应缴财政款，应编制会计分录如下：

财务会计：

借：资产处置费用	50 000	
贷：库存物品——材料		50 000
借：银行存款	60 000	
贷：库存现金		1 500
应缴财政款		58 500

注意：预算会计不需要做分录。

3.14.9 对外捐赠、无偿调出库存物品的核算方法

1. 对外捐赠库存物品的核算方法

按照对外捐赠库存物品的账面余额和对外捐赠过程中发生的归属于捐出方的相关费用合计数，财务会计：借记“资产处置费用”科目，贷记“库存物品”科目，捐赠过程中发生的归属于捐出方的相关费用，一并计入“资产处置费用”科目。

实例【3-99】 2019年4月17日，某学校捐赠一批教学物品给某希望小学，共计20 000元，对外捐赠过程中发生相关费用500元，应编制会计分录如下：

财务会计：

借：资产处置费用	20 500	
贷：银行存款		500
库存物品		20 000

预算会计：

借：其他支出	500	
贷：资金结存——货币资金		500

2. 无偿调出库存物品的核算方法

财务会计：按照无偿调出库存物品的账面余额，借记“无偿调拨净资产”科目，贷记“库存物品”科目，调拨过程中发生的归属于调出方的相关费用，借记“资产处置费用”科目，贷记“银行存款”等科目。

实例【3-100】 2019年1月27日，某学校无偿调出教学物品，调出方账面价值8 000元，调出过程中发生相关费用800元，应编制会计分录如下：

财务会计：

借：无偿调拨净资产	8 800	
贷：库存物品		8 800
借：资产处置费用	800	
贷：银行存款		800

预算会计：

借：其他支出	800	
贷：资金结存——货币资金		800

3.14.10 盘盈库存物品的核算方法

高等学校、中小学校应当定期对库存物品进行清查盘点，每年至少盘点一次，对于发生的库存物品盘盈、盘亏或者报废、毁损，应当先计入“待处理财产损溢”科目，按照规定报经批准后及时进行后续账务处理。

1. 学校发生盘盈的库存物品时的核算方法

按照确定的入账成本，财务会计：借记“库存物品”科目，贷记“待处理财产损溢”科目。

实例【3-101】 2019年3月31日，某学校月末盘盈一批教学物品，该批教学物品共计1 000元，批准前，应编制会计分录如下：

财务会计：

借：库存物品	1 000	
贷：待处理财产损溢		1 000

注意：预算会计不需要做分录。

批准后，应编制会计分录如下：

财务会计：

借：待处理财产损溢　1 000

　　贷：单位管理费用　1 000

注意：预算会计不需要做分录。

2. 盘盈的库存物品成本确定按照以下顺序：

- 按照有关凭据注明的金额；
- 经过资产评估的，按照评估价值；
- 按照重置成本确定；
- 按照名义金额入账。

其成本按照有关凭据注明的金额确定。没有相关凭据、但按照规定经过资产评估的，其成本按照评估价值确定没有相关凭据、后来经过评估的，其成本按照重置成本确定。如无法采用上述方法确定盘盈的库存物品成本的，按照名义金额入账。

3.14.11　盘亏或者毁损、报废库存物品的核算方法

1. 学校发生盘亏的库存物品时的核算方法

实例【3-102】 2019 年 12 月 31 日，某学校年终进行教学物品清查盘点，发现甲教学专用材料盘亏 10 件，账面价值 500 元。

（1）批准前，应编制会计分录如下：

财务会计：

借：待处理财产损溢　500

　　贷：库存物品　500

注意：预算会计不需要做分录。

（2）批准后，应编制会计分录如下：

财务会计：

借：资产处置费用　500

　　贷：待处理财产损溢　500

注意：预算会计不需要做分录。

2. 学校发生毁损的库存物品时的核算方法

实例【3-103】 2019 年 12 月 31 日，某学校年终进行教学物品清查盘点，发现一批物资发生毁损报废，账面价值 8 500 元，经批准予以报销，获得保险公司赔偿 2 100 元，应缴财政。

（1）批准前，应编制会计分录如下。

财务会计：

借：待处理财产损溢　　8 500

　　贷：库存物品　　8 500

注意：预算会计不需要做分录

（2）经批准核销后，应编制会计分录如下。

财务会计：

借：资产处置费用　　8 500

　　贷：待处理财产损溢——待处理资产价值　　8 500

注意：预算会计不需要做分录

（3）收到残值变价收入、保险理赔，应编制会计分录如下。

财务会计：

借：银行存款　　2 100

　　贷：待处理财产损溢——处置净收入　　2 100

注意：预算会计不需要做分录。

（4）处理收入扣除相关处理费用后的净收入，应编制会计分录如下。

财务会计：

借：待处理财产损溢——处置净收入　　2 100

　　贷：应缴财政款　　2 100

注意：预算会计不需要做分录。

3.15 加工物品的核算

将 2018 年 12 月 31 日原账会计科目余额转入新账财务会计科目：新制度设置了“库存物品”和“加工物品”科目，原制度设置了“存货”科目。转账时，高等学校、中小学校应当将原账的“存货”科目余额中属于在加工存货的金额，转入新账的“加工物品”科目。

“加工物品”是高等学校、中小学校共用科目。

3.15.1 认识加工物品

加工物品是高等学校、中小学校自制或委托外单位加工的各种物品的实际成本，未完成的测绘、地质勘查、设计成果也属于加工物品的范围。本科目期末借方余额，反映自制或委托外单位加工但尚未完工的各种物品的实际成本。

加工物品的科目设置：加工物品应当设置“自制物品”“委托加工物品”“受托加工物品”三个二级明细科目，并按照物品类别、品种、项目等设置明细账，进行明细核算。

本科目“自制物品”二级明细科目下应当设置“直接材料”“直接人工”“其他直接费用”等三级明细科目，归集自制物品发生的直接材料、直接人工（专门从事物品制造人员的人工费）等直接费用，对于自制物品发生的间接费用，应当在本科目“自制物品”二级明细科目下单独设置“间接费用”三级明细科目予以归集，期末，再按照一定的分配标准和方法，分配计入有关物品的成本。

3.15.2 自制加工物品的核算方法

为自制物品领用材料等，按材料成本，借记“自制物品——直接材料”科目，贷记“库存物品”科目。

专门从事物品制造的人员发生的直接人工费用，按照实际发生的金额，财务会计：借记“自制物品——直接人工”，贷记“应付职工薪酬”科目。

为自制物品发生的其他直接费用，按照实际发生的金额，财务会计：借记“自制物品——其他直接费用”科目，贷记“零余额账户用款额度”“银行存款”等科目。

为自制物品发生的间接费用，财务会计：按照实际发生的金额，借记“自制物品——间接费用”科目，贷记“零余额账户用款额度”“银行存款”“应付职工薪酬”“固定资产累计折旧”“无形资产累计摊销”等科目。需要注意的是，间接费用一般按照生产人员工资、生产人员工时、机器工时，耗用材料的数量或成本、直接费用或产品产量等进行分配，单位可根据具体情况自行选择间接费用的分配方法，分配方法一经确定，不得随意变更。

1. 学校加工自制物品时的核算方法

实例【3-104】 2019 年 5 月 26 日，某学校自行生产加工一种教学自用产品，发生以下费用：领用 A 材料一批，采用加权平均法计算出其价值 17 600 元；发生直接人工费用 7 000 元，尚未支付；发生其他直接费用 7 000 元，通过银行存款支付；发生间接费用 9 000 元，通过银行存款支付。应编制会计分录如下：

财务会计：

借：加工物品——自制物品——直接材料	17 600	
——直接人工	7 000	
——其他直接费用	7 000	
——间接费用	9 000	
贷：库存物品——A 材料		17 600
应付职工薪酬		7 000
银行存款		16 000

预算会计：

借：事业支出——教育支出	16 000	
贷：资金结存——货币资金		16 000

2. 学校自制物品验收入库时的核算方法

已经制造完成并验收入库的物品，按照所发生的实际成本（包括耗用的直接材料费用、直接人工费用、其他直接费用和分配的间接费用），财务会计：借记“库存物品”科目，贷记“自制物品”科目。

实例【3-105】 2019 年 7 月 28 日，某学校自行生产加工一种教学自用甲产品加工完成并验收入库，共计 100 件，经计算其加工成本总计 10 000 元，应编制会计分录如下：

财务会计：

借：库存物品——甲产品	10 000	
贷：加工物品——自制物品		10 000

注意：预算会计不需要做分录。

3.15.3 委托加工物品的核算方法

1. 学校发给外单位加工的材料时的核算方法

发出时，财务会计：按照发出材料的成本，借记“加工物品——委托加工物品”科目，贷记“库存物品”科目。本科目期末借方余额，反映单位自制或委托外单位加工但尚未完工的各种物品的实际成本。

实例【3-106】 2019年2月23日，某学校科研部门与受托方签订委托加工合同，按照合同向受托方发出委托加工物资20 000元，加工完成后，通过转账方式支付加工费用、运杂费1 000元，应编制会计分录如下：

财务会计：

借：加工物品——委托加工物品 21 000

贷：库存物品——材料 20 000

银行存款 1 000

预算会计：

借：事业支出——科研支出 1 000

贷：资金结存——货币资金 1 000

2. 学校支付加工费、运输费等费用时的核算方法

按照实际支付的金额，财务会计：借记“加工物品——委托加工物品”科目，贷记“零余额账户用款额度”“银行存款”等科目。涉及增值税业务的，相关账务处理参见“应交增值税”科目。

3. 学校委托加完成的材料等验收入库的核算方法

按照加工前发出材料的成本和加工、运输成本等，财务会计：借记“库存物品”等科目，贷记“加工物品——委托加工物品”科目。

实例【3-107】 接上例，2019年3月25日，加工入库后，应编制会计分录如下：

借：库存物品 21 000

贷：加工物品——委托加工物品 21 000

注意：预算会计不需要做分录。

3.15.4 受托加工物品（高等学校）的核算方法

1. 高等学校收到委托单位支付的资金用于加工设备、材料等时的核算方法

财务会计：借记“银行存款”等科目，贷记“预收账款”科目；同时，按照收到的资金，预算会计：借记“资金结存——货币资金”科目，贷记“事业预算收入”等科目。

实例【3-108】 2019年2月23日，某学校与受托方签订委托加工合同，按照合同收到委托方发出的委托加工物资，加工费20 000元存入银行，应编制会计分录如下：

财务会计：

借：银行存款　　20 000

　　贷：预收账款　　20 000

预算会计：

借：资金结存——货币资金　　20 000

　　贷：事业预算收入　　20 000

2. 高等学校对受托加工物品进行加工时的核算方法

按照加工消耗的料、工、费等，借记“加工物品——受托加工物品”科目，贷记“库存物品”“应付职工薪酬”“银行存款”等科目；同时，对加工中支付的资金，在支付时按照实际支付的金额，借记“事业支出——科研支出”科目，贷记“资金结存——货币资金”科目。

实例【3-109】 2019年5月26日，某学校科研部门受委托生产加工一种教学产品，发生以下费用：领用A材料一批，采用加权平均法计算出其价值8 800元；发生直接人工费用3 500元，尚未支付；发生其他直接费用3 500元，通过银行存款支付；发生间接费用4 500元，通过银行存款支付。应编制会计分录如下：

财务会计：

借：加工物品——委托加工物品——直接材料　　8 800

　　　　　　　　　　　　　　——直接人工　　3 500

　　　　　　　　　　　　　　——其他直接费用　　3 500

　　　　　　　　　　　　　　——间接费用　　4 500

贷：库存物品——A 材料　8 800
　　应付职工薪酬　3 500
　　银行存款　8 000

预算会计：

借：事业支出——科研支出　8 000
　贷：资金结存——货币资金　8 000

3. 高等学校将加工完成的产品交付委托方时的核算方法

按照受托加工产品的成本，借记“业务活动费用——科研费用”科目，贷记“加工物品——受托加工物品”科目。同时，确认委托方的委托加工收入，按照预收账款账面余额，借记“预收账款”科目，按照应确认的收入金额，贷记“事业收入”等科目，按照委托方补付或退回委托方的金额，借记或贷记“银行存款”等科目（同时借记或贷记“资金结存”科目，贷记或借记“事业预算收入”等科目）。涉及增值税业务的，相关账务处理参见“应缴增值税”科目。

实例【3-110】 2019 年 7 月 28 日，上例中某学校科研部门受委托生产加工的教学产品，加工完成并验收入库，共计 100 件，经计算其加工收入总计 30 000 元，已预收 20 000 元。应编制会计分录如下：

财务会计：

借：业务活动费用——科研费用　20 300
　贷：加工物品——受托加工物品　20 300

借：预收账款　20 000
　　银行存款　10 000
　贷：事业收入　30 000

预算会计：

借：资金结存——货币资金　10 000
　贷：事业预算收入　10 000

3.16　待摊费用的核算

新制度设置了“待摊费用”科目，其核算内容与原账的上述相应科目的核算内容基本相同。转账时，高等学校、中小学校应当将原账的上述科目余额直接转入新账的相应科目。

“待摊费用”是高等学校、中小学校共用科目。

3.16.1　认识待摊费用

待摊费用是高等学校、中小学校已经支付，但应当由本期和以后各期分别负担的分摊期在 1 年以内（含 1 年）的各项费用，如预付租金等。需要注意的是，摊销期限在 1 年以上的租入固定资产改良支出和其他费用，应当通过“长期待摊费用”科目核算。就好比“应付账款”和“长期应付款”科目，有一个时间界限。

待摊费用应当在其受益期限内分期平均摊销，如预付租金应在租赁期内分期平均摊销，计入当期费用。比如说我们今年 1 月份开始租房子 5 个月，1 月份将 5 个月房租全部付清，那我们应该在这 5 个月内将房租平均摊销。

3.16.2　待摊费用的核算方法

1. 学校发生待摊费用时的核算方法

按照实际预付的金额，财务会计：借记：“待摊费用“科目，贷记“财政拨款收入”“零余额账户用款额度”“银行存款”等科目。

实例【3-111】 2019 年 1 月 21 日，某学校用银行存款预付学生宿舍楼租金 360 000 元，期限为 12 个月，应编制会计分录如下：

财务会计：

借：待摊费用　　360 000

　　贷：银行存款　　360 000

预算会计：

借：事业支出　　360 000

　　贷：资金结存——货币资金　　360 000

2. 学校按照受益期限分期平均摊销时的核算方法

按照摊销金额，财务会计：借记“单位管理费用”“经营费用”等科目，贷记“待摊费用”科目。

实例【3-112】 2019 年 1 月 31 日，某学校编制待摊用分配表，根据待摊费用分配表平均摊销学生宿舍楼租金 360 000 元。月摊销金额 36 000 ÷ 12 = 30 000 元，应编制会计分录如下：

财务会计：

借：单位管理费用　　30 000

　　贷：待摊费用　　30 000

注意：预算会计不需要做分录。

3. 某项待摊费用已经不能使学校受益时的核算方法

应当将期末摊余金额一次全部转入当期费用。按照摊销金额，财务会计：借记“业务活动用”“单位管理费用”“经营费用”等科目，贷记“待摊费用”科目。

3.17　长期股权投资的核算

对外投资是指高等学校、非义务教育阶段中小学校依法利用货币资金、实物、无形资产等方式向其他单位的投资。义务教育阶段学校不得对外投资。

高等学校、非义务教育阶段中小学校应当严格控制对外投资。在保证学校正常运转和事业发展的前提下，按照国家有关规定可以对外投资的，应当履行相关审批程序。高等学校、非义务教育阶段中小学校不得使用财政拨款及其结余进行对外投资，不得从事股票、期货、基金、企业债券等投资，国家另有规定的除外。高等学校、非义务教育阶段中小学校以实物、无形资产等非货币性资产对外投资的，应当按照国家有关规定进行资产评估，合理确定资产价值。

将2018年12月31日原账会计科目余额转入新账财务会计科目：新制度设置了“长期股权投资”和“长期债券投资”科目，原制度设置了“长期投资”科目。转账时，高等学校、非义务教育阶段中小学校应当将原账的“长期投资”科目余额中属于股权投资的金额转入新账的“长期股权投资”科目及其明细科目。高等学校原账的“长期投资”科目核算的内容中，如果有被投资单位属于非企业法人单位的，应当在转账时先将对非企业法人单位出资的金额从原账的“长期投资”科目余额转出，借记原账的“非流动资产基金——长期投资”科目，贷记原账的“长期投资”科目。

高等学校、非义务教育阶段中小学校在新旧制度转换时，应当将2018年12月31日前未入账的应收股利按照新制度规定记入新账。登记新账时，按照确定的应收股利金额，借记“应收股利”科目，贷记“累计盈余”科目。

3.17.1　认识长期股权投资

长期股权投资是核算高等学校、非义务教育阶段中小学校按照规定取得的，持有时间超过1年（不含1年）的股权性质的投资。采用权责发生制核算要求。

1. 长期股权投资的科目设置：本科目应当按照被投资单位和长期股权投资取得方式等进行明细核算。

2. 长期股权投资的后续计量：高等学校和非义务教育阶段中小学校采用成本法和权益法两种计量模式。与企业会计准则不同的是，高等学校和非义务教育阶段中小学校仅以是否有权决定被投资单位的财务和经营政策或有权参与被投资单位的财务和经营政策决策的为依据，将长期股权投资分为两类，对于有权决定或参与被投资单位经营的，采用权益法核算；相反，无权决定或参与被投资单位经营决策的，采用成本法核算。高等学校和非义务教育阶段中小学校根据对被投资单位是否具有控制、共同控制、重大影响或三者皆无的情况，分别采用成本法、权益法、金融工具三种核算模式。

3.17.2 成本法下长期股权投资的核算方法

成本法：长期股权投资应当按照初始投资成本入账，不随被投资单位权益的增减而调整投资单位的长期股权投资。在成本法下，长期股权投资以初始投资成本计价，一般不调整其账面价值。只有在收到清算性股利和追加或收回投资时应当调整长期股权投资的成本。

1. 在成本法下，长期股权投资应当按照初始投资成本计量。追加或收回投资应当调整长期股权投资的成本。被投资单位宣告分派的现金股利或利润，确认为当期投资收益，不管有关利润分配是属于对取得投资前还是取得投资后被投资单位实现净利润的分配。

2. 权益法改为成本法时的核算方法

因处置部分长期股权投资等原因而对处置的剩余股权投资由权益法改按成本法核算，应当按照权益法下“长期股权投资”科目账面余额作为成本法下“长期股权投资——成本”科目账面余额。

被投资单位宣告分派现金股利或利润时，属于学校已计入投资账面余额的部分，按照应分得的现金股利或利润份额，财务会计：借记“应收股利”科目，贷记“长期股权投资”科目。

实例【3-113】 2019年1月1日，某学校的一项长期股权投资，拥有被投资方60%的份额，能够决定被投资单位的财务和经营决策，后续计量采用权益法，后转让出售一部分份额，无法决定被投资单位的财务和经营决策，长期股权投资改成成本法，权益法下“长期股权投资”科目账面余额为长期股权投资——成本350 000元，长期股权投资——损益调整100 000元，长期股权投资——其他权益变动15 000元，应编制会计分录如下：

财务会计：

借：长期股权投资	465 000	
贷：长期股权投资——成本		350 000
——损益调整		100 000
——其他权益变动		15 000

注意：预算会计不需要做分录。

3.17.3 权益法下长期股权投资的核算方法

将 2018 年 12 月 31 日原账会计科目余额转入新账财务会计科目：对按照新制度规定应当采用权益法核算的长期股权投资，在新旧制度转换时，高等学校、非义务教育阶段中小学校应当在“长期股权投资”科目下设置“新旧制度转换调整”明细科目，依据被投资单位 2018 年 12 月 31 日财务报表的所有者权益账面余额，以及高等学校、非义务教育阶段中小学校持有被投资单位的股权比例，计算应享有或应分担的被投资单位所有者权益的份额，调整长期股权投资的账面余额，借记或贷记“长期股权投资——新旧制度转换调整”科目，贷记或借记“累计盈余”科目。

高等学校对已经持有，且处于停产、半停产、连年亏损、资不抵债、主要靠政府补贴和学校续贷维持经营的被投资单位的投资，在新旧制度转换时可继续采用成本法进行核算。

权益法：投资以初始投资成本计量后，在投资持有期间根据投资单位享有被投资单位所有者权益份额的变动对投资的账面价值进行调整的方法。高等学校、非义务教育阶段中小学校对被投资单位具有共同控制或重大影响的长期股权投资，应当采用权益法核算。

长期股权投资权益法这种核算方法可以体现出投资的本质，核心是将长期股权投资理解为投资方在被投资单位拥有的净资产量，被投资方实现净利润、出现亏损、分派现金股利、可供出售金融资产的公允价值变动都会引起投资方净资产量的相应变动。高等学校、非义务教育阶段中小学校对被投资单位具有共同控制或重大影响的长期股权投资，应当采用权益法核算。

1. 权益法的科目设置

长期股权投资用权益法核算的，还应当按照“成本”“损益调整”“其他权益变动”设置明细科目，进行明细核算。

2. 因追加投资等原因对长期股权投资由成本法改成权益法时的核算方法

按照成本法下长期股权投资科目账面余额与追加投资成本的合计金额，财务会计：借记“长期股权投资”科目（成本），按照成本法下长期股权投资科目账面余额，贷记“长期股权投资”科目，按照追加投资的成本，贷记“银行存款”科目。

实例【3-114】 接上例，2019 年 1 月 21 日，某学校以银行存款 200 000 元进行一项长期股权投资，但无权决定被投资单位的财务和经营政策，后追加投资 400 000 元，从而拥有被投资单位 60% 的份额，能够决定被投资单位的财务和经营政策，改用权益法。

（1）取得投资时，应编制会计分录如下：

财务会计：

借：长期股权投资　　200 000

　　贷：银行存款　　200 000

预算会计：

借：投资支出　　200 000

　　贷：资金结存——货币资金　　200 000

（2）追加投资由成本法改成权益法，应编制会计分录如下：

财务会计：

借：长期股权投资——成本　　600 000

　　贷：银行存款　　400 000

　　　　长期股权投资　　200 000

预算会计：

借：投资支出　　400 000

　　贷：资金结存——货币资金　　400 000

3.18　长期债券投资的核算

将 2018 年 12 月 31 日原账会计科目余额转入新账财务会计科目：新制度设置了“长期股权投资”和“长期债券投资”科目，原制度设置了“长期投资”科目。转账时，高等学校和非义务教育阶段中小学校应当将原账的“长期投资”科目余额中属于债券投资的金额转入新账的“长期债券投资”科目及其明细科目。

高等学校和非义务教育阶段中小学校应当按照新制度规定于 2019 年 1

月 1 日补记长期债券投资应收利息，按照长期债券投资的应收利息金额，借记“长期债券投资”科目（到期一次还本付息）或“应收利息”科目（分期付息、到期还本），贷记“累计盈余”科目。

“长期债券投资”是高等学校和非义务教育阶段中小学校共用科目。

3.18.1　认识长期债券投资

长期债券投资是高等学校和非义务教育阶段中小学校按照规定取得的，持有时间超过 1 年（不含 1 年）的债券投资。

长期债券投资的科目设置：设置“成本”和“应计利息”明细科目，并按照债券投资的种类进行明细核算。

因为长期债券投资经常是到期一次还本付息的，所以要设置“成本”和“应计利息”两个明细科目来分别核算取得时的实际成本和之后每期虽然未收到但是应该予以确认的债券利息。债券投资的种类不一，需要进行明细核算以作区分。长期债券投资科目期末借方余额，反映高等学校和非义务教育阶段中小学校持有的长期债券投资的期末价值。

3.18.2　取得长期债券投资的核算方法

取得长期债券投资，按照实际成本作为初始投资成本。实际支付价款中包含的已到付息期但尚未领取的债券利息，应当单独确认为应收利息，不计入长期债券投资初始投资成本。预算会计则以实际支付的价款确认投资支出，实际收到利息时，冲减投资支出。

实例【3-115】 2019 年 1 月 11 日，某学校购买面值为 300 000 元的分期付息公司债券作为长期投资，共支付价款 355 000 元，其中已到付息期但尚未领取的债券利息为 15 000 元，应编制会计分录如下：

财务会计：

借：长期债券投资——成本	340 000	
应收利息	15 000	
贷：银行存款		355 000

预算会计：

借：投资支出　　355 000
　　贷：资金结存——货币资金　　355 000

实例【3-116】 接上例，2019年1月12日，某学校收到长期债券投资已到付息期但尚未领取的利息15 000元，存入银行，应编制会计分录如下：

财务会计：

借：银行存款　　15 000
　　贷：应收利息　　15 000

预算会计：

借：资金结存——货币资金　　15 000
　　贷：投资支出　　15 000

3.18.3 持有期间长期债券投资的核算方法

长期债券投资持有期间——利息收入的确认。长期债券按付息方式不同，分为：到期一次还本付息债券——应计利息；分期付息，一次还本债券——应收利息。

1. 应收利息和应计利息主要区别（表3.1）

表3.1 应收利息和应计利息主区别表

项目	应收利息	长期债券——应计利息
科目级别不同	一级科目	二级科目，是长期债券投资的明细科目
内容不同	长期债券分期付息时，本期应收到的利息	长期债券投资一次还本付息时，每年计算应收到的利息
流动性不同	流动资产	长期资产

2. 学校持有长期债券投资期间计提利息的核算方法

计提利息收入时，财务会计：借记“长期债券投资——应计利息”、“应收利息”科目，贷记“投资收益”科目，预算会计则于实际收到利息时确认“投资预算收益”科目。

实例【3-117】 2019 年 1 月 1 日，某学校购入国债 1000 份，面值 100 元，2 年期，票面利率为 5%，款项共计 100 000 元，以银行存款支付。资产负债表日按票面价值和票面利率计提利息，上述国债到期兑付，其账面价值为 100 000 元，利息收入 10 000 元，实际收到的金额为 110 000 元，款项已经收到并存入银行账户。表 3.2

表 3.2　利　息　表

日期	一次还本付息	分期付息，一次还本
2019 年 1 月 1 日取得	财务会计： 借：长期债券投资——成本　100 000 　贷：银行存款　100 000 预算会计： 借：投资支出　100 000 　贷：资金结存——货币资金　100 000	财务会计： 借：长期债券投资——成本　100 000 　贷：银行存款　100 000 预算会计： 借：投资支出　100 000 　贷：资金结存——货币资金　100 000
2019 年 12 月 31 日，计算利息	财务会计： 借：长期债券投资——应计利息　5 000 　贷：投资收益　5 000 注意：预算会计不需要做分录。	财务会计： 借：应收利息　5 000 　贷：投资收益　5 000 注意：预算会计不需要做分录。
实际收到利息时	—	财务会计： 借：银行存款　5 000 　贷：应收利息　5 000 预算会计： 借：资金结存——货币资金　5 000 　贷：投资预算收益　5 000
到期收回	到期收回利息本金共计 110 000 元 财务会计： 借：银行存款　110 000 　贷：长期债券投资——成本　100 000 　　——应计利息　5 000 　　——投资收益　5 000 预算会计： 借：资金结存——货币资金　110 000 　贷：投资支出　100 000 　　投资预算收益　10 000	到期收回成本 100 000 元， 财务会计： 借：银行存款　100 000 　贷：长期债券投资——成本　100 000 预算会计： 借：资金结存——货币资金　100 000 　贷：投资支出　100 000

3.18.4 收回和出售长期债券投资的核算方法

1. 学校收回长期债券投资时的核算方法

到期收回时，财务会计：借记“银行存款”科目，同时冲减“长期债券投资”科目的账面余额，并同时冲减“应收利息”科目金额，差额贷记“投资收益”科目，预算会计按照实际收到的金额借记“资金结存”科目，同时冲减“投资支出”金额，差额确认“投资预算收益”科目。

2. 学校出售长期债券投资时的核算方法

按照实际收到的金额，财务会计：借记“银行存款”科目，按照长期债券投资的账面余额，贷记“长期债券投资——成本”科目，按照已计入“应计利息”科目但尚未收取的金额，贷记“应计利息”科目，按照其差额，贷记或借记“投资收益”；预算会计按照实际收到的金额借记“资金结存”科目，同时冲减“投资支出”金额，差额确认“投资预算收益”等科目。

实例【3-118】 2019年12月31日，某学校将2019年1月1日购入的2年期，面值为20 000元，票面利率为3.8%，每年付息一次的国债出售，收到价款20 760元。应编制会计分录如下：

财务会计：

借：银行存款	20 760	
贷：长期债券投资——成本		20 000
投资收益		760

预算会计：

借：资金结存——货币资金	20 760	
贷：投资支出		20 000
投资预算收益		760

3.19 固定资产的核算

将2018年12月31日原账会计科目余额转入新账财务会计科目：新制度设置了“固定资产”科目，其核算内容与原账上的核算内容基本相同，转账时高等学校、中小学校应当将原账上的科目余额直接转入新账的相应科目。高等学校有使用受托代理资金购买的固定资产的，应当将原账的“固定资产”科目余额中使用受托代理资金购买固定资产的金额转入新账的“受托代理资产——固定资产”科目借方。

“固定资产”是高等学校、中小学校共用科目。

3.19.1　认识固定资产

固定资产是高等学校、中小学校持有的使用年限超过 1 年（不含 1 年）、单位价值在规定标准以上（一般设备单位价值在 1 000 元以上，其中专用设备单位价值在 1 500 元以上），并在使用过程中基本保持原有物质形态的资产。

单位价值虽未达到规定标准，但是耐用时间超过 1 年（不含 1 年）的大批同类物资，如图书、家具、用具、装具等，应当确认为固定资产。

高等学校、中小学校在进行固定资产核算时，应当考虑以下情况：

1. 购入需要安装的固定资产，应当先通过“在建工程”科目核算，安装完毕交付使用时转入“固定资产”科目核算；

2. 借入、经营租赁租入方式取得的，不通过“固定资产”科目核算，应当在备查簿中登记；

3. 采用融资租入方式取得的固定资产，通过“固定资产”科目核算，并在“固定资产”科目下设置“融资租入固定资产”明细科目；

4. 经批准在境外购买具有所有权的土地，作为固定资产核算，并在“固定资产”科目下设置“境外土地”明细科目。

固定资产的科目设置：固定资产应当按照固定资产类别和项目进行明细核算。高等学校、中小学校固定资产一般分为六大类：房屋及构筑物；专用设备；文物和陈列品；图书、档案；家具、用具、装具及动植物。

固定资产的管理：高等学校、中小学校当设置固定资产总账、明细账及固定资产卡片，详细记载固定资产的编码、名称、类别、规格、型号、原值、购置日期、使用部门等信息，完整反映固定资产情况。对于出租、出借的固定资产，高等学校应当设置备查簿进行单据。

高等学校、中小学校应当对固定资产进行定期或者不定期的清查盘点。年度终了前应当进行一次全面清查盘点，做到账、卡、物相符。对盘盈、盘亏的固定资产，应当及时查明原因，按照规定处理。

高等学校、中小学校构建的房屋及建筑物，不能够分清构建成本中的房屋及建筑物部分与土地使用权部分的，应当全部作为固定资产核算；能够分清构建成本中的房屋及构建物部分与土地使用权部分的，应当将其中的房屋及构建物部分作为固定资产核算，将其中的土地使用权作为无形资产核算。

对于应用软件，如果其构成相关硬件不可缺少的组成部分，应当将该软件价值包括在所属硬件价值中，一并作为固定资产进行核算；如果其不构成相关硬件不可缺少的组成部分，应当将该软件作为无形资产核算。

3.19.2 外购取得固定资产的核算方法

学校外购取得固定资产实际成本等于购买价款、相关税费及资产交付使用前发生的可归属于该项资产的运杂费等。

1. 外购取得固定资产不需要安装时的核算方法

验收合格时，财务会计：借记“固定资产”科目，贷记“财政拨款收入”“零余额账户用款额度”“银行存款”“应付账款”科目。

2. 学校外购取得固定资产需要安装时的核算方法

需要安装的固定资产，在交付使用前通过“在建工程”科目核算，安装完毕交付使用时转入“固定资产”科目。

实例【3-119】 2019年1月7日，某学校通过政府采购购买一台需要安装的大型空调设备专供教学实验楼使用，设备价款50 000元，2019年1月26日安装完毕并支付安装费1 000元，款项均通过财政直接支付。

(1) 2019年1月7日购入时，应编制会计分录如下：

财务会计：

借：在建工程　　50 000

　　贷：财政拨款收入　　50 000

预算会计：

借：事业支出——教育支出　　50 000

　　贷：财政拨款预算收入　　50 000

(2) 2019 年 1 月 16 日，安装时，应编制会计分录如下：

财务会计：

借：在建工程　　51 000

　　贷：财政拨款收入　　51 000

预算会计：

借：事业支出——教育支出　　1 000

　　贷：财政拨款预算收入　　1 000

(3) 完工时，应编制会计分录如下：

借：固定资产　　51 000

　　贷：在建工程　　51 000

注意：预算会计不需要做分录。

3. 学校购入固定资产扣留质量保证金时的核算方法

按照确定的成本，财务会计：借记“固定资产”、“在建工程”科目，按照实际支付或应付的金额，贷记“财政拨款收入”“零余额账户用款额度”“银行存款”“应付账款”（不含质量保证金）科目，扣留的质量保证金，贷记“其他应付款”科目（扣留期 1 年以内含 1 年）或“长期应付款”（扣留期超过 1 年）科目。

按照预算类会计项目，以实际支付的金额，借记“事业支出”“经营支出”科目，贷记“财政拨款预算收入”“资金结存”科目。质保期满支付质量保证金，借记“其他应付款”“长期应付款”科目，贷记“财政拨款收入”“零余额账户用款额度”“银行存款”科目。

实例【3-120】 2019 年 3 月 18 日，某学校购入需要安装的教学专用设备，该专用设备价格为 95 000 元，运输及保险费 3 000 元，扣留质量保证金 8 000 元，约定如无质量问题 6 个月后退还。全部价款使用财政直接支付方式进行支付，应编制会计分录如下：

(1) 购入专用设备时，专用设备的成本 =95 000 + 3 000 = 98 000（元），实际支付金额 = 98 000 − 8 000 = 90 000（元）

财务会计：

借：在建工程　　98 000

贷：财政拨款收入　　90 000
　　其他应付款——质量保证金　　8 000

预算会计：

借：事业支出——教育支出　　90 000
　　贷：财政拨款预算收入　　90 000

(2) 安装完毕，交付使用时，应编制会计分录如下：

财务会计：

借：固定资产　　98 000
　　贷：在建工程　　98 000

注意：预算会计不需要做分录

(3) 质保期满，支付保证金，应编制会计分录如下：

财务会计：

借：其他应付款　　8 000
　　贷：财政拨款收入　　8 000

预算会计：

借：事业支出——教育支出　　8 000
　　贷：财政拨款预算收入　　8 000

3.19.3 自行建造和融资租赁取得固定资产的核算方法

1. 学校自行建造固定资产时的核算方法

其成本包括该项资产至交付使用前所发生的全部必要支出。财务会计：借记“固定资产”科目，贷记“在建工程”科目。已交付使用但尚未办理竣工决算手续的固定资产，应当按照估计价值入账，待办理竣工决算后再按实际成本调整原来的暂估价值。

2. 学校融资租赁取得固定资产时的核算方法

成本包括租赁协议或合同确定的租赁价款、相关税费、固定资产交付使用前发生的可归属于该项资产的运杂费、途中保险费、调试安装费等。取得时，按照固定资产成本，财务会计：借记“固定资产”“在建工程”科目，按照租赁协议或合同确定的租赁付款额，贷记“长期应付款”科目，按照实际支付的运杂费等，贷记“财政拨款收入”“零余额账户用款额度”“银行存款”科目。

定期支付租金时，财务会计：借方“长期应付款”科目，贷记“财政拨款收入”“零余额账户用款额度”“银行存款”科目。按照实际支付的金额，确定预算会计分录。

实例【3-121】 2019年3月22日，某学校融资租入一套大型中央空调设备专供科研部门使用，合同价格1 000 000元，通过财政直接支付方式支付第一期款项400 000元，通过零余额账户支付运输保险等费用10 000元，设备已到达，无需安装即可投入使用，应编制会计分录如下：

（1）固定资产成本=1 000 000+10 000=1 010 000元，

财务会计：

借：固定资产——融资租入固定资产	1 010 000	
贷：长期应付款		1 000 000
零余额账户用款额度		10 000

预算会计：

借：事业支出——科研支出	10 000	
贷：资金结存——零余额账户用款额度		10 000

（2）支付租金时，

财务会计：

借：长期应付款	400 000	
贷：财政拨款收入		400 000

预算会计：

借：事业支出——科研支出	400 000	
贷：财政拨款预算收入		400 000

3.19.4　接受捐赠取得固定资产的核算方法

接受捐赠的固定资产取得时，按照固定资产成本，财务会计：借记“固定资产”“在建工程”科目，按照发生相关税费、运输费等，贷记“零余额账户用款额度”“银行存款”等科目，差额，贷记“捐赠收入”科目。按照实际支付的相关税费金额，借记“其他支出”科目，贷记“资金结存”科目。根据接受捐赠取得固定资产的不同情况而采取相应的会计核算方法：

实例【3-122】 2019年6月17日，某学校接受一批教学设备捐赠，所附发票表明其价值为50 000元，通过银行存款支付运输费5 000元，专用设备已入库，应编制会计分录如下：

成本 =50 000 +5 000 =55 000（元）

财务会计：

借：固定资产	55 000	
贷：银行存款		5 000
捐赠收入		50 000

预算会计：

借：其他支出	5 000	
贷：资金结存——货币资金		5 000

实例【3-123】 2019年9月09日，某学校后勤部门接受社会捐赠一批电脑，没有相关凭据，此材料在市场中并无销售，无法可靠取得其评估价值和市场价格，经批准以名义金额入账。接受捐赠时，发生税费2 000元，通过银行存款转账支付。应编制会计分录如下：

财务会计：

借：固定资产	1	
贷：捐赠收入		1
借：其他费用	2 000	
贷：银行存款		2 000

预算会计：

借：其他支出	2 000	
贷：资金结存——货币资金		2 000

3.19.5 无偿调入、置换取得固定资产的核算方法

1. 学校无偿调入固定资产时的核算方法

无偿调入的固定资产，成本包括调出方账面价值、相关税费、运输费

等。取得时，按照固定资产成本，财务会计：借记“固定资产”“在建工程”科目，按照发生相关税费、运输费等，贷记“零余额账户用款额度”、“银行存款”等科目，差额，贷记“无偿调拨净资产”科目。按照实际支付的相关税费金额，借记“其他支出”科目，贷记“资金结存”科目。

实例【3-124】 2019 年 11 月 21 日，某学校无偿调入教学实验设备一台，调出方账面价值 50 000 元，调出过程中发生运输费、装卸费 1 000 元，通过银行存款支付：

成本 = 50 000 + 1 000 = 51 000 元

财务会计：

借：固定资产	51 000	
贷：银行存款		1 000
无偿调拨净资产		50 000

预算会计：

借：其他支出	1 000	
贷：资金结存——货币资金		1 000

2. 学校置换取得固定资产时的核算方法

成本包括换出资产的评估价值、支付的补价或减去收到的补价、为换入固定资产发生的其他相关支出。

置换换入的固定资产验收入库，按照确定的成本，财务会计：借记“固定资产”科目，按照换出资产的账面余额，贷记相关资产科目（换出资产为固定资产、无形资产的还应当借记“固定资产累计折旧”“无形资产累计摊销”科目），置换过程中发生的其他相关支出，贷记“银行存款”等科目，按照借贷方差额，借记“资产处置费用”科目，贷记“其他收入”科目。

学校支付补价的（换出资产的价值小）时的核算方法

实例【3-125】 2019 年 3 月 11 日，某学校通过置换换入一台空调。换出教学材料的账面价值为 5 000 元，评估值为 6 000 元，通过零余额账户支付补价 1 000 元，支付运杂费 500 元，空调已经验收入库。应编制会计分录如下：

换入存货的成本 =6 000 +1 000 +500 =7 500 元

财务会计：

借：固定资产——空调	7 500	
贷：库存物品——材料		5 000
零余额账户用款额度		1 500
其他收入		1 000

预算会计：

借：其他支出	1 000	
贷：资金结存——零余额账户用款额度		1 000

学校收到补价的（换出资产的价值大）时的核算方法

实例【3-126】 2019 年 3 月 24 日，某学校以账面价值 20 000 元（评估价 20 000 元）的教学材料，与另一单位价值 19 000 的办公设备进行置换，银行账户收到补价 1 000 元，该置换事项应缴税款 600 元暂未付清，置换换入的办公设备已验收入库。假设补价 1 000 元留归本单位。应编制会计分录如下：

换入存货的成本 =20 000 -1 000 +600 =19 600（元）

财务会计：

借：固定资产——办公设备	19 600	
银行存款	1 000	
贷：库存物品——材料		19 000
其他应交税费		600
其他收入		1 000

预算会计：

借：资金结存——货币资金	1 000	
贷：其他预算收入		1 000

3.19.6 有后续支出固定资产的核算方法

1. 学校发生符合固定资产确认条件的后续支出时的核算方法

固定资产转入改扩建时，将固定资产的账面价值转入“在建工程”科目，为增加固定资产使用效能或延长其使用年限而发生的改建、扩建等后续支出，通过“在建工程”科目归集，待资产完成交付使用时，再按照在建工程成本结转至固定资产科目中。按照在建工程成本，财务会计：借记“固定资产”科目，贷记“在建工程”科目。

实例【3-127】 2019 年 1 月 11 日，某学校的车库使用多年转入大修，该车库原价为 200 000 元，已计提折旧 160 000 元，通过银行支付工程公司修理费 50 000 元。

(1) 将车库的账面价值转入“在建工程”科目时，应编制会计分录如下：

财务会计：

借：在建工程——车库	40 000	
固定资产累计折旧——车库	160 000	
贷：固定资产——车库		200 000

注意：预算会计不需要做分录。

(2) 支付维修费用时，应编制会计分录如下：

财务会计：

借：在建工程——车库	50 000	
贷：银行存款		50 000

预算会计：

借：事业支出——后勤保障支出	50 000	
贷：资金结存——货币资金		50 000

(3) 交付使用时，应编制会计分录如下：

财务会计：

借：固定资产——车库	(40 000 + 50 000) 90 000	
贷：在建工程——车库		90 000

2. 学校发生不符合固定资产确认条件的后续支出时的核算方法

为保证固定资产正常使用发生的日常维修等支出，借记“单位管理费用”“经营费用”等科目，贷记“财政拨款收入”“银行存款”等科目。对应的，预算会计：借记“事业支出”“经营支出”等科目，贷记“财政拨款预算收入”“资金结存”等科目。

3.19.7 出售、转让固定资产的核算方法

将被出售、转让固定资产的账面价值转入“资产处置费用”科目中，同时，按照收到的价款，财务会计：借记“银行存款”等科目，按照处置过程中发生的相关税费，贷记“银行存款”等科目，差额，贷记“应缴财政款”科目。预算会计，按照处置过程中发生相关税费，借记“其他支出”科目，贷记“资金结存”科目。

实例【3-128】 2019年9月13日，某学校欲出售不需用的公务用车一台，账面余额为100 000元，累计折旧50 000元，已经按照相关规定完成固定资产处置的报批手续，通过银行存款支付运费1 000元。收到购买方支付的价款60 000元存入银行。应编制会计分录如下：

财务会计：

借：资产处置费用	50 000	
固定资产累计折旧	50 000	
贷：固定资产		100 000
借：银行存款	61 000	
贷：银行存款		1 000
应缴财政款		60 000

预算会计：

借：其他支出	1 000	
贷：资金结存——货币资金		1 000

3.19.8 对外捐赠、无偿调出、置换换出固定资产的核算方法

1. 学校发生对外捐赠时的核算方法

将被捐赠的固定资产的账面价值及捐赠过程中归属于捐出方的相关费用一并转入“资产处置费用”科目中。预算会计，按照捐赠过程中发生相关费用，借记“其他支出”科目，贷记“资金结存”科目。

实例【3-129】 2019年2月21日，某学校经批准将一批闲置的电脑捐赠给一所卫生院，该设备的账面余额为60 000元，累计折旧20 000元，

已经按照相关规定完成固定资产处置的报批手续，通过银行存款支付运费 1 000 元，应编制会计分录如下：

财务会计：

借：资产处置费用　　41 000

　　固定资产累计折旧　　20 000

　　贷：固定资产　　60 000

　　　　银行存款　　1 000

预算会计：

借：其他支出　　1 000

　　贷：资金结存——货币资金　　1 000

2. 学校发生无偿调出固定资产时的核算方法

将报经批准无偿调出的固定资产的账面价值转入“无偿调拨净资产”科目中。同时，按照无偿调出过程中发生的归属于调出方的相关费用，计入“资产处置费用”科目。预算会计，按照调出过程中发生的相关费用，借记“其他支出”科目，贷记“资金结存”科目。

实例【3-130】 2019 年 6 月 11 日，某学校经批准将一台中央空调调出，原价 80 000 元，累计折旧 25 000 元，应编制会计分录如下：

财务会计：

借：无偿调拨净资产　　25 000

　　固定资产累计折旧　　55 000

　　贷：固定资产　　80 000

注意：预算会计不需要做分录。

3. 学校发生置换换出固定资产时的核算方法

报经批准置换换出固定资产，参照“库存物品”中置换换入固定资产的规定进行账务处理。

3.19.9　清查盘点固定资产的核算方法

清查盘点固定资产是高等学校、中小学校应当定期对固定资产进行清查盘点，每年至少盘点一次，对于发生的固定资产盘盈、盘亏或者报废、毁损，应当先计入“待处理财产损溢”科目，按照规定报经批准后及时进行后续账务处理。

固定资产成本确定按照以下顺序：

- 按照有关凭据注明的金额；
- 经过资产评估的，按照评估价值；
- 按照重置成本确定；
- 按照名义金额入账。

1. 学校发生盘盈固定资产时的核算方法

其成本按照有关凭据注明的金额确定，没有相关凭据，但按照规定经过资产评估的，其成本按照评估价值确定；没有相关凭据、也未经过评估的，其成本按照重置成本确定。如无法采用上述方法确定盘盈固定资产成本的，按照名义金额入账。

盘盈的固定资产，按照确定的入账成本，财务会计：借记“固定资产”科目，贷记“待处理财产损溢”科目。

实例【3-131】 2019 年 12 月 31 日，某学校年终进行固定资产清查，盘盈复印设备一台，未经资产评估的，按照重置成本为 10 000 元，应编制会计分录如下：

批准前：

财务会计：

借：固定资产　　10 000

　　贷：待处理财产损溢　　10 000

注意：预算会计不需要做分录。

2. 学校发生盘亏毁损、毁损报废固定资产时的核算方法

将待处理固定资产的账面价值转入“待处理财产损溢”科目中。盘亏、毁损或报废的固定资产，按照待处理固定资产的账面价值，财务会计：借记“待处理财产损溢”科目，按照已计提折旧，借记“固定资产累计折旧”科目，按照固定资产的账面余额，贷记“固定资产”科目。

属于增值税一般纳税人的高等学校、中小学校，若因非正常原因导致的库存物品盘亏或毁损，还应当将与该库存物品相关的增值税进项税额转出，按照其增值税进项税额，借记“待处理财产损溢”科目，贷记“应交增值税——应交税金（进项税额转出）”科目。

实例【3-132】 2019 年 12 月 31 日，某学校年终进行固定资产清查盘点，发现一批教学专用材料发生毁损报废，该资产账面价值 20 000 元，已计提折旧 16 000 元，经批准予以报销，获得保险公司赔偿 2 100 元，应上缴财政。

（1）批准前，应编制会计分录如下：

财务会计：

借：待处理财产损溢	4 000	
固定资产累计折旧	16 000	
贷：固定资产		20 000

注意：预算会计不需要做分录。

（2）经批准核销后，应编制会计分录如下：

财务会计：

借：资产处置费用	4 000	
贷：待处理财产损溢——待处理固定资产价值		4 000

注意：预算会计不需要做分录。

（3）收到残值变价收入、保险理赔，应编制会计分录如下：

财务会计：

借：银行存款	2 100	
贷：待处理财产损溢——处置净收入		2 100

注意：预算会计不需要做分录。

（4）处理收入扣除相关处理费用后的净收入，应编制会计分录如下：

财务会计：

借：待处理财产损溢——处置净收入	2 100	
贷：应缴财政款		2 100

注意：预算会计不需要做分录。

高等学校、中小学校在新旧制度转换时，应当将 2018 年 12 月 31 日前未入账的盘盈资产按照新制度规定记入新账。登记新账时，按照确定的盘盈资产及其成本，借记有关资产科目，按照盘盈资产成本的合计金额，贷记“累计盈余”科目。

3.20 固定资产累计折旧的核算

将2018年12月31日原账会计科目余额转入新账财务会计科目：新制度设置了“固定资产累计折旧”科目，该科目的核算内容与原账“累计折旧”科目的核算内容基本相同。转账时，高等学校、中小学校已经计提了固定资产折旧的，应当将原账的“累计折旧”科目余额，转入新账的“固定资产累计折旧”科目。

高等学校、中小学校在原账中尚未计提固定资产折旧的，应当全面核查截至2018年12月31日的固定资产的预计使用年限、已使用年限、尚可使用年限等，并于2019年1月1日对尚未计提折旧的固定资产补提折旧，按照应计提的折旧金额，借记“累计盈余”科目，贷记“固定资产累计折旧”科目。

高等学校有使用受托代理资金购买的固定资产并计提了折旧的，应当将原账的“累计折旧”科目余额中对使用受托代理资金购买固定资产计提折旧的金额转入新账的“累计盈余”科目。

“累计折旧”是高等学校、中小学校共用科目。

3.20.1 认识固定资产累计折旧

固定资产累计折旧是高等学校、中小学校的固定资产由于损耗而减少的价值。固定资产应按月计提折旧。

高等学校、中小学校计提融资租入固定资产折旧时，应当采用与自有固定资产相一致的会计政策。能够合理确定租赁期届满时将会取得租入固定资产所有权的，应当在租入固定资产尚可使用年限内计提折旧，无法合理确定租赁期届满时能够取得租入固定资产清理定资产所有权的，应当在租赁期与租入固定资产尚可使用年限两者中较短的期间内计提折旧。

1. 固定资产累计折旧的科目设置：按月计提固定资产折旧时，按照应计提折旧金额，借记“单位管理费用”“经营费用”“加工物品”“在建工程”等科目，贷记“累计折旧”科目。本科目期末贷方余额，反映单位计提的固定资产折旧累计数。

经批准处置或处理固定资产时，按照所处置或处理固定资产的账面价值，借记“资产处置费用”“无偿调拨净资产”“待处理财产损溢”等科目，按照已计提折旧，借记“固定资产累计折旧”科目，按照固定资产的账面余额，贷记“固定资产”科目

2. 计提折旧的固定资产：

- 房屋建筑物；
- 在用的机器设备、仪表、运输车辆、工具器具；
- 季节性停用及修理停用的设备；
- 以经营租赁方式租出的固定资产和以融资租赁式租入的固定资产。融资租入的固定资产，应当计提折旧，折旧年限若能合理确定租赁期届满时将会取得租入固定资产所有权的，应在租入固定资产尚可使用年限内计提折旧，若无法合理确定所有权，应在租赁期与租入固定资产尚可使用年限两者中较短的期间内计提折旧。

3. 不计提折旧的固定资产：

- 已提足折旧仍继续使用的固定资产；
- 以前年度已经估价单独入账的土地；
- 提前报废的固定资产；
- 以经营租赁方式租入的固定资产和以融资租赁方式租出的固定资产。

4. 固定资产折旧要求：

- 应当按月计提折旧，并根据用途计入当期费用（单位管理费用、）或相关资产（在建工程、加工物品）；
- 当月增加的固定资产，当月开始计提折旧，当月减少的固定资产，当月不再提折旧；
- 固定资产提足折旧后，无论能否继续使用，均不再计提折旧；
- 提前报废的固定资产，不再补提折旧。

3.20.2　固定资产累计折旧的计提方法

固定资产累计折旧的计提方法是直线法（包括年限平均法和工作量

法）和加速折旧法（包括年数总和法和双倍余额递减法）。应当根据固定资产所含经济利益预期实现方式选择不同的方法。折旧方法不同，计提折旧额相差很大。

1. 直线折旧法

- 年限平均法：将固定资产的应计折旧额均衡地分摊到固定资产预定使用寿命内的一种方法。采用这种方法计算的每期折旧额相等。计算公式如下：年折旧率 =（1 – 预计净残值率）÷ 预计使用寿命（年）× 100%；月折旧率 = 年折旧率 ÷ 12；月折旧额 = 固定资产原价 × 月折旧率
- 工作量法：据实际工作量计算每期应提折旧额的一种方法。计算公式如下：单位工作量折旧额 = 固定资产原价 ×（1 – 预计净残值率）÷ 预计总工作量；某项固定资产月折旧额 = 该项固定资产当月工作量 × 单位工作量折旧额；

2. 加速折旧法

- 年数总和法：也称合计年限法，是指将固定资产的原价减去预计净残值后的净额，乘以一个以各年年初固定资产尚可使用年限做分子，以预计使用年限逐年数字之和做分母的逐年递减的分数计算每年折旧额的一种方法。计算公式如下：年折旧率 = 尚可使用年限/预计使用年限的年数总和 × 100%；预计使用年限的年数总 = $n\times(n+1)\div 2$；月折旧率 = 年折旧率 ÷ 12；月折旧额 =（固定资产原价 – 预计净残值）× 月折旧率
- 双倍余额递减法：不考虑固定资产预计净残值的情况下，根据每期期初固定资产原价减去累计折旧后的余额（即固定资产净值）和双倍的直线折旧率计算固定资产折旧的一种方法。计算公式如下：年折旧率 = 2 ÷ 预计使用寿命（年）× 100%；月折旧率 = 年折旧率 ÷ 12；月折旧额 = 固定资产净值 × 月折旧率。

由于每年年初固定资产净值没扣除预计净残值，因此，在应用这种方法计算折旧额时必须注意不能使固定资产的净值降低到其预计净残值以下，即采用双倍余额递减法计提折旧的固定资产，通常在其折旧年限到期前两年内，将固定资产净值扣除预计净残值后的余额平均分摊。

3.20.3　固定资产累计折旧的年限

表3.3　高等学校、中小学校固定资产折旧年限表

固定资产类别	折旧年限（年）	备注	适用范围
一、房屋及构筑物			
1. 房屋			
钢结构	50		高等学校、中小学校
钢筋混凝土结构	50		高等学校、中小学校
砖混结构	30		高等学校、中小学校
砖木结构	30		高等学校、中小学校
2. 简易房	8		高等学校、中小学校
3. 房屋附属设施	8	围墙、停车设施等	高等学校、中小学校
4. 构筑物	8	池、罐、槽、塔等	高等学校、中小学校
二、通用设备			
1. 计算机设备	6	计算机、网络设备、安全设备、终端设备、存储设备等	高等学校、中小学校
2. 办公设备	6	电话机、传真机、摄像机、刻录机等	高等学校、中小学校
3. 车辆	8	载货汽车、牵引汽车、乘用车、专用车辆等	高等学校、中小学校
4. 图书档案设备	5		高等学校、中小学校
5. 机械设备	10	锅炉、液压机械、金属加工设备、泵、风机、气体压缩机、气体分离及液化设备、分离及干燥设备等	高等学校、中小学校

续上表

固定资产类别	折旧年限（年）	备注	适用范围
6. 电气设备	5	电机、变压器、电源设备、生活用电器等	高等学校、中小学校
7. 雷达、无线电和卫星导航设备	10		高等学校、中小学校
8. 通信设备、广播、电视、电影设备	5		高等学校、中小学校
9. 仪器仪表、电子和通信测量仪器、计量标准器具及量具、衡器	5		高等学校、中小学校
10. 除上述以外其他通用设备	5		高等学校、中小学校
三、专用设备			
1. 探矿、采矿、选矿和造块设备	10		高等学校
2. 石油天然气开采专用设备	10		高等学校
3. 石油和化学工业专用设备	10		高等学校
4. 炼焦和金属冶炼轧制设备	10		高等学校
5. 电力工业专用设备	20		高等学校
6. 核工业专用设备	20		高等学校
7. 航空航天工业专用设备	20		高等学校
8. 非金属矿物制品工业专用设备	10		高等学校
9. 工程机械	10		高等学校
10. 农业和林业机械	10		高等学校
11. 木材采集和加工设备	10		高等学校
12. 食品加工专用设备	10		高等学校
13. 饮料加工设备	10		高等学校
14. 烟草加工设备	10		高等学校
15. 粮油作物和饲料加工设备	10		高等学校

续上表

固定资产类别	折旧年限（年）	备注	适用范围
16. 纺织设备	10		高等学校
17. 缝纫、服饰、制革和毛皮加工设备	10		高等学校
18. 造纸和印刷机械	10		高等学校
19. 化学药品和中药专用设备	5		高等学校
20. 医疗设备	5		高等学校
21. 电工、电子专用生产设备	5		高等学校
22. 安全生产设备	10		高等学校
23. 邮政专用设备	10		高等学校
24. 环境污染防治设备	10		高等学校
25. 公安专用设备	3		高等学校、中小学校
26. 水工机械	10		高等学校
27. 殡葬设备及用品	5		高等学校
28. 铁路运输设备	10		高等学校
29. 水上交通运输设备	10		高等学校
30. 航空器及其配套设备	10		高等学校
31. 专用仪器仪表	5		高等学校、中小学校
32. 文艺设备	5		高等学校、中小学校
33. 体育设备	5		高等学校、中小学校
34. 娱乐设备	5		高等学校、中小学校
四、家具、用具、装具			
1. 家具	15		高等学校、中小学校
其中：学生用家具	5		高等学校、中小学校
2. 用具、装具	5		高等学校、中小学校

3.21 工程物资的核算

将2018年12月31日原账会计科目余额转入新账财务会计科目：新制度设置了“工程物资”科目，高等学校、中小学校在原账“在建工程”科目中核算了按照新制度规定应当记入“工程物资”科目内容的，应当将原账“在建工程”科目余额中属于工程物资的金额，转入新账的“工程物资”科目。

“工程物资”是高等学校、中小学校共用科目。

3.21.1 认识工程物资

工程物资是高等学校、中小学校为在建工程准备的各种物资的成本，包括工程用的材料（如沙子、水泥）、设备等。注意“工程物资”不属于存货。

工程物资的科目设置：工程物资可按照“库存材料”和“库存设备”等工程物资类别进行明细核算。

3.21.2 购入工程物资的核算方法

1. 学校购入工程物资成本的核算方法

按照确定的成本，财务会计：借记“工程物资”科目，按照付款方式的不同，贷记“财政拨款收入”“零余额账户用款额度”“银行存款”“应付账款”等科目。预算会计：借记“事业支出”“经营支出”科目，贷记“财政拨款预算收入”“资金结存”科目。

实例【3-133】 2019年5月18日，某学校采购一批自建车库专用的工程物资，价税合计113 000元，已用银行存款支付，应编制会计分录如下：

财务会计：

借：工程物资——库存材料	113 000	
贷：银行存款		113 000

预算会计：

借：事业支出——后勤保障支出	113 000	
贷：资金结存——货币资金		113 000

2. 学校领用工程物资时的核算方法

按照物资成本，财务会计：借记“在建工程”科目，贷记“工程物资”科目；预算会计不需要做分录。工程完工后将领出的剩余物资退库时做相反的会计分录。

实例【3-134】 2019 年 5 月 23 日，某学校自建车库领用工程物资 80 000 元，应编制会计分录如下：

财务会计：

借：在建工程——建筑安装工程投资——建筑工程——车库 80 000

贷：工程物资——库存材料 80 000

注意：预算会计不需要做分录。

3. 学校将工程物资物资转作存货时的核算方法

工程完工后将剩余的工程物资转作本单位存货等的，按照物资成本，财务会计：借记“库存物品”等科目，贷记“在建工程”科目，预算会计不需要做分录。

实例【3-135】 2019 年 5 月 18 日，某学校将剩余工程物资 36 000 转作存货。应编制会计分录如下：

财务会计：

借：库存物品 36 000

贷：工程物资——库存材料 36 000

注意：预算会计不需要做分录。

3.22 在建工程的核算

将 2018 年 12 月 31 日原账会计科目余额转入新账财务会计科目：新制度设置了“在建工程”和“预付账款——预付备料款、预付工程款”科目，原制度设置了“在建工程”科目。

转账时，高等学校、中小学校应当将原账的“在建工程”科目余额

（基建“并账”后的金额，下同）中属于预付备料款、预付工程款的金额，转入新账的“预付账款”科目相关明细科目；将原账的“在建工程”科目余额减去预付备料款、预付工程款金额后的差额，转入新账的“在建工程”科目。“在建工程”是高等学校、中小学校共用科目。

3.22.1 认识在建工程

在建工程是高等学校、中小学校在建（尚未完工或交付使用）的建设项目（包括新建、改建、扩建、修缮等）工程的实际成本、设备安装工程、信息系统建设工程的实际成本。

新准则明确要求高等学校、中小学校对在建项目不再单独设立基建账，但应当按照项目单独核算。

在建工程的明细科目设置：

1. “建筑安装工程投资”二级科目：核算建设项目的建筑工程和安装工程的实际成本，不包括设备投资本身的价值及预付给使用单位的预付备料款和预付工程款。本明细科目应设置“建筑工程”和“安装工程”两个三级明细科目。

2. “设备投资”二级科目：核算建设项目的各种设备实际成本。

3. “待摊投资”二级科目：核算建设项目的应当分摊计入有关工程成本和设备成本的各项间接费用和税费支出。

4. “其他投资”二级科目：核算建设项目的房屋购置支出、基本畜禽支出（包括购置、饲养支出）、林木支出（包括购置、培育支出）、办公生活用家具、器具购置支出，可行性研究固定资产购置支出、无形资产（包括为取得土地使用权支付的土地出让金）

5. “待核销基建支出”二级科目：核算建设项目发生的江河清障、航道清淤、飞播造林、补助群众造林、水土保持、城市绿化、取消项目的可行性研究费以及项目整体报废等不能形成资产部分的基建投资支出。

6. “基建转出投资”二级科目：核算为建设项目配套而建成的，产权不归属于本单位的专用设施的实际成本。

3.22.2 改建、扩建在建工程的核算方法

固定资产改建、扩建时，将固定资产的账面价值转入“在建工程——

建筑安装工程投资”科目，固定资产在改、扩建工程中涉及替换（或拆除）原资产的某些组成部分的，按照被替换（或拆除）部分的账面价值，财务会计：借记“待处理财产损溢”科目，贷记“在建工程——建筑安装工程投资”科目。

实例【3-136】 2019 年 3 月 24 日，某学校对办公大楼进行改扩建，该工程被纳入财政部门预算，实行国库集中支付并通过了政府招标采购，由本地甲公司承接，该大楼原账面价值为 1 000 000 元，已计提折旧 900 000 元，由财政部门通过财政直接支付工程款 150 000 元，其间拆除部分的变价收入 20 000 元：

（1）将原有固定资产账面价值转入在建工程，应编制会计分录如下：

财务会计：

借：在建工程——建筑安装工程投资——建筑工程——办公楼　100 000

　　固定资产累计折旧　900 000

　　贷：固定资产——房屋及建筑物——办公楼　1 000 000

注意：预算会计不需要做分录。

（2）支付工程款 150 000 元，应编制会计分录如下：

财务会计：

借：在建工程——建筑安装工程投资——建筑工程——办公楼　150 000

　　贷：财政拨款收入　150 000

预算会计：

借：事业支出——行政管理支出　150 000

　　贷：财政拨款预算收入　150 000

（3）拆除部分的变价收入，应编制会计分录如下：

财务会计：

借：待处理财产损溢　20 000

　　贷：在建工程——建筑安装工程投资——建筑工程——办公楼　20 000

借：银行存款　20 000

　　贷：待处理财产损溢　20 000

预算会计：

借：资金结存——货币资金　20 000

贷：事业支出——行政管理支出 20 000

（4）完工转固定资产，应编制会计分录如下：

财务会计：

借：固定资产——房屋及建筑物——办公楼 230 000

贷：在建工程——建筑安装工程——建筑工程——办公楼

（100 000 + 150 000 − 20 000）230 000

注意：预算会计不需要做分录。

3.22.3 发包建筑在建工程的核算方法

对于发包建筑工程，根据建筑安装工程价款结算账单与施工企业结算工程价款，按照应承付的工程价款，财务会计：借记“在建工程”（建筑安装工程）科目，按照预付工程款，贷记“预付账款”科目，按照其差额，贷记“财政拨款收入”“零余额账户用款额度”“银行存款”“应付账款”等科目。

实例【3-137】 2019 年 1 月 16 日，某学校改建办公楼工程项目，工程合同价 5 000 000 元，由 A 公司负责施工。按合同规定，开工前预付 A 公司工程款 1 000 000 元，预付 A 公司备料款 1 000 000 元，款项已从银行账户支付，应编制会计分录如下：

财务会计：

借：在建工程——建筑安装工程投资——建筑工程——办公楼

5 000 000

贷：预付账款——预付工程款 1 000 000

——预付备料款 1 000 000

银行存款 3 000 000

预算会计：

借：事业支出——行政管理支出 3 000 000

贷：资金结存——货币资金 3 000 000

实例【3-138】 2019 年 4 月 1 日，某学校按合同规定拨给 A 公司价款 75 000 元的水泥，抵做备料款，应编制会计分录如下：

财务会计：

借：预付账款——预付备料款 75 000

　贷：工程物资——库存材料 75 000

注意：预算会计不需要做分录。

3.22.4 自行施工的小型建筑安装工程的核算方法

自行施工的小型建筑安装工程，按照发生的各项支出金额，财务会计：借记“在建工程”（建筑安装工程投资）科目，贷记“工程物资”“财政拨款收入”“零余额账户用款额度”“银行存款”“应付账款”等科目；工程竣工，办妥竣工验收交接手续交付使用时，按照建筑安装工程成本（包括应分摊的待摊投资）转入“固定资产”科目。

实例【3-139】 2019年4月16日，某学校建设后勤部门使用小型建筑安装工程，领用工程物资100 000元，通过银行支付工程款50 000元，工程竣工后，办妥竣工验收交接手续交付使用。应编制会计分录如下：

财务会计：

借：在建工程——建筑安装工程投资——建筑工程——××工程 150 000

　贷：工程物资 100 000

　　银行存款 50 000

预算会计：

借：事业支出——后勤保障支出 50 000

　贷：资金结存——货币资金 50 000

交付使用时，应编制会计分录如下：

财务会计：

借：固定资产 150 000

　贷：在建工程——建筑安装工程——建筑工程——××工程 150 000

注意：预算会计不需要做分录。

3.22.5 设备投资在建工程的核算方法

设备投资，购入设备时按照购入成本，财务会计：借记“在建工程——设备投资”科目，贷记“财政拨款收入”“零余额账户用款额度”“银行存款”“应付账款”等科目。

实例【3-140】 2019年2月17日，某学校用银行存款购买一套科研部门使用的空调设备，买价100 000元，运杂费5 000元，应编制会计分录如下：

财务会计：

借：在建工程——设备投资　　105 000

　　贷：银行存款　　105 000

预算会计：

借：事业支出——科研支出　　105 000

　　贷：资金结存——货币资金　　105 000

实例【3-141】 2019年3月18日，某学校所实施的需要安装的设备安装完毕，已办妥验收交接手续，确定其实际成本为300 000元，其中，设备投资200 000元，设备基础成本为50 000元，设备安装工程成本为20 000元，应分摊的待摊投资为30 000元，应编制会计分录如下：

财务会计：

借：固定资产　　300 000

　　贷：在建工程——设备投资　　200 000

　　　　——建筑安装工程投资——设备建筑工程　　50 000

　　　　——建筑安装工程投资——设备安装工程　　20 000

　　　　——待摊投资　　30 000

注意：预算会计不需要做分录。

3.22.6 待摊投资在建工程的核算方法

构成待摊投资的各类费用，按照实际发生金额，财务会计：借记“待摊投资”科目，贷记“财政拨款收入”“零余额账户用款额度”“银行存款”“应付账款”“固定资产累计折旧”“无形资产累计摊销”“应付利息”“长期借款”等科目。

待摊投资分配方法：

1. 实际分配率：适用于工期短，整个项目的所有单项工程一次竣工的建设项目。实际分配率 = 待摊投资明细科目余额/（建筑工程明细科目余额 + 安装工程明细科目余额 + 设备投资明细科目余额）×100% 。

2. 预算分配率：用于工期长，整个单项工程分期分批建成投入使用的建设项目。预算分配率 = 概算中各待摊投资项目的合计数/（概算中建筑工程、安装工程和设备投资合计）×100%

按照合理的分配方法分配待摊投资，财务会计：借记“在建工程——建筑安装工程投资”“设备投资”科目，贷记“在建工程——待摊投资”科目。

实例【3-142】 2019 年 3 月 28 日，某学校建造教学大楼项目，从银行基本户支付勘察单位的地质钻探费 100 000 元和某设计院规划设计费 50 000 元及施工图设计费 200 000 元，应编制会计分录如下：

财务会计：

借：在建工程——待摊投资——勘察费用　　100 000

　　　　　　　　　　　　——设计费　　250 000

　贷：银行存款　　350 000

预算会计：

借：事业支出——教育支出　　350 000

　贷：资金结存——货币资金　　350 000

实例【3-143】 2019 年 4 月 17 日，某学校有关会计科目的上期结转和本年发生额合计如下：建筑安装工程投资科目为 460 万元（其中：教学楼工程为 360 万元，宿舍楼工程为 80 万元，设备基础建筑与设备安装为 20 万元）；设备投资科目中需要安装设备 40 万元；待摊投资科目为 10 万元（已扣除直接计入的部分），计算结果如下：

实际分配率 = 待摊投资明细科目余额/（建筑工程明细科目余额 + 安装工程明细科目余额 + 设备投资明细科目余额）×100% = 10 ÷ (460 + 20) = 2%

教学楼路线工程分配的待摊投资 = 360 × 2% = 7.2 万元 路线工程成本 = 3 60 + 7.2 = 367.2 万元

宿舍楼工程分配的待摊投资 = 80 × 2% = 1.6 万元 路线工程成本 = 80 + 1.6 = 81.6 万元

设备分配的待摊投资 = (20 + 40) × 2% = 1.2 万元 设备成本 = 40 + 20 + 1.2 = 61.2 万元

财务会计：

借：固定资产——房屋及建筑物——教学楼　　3 672 000

　　　　　　　　　　　　　——宿舍楼　　816 000

　　　　　　　　　　　　　——设备　　612 000

　贷：在建工程——建筑安装工程投资——建筑工程——教学楼工程　　600 000

　　在建工程——建筑安装工程投资——建筑工程——宿舍楼工程　　800 000

　　在建工程——建筑安装工程投资——建筑工程——设备基础建筑与设备安装　　200 000

　　　　　——设备投资——安装设备　　400 000

　　　　　——待摊投资　　100 000

注意：预算会计不需要做分录。

3.22.7 发生报废、毁损在建工程的核算方法

由于自然灾害、管理不善等原因造成的单项工程或单位工程报废或毁损、扣除残料价值和过失人或保险公司等赔款后的净损失，报经批准后计入继续施工的工程成本的，按照工程成本扣除残料价值和过失人或保险公司等赔款后的净损失，财务会计：借记“待摊投资”科目，按照残料价值和过失人或保险公司等赔款后的净损失等，借记“银行存款”“其他应收款”等科目，按照报废或毁损的工程成本，贷记“在建工程——建筑安装工程投资”科目。

实例【3-144】 2019 年 1 月 17 日，某学校在组织学生宿舍楼工程项目实施工程中由于设计方案变更，经有关部门批准，已完成施工部分的要做报废处理，建筑工程投资额为 500 000 元，发生的清理费用 40 000 元，

款项从银行存款账户支付；收回残料作价为 35 000 元，已验收入库。

(1) 结转报废工程，应编制会计分录如下。

财务会计：

借：在建工程——待摊投资——报废工程损失　500 000

　　贷：在建工程——建筑安装工程投资——××工程　500 000

注意：预算会计不需要做分录。

(2) 支付清理费用，应编制会计分录如下。

财务会计：

借：在建工程——待摊投资——报废工程损失　40 000

　　贷：银行存款　40 000

预算会计：

借：事业支出——教育支出　40 000

　　贷：资金结存——货币资金　40 000

(3) 将残料验收入库，应编制会计分录如下。

财务会计：

借：库存物品——材料　35 000

　　贷：在建工程——待摊投资——报废工程损失　35 000

实例【3-145】 2019 年 1 月 17 日，某学校在实施办公楼工程项目中报废公务用车一台，其账面原值为 182 000 元，已计提折旧 171 000 元，已按规定程序报经批准进行清理，在清理过程中，以银行存款支付清理费用 1 300 元，取得残值变价收入 11 500 元，已存入银行。该公务用车报废应由过失人赔偿损失 5 000 元，保险公司赔偿 18 000 元，款项尚未收到，清理工作现已结束。

(1) 结转报废工程，应编制会计分录如下。

财务会计：

借：在建工程——待摊投资　11 000

　　固定资产累计折旧　171 000

　　贷：固定资产——公务用车　182 000

注意：预算会计不需要做分录。

(2) 支付清理费用，应编制会计分录如下：

财务会计：

借：在建工程——待摊投资　　13 000

　　贷：银行存款　　13 000

预算会计：

借：事业支出——行政管理支出　　13 000

　　贷：资金结存——货币资金　　13 000

(3) 收到残值收入，应编制会计分录如下。

财务会计：

借：银行存款　　11 500

　　贷：在建工程——待摊投资　　11 500

预算会计：

借：资金结存——货币资金　　11 500

　　贷：事业支出——行政管理支出　　11 500

(4) 应收赔偿损失，应编制会计分录如下：

财务会计：

借：其他应收款——某某　　5 000

　　　　　　——保险公司　　18 000

　　贷：在建工程——待摊投资　　23 000

3.22.8　其他投资在建工程的核算方法

按照实际发生金额，财务会计：借记“其他投资”科目，贷记“财政拨款收入”“零余额账户用款额度”“银行存款”等科目。工程完成将形成的房屋、基本畜禽、林木等各种财产以及无形资产交付使用时，按照其实际成本，借记“固定资产”“无形资产”等科目，贷记“其他投资”科目。

1. 学校发生待核销基建支出时在建工程的核算方法

- 建设项目发生的江河清障、航道清淤、飞播造林、补助群众造林、水土保持、城市绿化、取消项目的可行性研究费以及项目整体报废等不能形成资产部分的基建投资支出，按照实际发生金额，财务会计：借记“基建核销支出”科目，贷记“财政拨款收入”“零余额账户用款额度”、“银行存款”等科目。

- 取消的建设项目发生的可行性研究费，按照实际发生金额。借记“在建工程——待核销基建支出”科目，贷记“在建工程——待摊投资”科目。
- 由于自然灾害等原因发生的建设项目整体报废所形成的净损失，报经批准后转入待核销基建支出，按照项目整体报废所形成的净损失，财务会计：借记“在建工程——待核销基建支出”科目，按照报废工程回收的残料变价收入、保险公司等赔款等，借记“银行存款”“其他应收款”等科目，按照报废的工程成本，贷记“在建工程——建筑安装工程投资”科目。
- 建设项目竣工验收交付使用时，对发生的待核销支出进行冲销，财务会计：借记“资产处置费用”科目，贷记“在建工程——待核销基建支出”科目。

实例【3-146】 2019年1月17日，某学校对学生实验楼建设项目可行性研究待核销基建支出进行核销，金额为85 600元。应编制会计分录如下：

财务会计：

借：资产处置费用 85 600

贷：在建工程——待核销基建支出——取消项目可行性研究费 85 600

注意：预算会计不需要做分录。

2. 学校发生基建转出投资时在建工程的核算方法

建设项目配套而建成的，产权不归属于高等学校、中小学校的专用设施的实际成本。在项目竣工验收交付使用时，按照转出的专用设施的成本，财务会计：借记“在建工程——基建转出投资”科目，贷记“在建工程——建筑安装工程投资”科目，同时，借记“无偿调拨净资产”科目，贷记“在建工程——基建转出投资”科目。

实例【3-147】 2019年3月17日，某学校建设校外实验楼一座，因施工需要建专用公路一段，共投资375 000元，其中领用工程材料

270 000元，用银行存款支付工程款105 000元，建成后，专用公路交付交通部门使用。应编制会计分录如下：

（1）建设阶段，

财务会计：

借：在建工程——建筑安装工程投资——建筑工程——公路　375 000

　贷：银行存款　105 000

　　工程物资——库存材料　270 000

预算会计：

借：事业支出——教育支出　105 000

　贷：资金结存——货币资金　105 000

（2）项目竣工验收交付使用时，

财务会计：

借：在建工程——基建转出投资　375 000

　贷：在建工程——建筑安装工程投资——建筑工程——公路　375 000

借：无偿调拨净资产　375 000

　贷：在建工程——基建转出投资　375 000

注意：预算会计不需要做分录。

3.23 无形资产的核算

将2018年12月31日原账会计科目余额转入新账财务会计科目：新制度设置了“无形资产”科目，其核算内容与原账上的核算内容基本相同，转账时高等学校和中小学应当将原账上的科目余额直接转入新账的相应科目。

“无形资产”是高等学校、中小学校共用科目。

3.23.1 认识无形资产

无形资产是高等学校、中小学校持有的、不具有实物形态、可辨认的，能够为使用者提供某种权利的非货币性资产，包括著作权、土地使用权、专利权、商标权、非专利技术等。高等学校、中小学校购入的不构成相关硬件不可缺少组成部分的应用软件作为无形资产核算。本科目核算无形资产的原价，期末借方余额，反映无形资产的成本。

非大批量购入、单价小于 1 000 元的无形资产，可于购买的当期将其成本直接计入当期费用。

1. 无形资产的科目设置：无形资产应按照资产的类别、项目等进行明细核算。包括著作权、土地使用权、商标权、专利权、非专利技术等。

2. 无形资产的管理：高等学校、中小学校应当定期对无形资产进行清查盘点，每年至少盘点一次。资产清查盘点过程中发现的无形资产盘盈、盘亏等，参照“固定资产”科目相关规定进行处理。

高等学校、中小学校无形资产，应当按照有关规定进行资产评估，取得的收入按照国家有关规定处理。高等学校、中小学校取得无形资产发生的支出，应当计入事业支出。

3.23.2　外购无形资产的核算方法

1. 学校外购无形资产的核算方法

实际成本包括购买价款、相关税费及可归属于该项资产达到预定用途前所发生的其他支出。按照确定的成本，财务会计：借记“无形资产”科目，按照付款方式的不同，贷记“财政拨款收入”“零余额账户用款额度”“银行存款”“应付账款”等科目。预算会计：借记“事业支出”“经营支出”科目，贷记“财政拨款预算收入”“资金结存”科目。

实例【3-148】 2019 年 2 月 8 日，某学校科研部门用财政直接支付方式外购一项专利权，价值 50 000 元，应编制会计分录如下：

财务会计：

借：无形资产——专利权	50 000	
贷：财政拨款收入		50 000

预算会计：

借：事业支出——科研支出	50 000	
贷：财政拨款预算收入		50 000

2. 学校委托软件公司开发软件——视同外购无形资产进行处理时的核算方法

合同中约定预付开发费用的，按照预付金额，财务会计：借记“预付账款”科目，贷记“财政拨款收入”“零余额账户用款额度”“银行存款”等科目。

实例【3-149】 2019年2月19日，某学校教育部门委托某软件公司开发教学程序软件，合同约定总费用为300 000元，预付开发费用100 000元，款项通过单位零余额账户支付，应编制会计分录如下：

财务会计：

借：预付账款——软件公司　　100 000

　　贷：零余额账户用款额度　　100 000

预算会计：

借：事业支出——教育支出　　100 000

　　贷：资金结存——零余额账户用款额度　　100 000

3. 软件开发完成交付学校使用并支付剩余或全部软件开发费用时的核算方法

按照软件开发费用总额，财务会计：借记“无形资产”科目，按照预付款金额，贷记“预付账款”科目，按照支付的剩余金额，贷记“财政拨款收入”“零余额账户用款额度”“银行存款”等科目。

实例【3-150】 接上例，2019年4月28日，该学校教育部门委托某软件公司开发完成软件，通过财政授权支付余款200 000元，软件交付使用，应编制会计分录如下：

财务会计：

借：无形资产——软件　　300 000

　　贷：预付账款——软件公司　　100 000

　　　　零余额账户用款额度　　200 000

预算会计：

借：事业支出——教育支出　　200 000

　　贷：资金结存——零余额账户用款额度　　200 000

3.23.3 自行研发无形资产的核算方法

1. 学校自行研究开发形成无形资产时的核算方法

实例【3-151】 2019年2月26日，某学校科研部门自行开发一项新技术，开发阶段发生支出共计136 000元，其中实验检测费76 000元，财政直接支付；研究人员薪酬27 000元，消耗材料33 000元，应编制会计分录如下：

财务会计：

借：研发支出——开发支出　　136 000

　　贷：财政拨款收入　　76 000

　　　　应付职工薪酬　　27 000

　　　　库存物品——材料　　33 000

预算会计：

借：事业支出——科研支出　　76 000

　　贷：财政拨款预算收入　　76 000

2. 学校自行研究开发项目尚未进入开发阶段时无形资产的核算方法

确实无法区分研究阶段支出和开发阶段支出，但按照法律程序已取得无形资产的，按照依法取得时发生的注册费、聘请律师等费用，财务会计：借记“无形资产”科目，贷记“财政拨款收入”“零余额账户用款额度”“银行存款”等科目。

实例【3-152】 2019年4月19日，某学校科研部门自行开发一项新技术，前期发生支出94 830元，假设无法区分是研究阶段还是开发阶段的支出，但按照法律程序申请取得无形资产的，可以按照申请专利时，支付专利注册费、律师聘请费共计30 000元，确定无形资产的成本，应编制会计分录如下：

财务会计：

借：无形资产　　30 000

　　贷：银行存款　　30 000

预算会计：

借：事业支出——科研支出　　30 000

　　贷：资金结存——货币资金　　30 000

3. 学校按照依法取得前所发生的研究开发支出时无形资产的核算方法

按照实际发生的费用，财务会计：借记“单位管理费用”科目，贷记“研发支出”科目。

实例【3-153】 2019年5月19日，某学校科研部门将开发阶段发生支出20 000元转入当期费用，应编制会计分录如下：

财务会计：

借：单位管理费用　　20 000

　　贷：研发支出——开发支出　　20 000

注意：预算会计不需要做分录。

3.23.4 接受捐赠无形资产的核算方法

接受捐赠的无形资产，成本的确定参照“库存物品”科目。确定接受捐赠无形资产的初始入账成本时，应当考虑该项资产尚可为单位带来服务潜力或经济利益的能力。

1. 学校接受捐赠的无形资产附发票表明其价值时的核算方法

取得时，按照无形资产成本，财务会计：借记“无形资产”科目，按照发生的相关税费、运输费等，贷记“零余额账户用款额度”“银行存款”等科目，差额，贷记“捐赠收入”科目。按照实际支付的相关税费金额，借记“其他支出”科目，贷记“资金结存”科目。

实例【3-154】 2019年4月23日，某学校科研部门接受捐赠一项专利技术，所附发票表明其价值为100 000元，通过银行存款支付相关税费5 000元，应编制会计分录如下：

成本＝100 000＋5 000＝105 000元

财务会计：

借：无形资产　　105 000

　　贷：银行存款　　5 000

　　　　捐赠收入　　100 000

预算会计：

借：其他支出　　5 000

　　贷：资金结存——货币资金　　5 000

2. 学校接受捐赠的无形资产无法可靠取得其评估价值和市场价格，经批准以名义金额入账时的核算方法

实例【3-155】 2019年6月11日，某学校接受捐赠一项无形资产，没有相关凭据，此无形资产在市场中并无销售，无法可靠取得其评估价值和市场价格，经批准以名义金额入账，接受捐赠时，发生税费3 000元，通过银行存款转账支付。应编制会计分录如下：

财务会计：

借：无形资产　　1

　　贷：捐赠收入　　1

借：其他费用　　3 000

　　贷：银行存款　　3 000

预算会计：

借：其他支出　　3 000

　　贷：资金结存——货币资金　　3 000

3.23.5 无偿调入、置换取得无形资产的核算方法

1. 学校无偿调入的无形资产的核算方法

无偿调入的无形资产，成本包括调出方账面价值、相关税费、运输费等。取得时，按照无形资产成本，财务会计：借记“无形资产”科目，按照发生的相关税费、运输费等，贷记“零余额账户用款额度”“银行存款”等科目，差额，贷记“无偿调拨净资产”科目。无形资产取得时涉及增值税业务的，相关账务处理参见“应交增值税”科目。按照实际支付的相关税费金额，借记“其他支出”科目，贷记“资金结存”科目。

实例【3-156】 2019年8月11日，某学校无偿调入一项专利，调出方账面价值50 000元，调出过程中发生运输费1 000元，通过银行存款支付，应编制会计分录如下：

成本＝50 000＋1 000＝51 000元

财务会计：

借：无形资产　　51 000

贷：银行存款　1 000

无偿调拨净资产　50 000

预算会计：

借：其他支出　1 000

贷：资金结存——货币资金　1 000

2. 学校置换取得的无形资产的核算方法

置换取得的无形资产其成本包括换出资产的评估价值、支付的补价或减去收到的补价、为换入无形资产发生的其他相关支出。

实例【3-157】 2019年9月19日，某学校与某软件公司置换换入一项非专利技术，换出库存物品账面价值为100 000元，评估价为120 000元，银行支付补价30 000元，另授权支付运杂费1 000元，无形资产交付使用，应编制会计分录如下：

成本 = 120 000 + 30 000 + 1 000 = 151 000元

财务会计：

借：无形资产　151 000

贷：库存物品——材料　100 000

零余额账户用款额度　31 000

其他收入　（120 000 - 100 000）20 000

预算会计：

借：其他支出　31 000

贷：资金结存——零余额账户用款额度　31 000

3.23.6 无形资产后续支出的核算方法

1. 学校符合无形资产确认条件的后续支出的核算方法

为增加无形资产的使用效能对其进行升级改造或扩展其功能时，如需暂停对无形资产进行摊销的，将无形资产的账面价值转入“在建工程”科目，待资产完成交付使用时，再按照在建工程成本结转至无形资产科目中。

实例【3-158】 2019 年 4 月 19 日，某学校科研部门对无形资产的使用效能进行升级改造，该无形资产原账面价值 50 000 元，已计提累计摊销 20 000 元，暂停对无形资产进行摊销，本次升级改造共发生支出 30 000 元，通过零余额账户支付，符合无形资产确认条件。2019 年 4 月 26 日，该无形资产升级改造完毕，交付使用。

(1) 将无形资产的账面价值转入“在建工程”科目，应编制会计分录如下：

财务会计：

借：在建工程	30 000	
无形资产累计摊销	20 000	
贷：无形资产		50 000

注意：预算会计不需要做分录。

(2) 支付改造支出，应编制会计分录如下：

财务会计：

借：在建工程	30 000	
贷：零余额账户用款额度		30 000

预算会计：

借：事业支出——科研支出	30 000	
贷：资金结存——零余额账户用款额度		30 000

(3) 交付使用，应编制会计分录如下：

财务会计：

借：无形资产	60 000	
贷：在建工程		60 000

注意：预算会计不需要做分录。

2. 学校不符合无形资产确认条件的后续支出的核算方法

为保证无形资产正常使用发生的日常维护等支出，财务会计：借记“单位管理费用”“经营费用”等科目，贷记“财政拨款收入”“银行存款”等科目；预算会计：借记“事业支出”“经营支出”等科目，贷记“财政拨款预算收入”“资金结存”等科目。

3.23.7 出售、转让无形资产的核算方法

将被出售、转让无形资产的账面价值转入“资产处置费用”科目中，同时，按照收到的价款，财务会计：借记“银行存款”等科目，按照处置过程中发生的相关税费，贷记“银行存款”等科目，差额，贷记“应缴财政款（转让收入上缴财政的）”“其他收入（转让收入纳入本单位预算管理的）”科目。预算会计，按照处置过程中发生相关税费，借记“其他支出”科目，贷记“资金结存”科目。

实例【3-159】 2019年7月19日，某学校欲出售一项非专利技术，账面余额为100 000元，累计摊销30 000元，已经按照相关规定完成无形资产处置的报批手续，通过银行存款支付运费1 000元。收到购买方支付的价款70 000元存入银行。应编制会计分录如下：

财务会计：

借：资产处置费用	70 000	
无形资产累计摊销	30 000	
贷：无形资产		100 000
借：银行存款	71 000	
贷：银行存款		1 000
应缴财政款		70 000

预算会计：

借：其他支出	1 000	
贷：资金结存——货币资金		1 000

3.23.8 对外捐赠、无偿调出无形资产的核算方法

1. 学校对外捐赠无形资产的核算方法

将被捐赠的无形资产的账面价值及捐赠过程中归属于捐出方的相关费用一并转入“资产处置费用”科目中。按照捐赠过程中发生的相关费用，预算会计：借记“其他支出”科目，贷记“资金结存”科目。

实例【3-160】 2019年1月11日，某学校经批准将一项非专利技术捐赠给其他单位，该专利技术的账面原值为500 000元，已提摊销

200 000 元，已经按照相关规定完成无形资产处置的报批手续，通过银行存款支付相关费用 10 000 元，应编制会计分录如下：

财务会计：

借：资产处置费用　310 000

　　无形资产累计摊销　200 000

　　贷：无形资产　500 000

　　　　银行存款　10 000

预算会计：

借：其他支出　10 000

　　贷：资金结存——货币资金　10 000

2. 学校无偿调出的无形资产的核算方法

将报经批准无偿调出的无形资产的账面价值转入“无偿调拨净资产”科目中。同时，按照无偿调出过程中发生的归属于调出方的相关费用，财务会计，计入“资产处置费用”科目。预算会计，按照调出过程中发生相关费用，借记“其他支出”科目，贷记“资金结存”科目。

实例【3-161】 2019 年 1 月 27 日，某学校根据上级要求将一块土地使用权无偿划拨给其他单位，该土地使用权账面原值为 800 000 元，已提摊销 200 000 元，调出过程中发生其他的归属于调出方的相关费用 20 000 元，已通过银行存款支付，应编制会计分录如下：

财务会计：

借：无偿调拨净资产　600 000

　　无形资产累计摊销　200 000

　　贷：无形资产　800 000

借：资产处置费用　20 000

　　贷：银行存款　20 000

预算会计：

借：其他支出　20 000

　　贷：资金结存——货币资金　20 000

3.23.9 置换换出无形资产的核算方法

1. 学校置换换出无形资产的核算方法

实例【3-162】 2019年1月27日，某学校置换换入一批办公设备，换出资产为无形资产——土地使用权，该土地使用权账面原值为500 000元，已提摊销100 000元，无形资产的评估价为500 000元，通过零余额账户支付补价100 000元，支付运杂费10 000元，办公设备已验收入库，应编制会计分录如下：

换入库存物品价值＝500 000＋100 000＋10 000＝610 000元

财务会计：

借：库存物品——办公设备　　610 000

　　无形资产累计摊销　　100 000

　　贷：无形资产　　500 000

　　　　零余额账户用款额度　　110 000

　　　　其他收入　　100 000

预算会计：

借：其他支出　　110 000

　　贷：资金结存——零余额账户用款额度　　110 000

2. 单位无形资产预期不能为单位带来服务潜力或经济利益的核算方法

按照规定报经批准核销时，按照待核销无形资产的账面价值，财务会计：借记“资产处置费用”科目，按照已计提摊销，借记“无形资产累计摊销”科目，按照无形资产的账面余额，贷记“无形资产”科目。

3.24 无形资产累计摊销的核算

将2018年12月31日原账会计科目余额转入新账财务会计科目：新制度设置了“无形资产累计摊销”科目，该科目的核算内容与原账“累计摊销”科目的核算内容基本相同。转账时，高等和中小学校学校已经计提了无形资产摊销的，应当将原账的“累计摊销”科目余额，转入新账的“无形资产累计摊销”科目。

高等学校、中小学校在原账中尚未计提无形资产摊销的，应当全面核查截至 2018 年 12 月 31 日无形资产的预计使用年限、已使用年限、尚可使用年限等，并于 2019 年 1 月 1 日对前期尚未计提摊销的无形资产补提摊销，按照应计提的摊销金额，借记“累计盈余”科目，贷记“无形资产累计摊销”科目。

“无形资产累计摊销”是高等学校、中小学校共用科目。

无形资产摊销：高等学校、中小学校对使用年限有限的无形资产应当按月计提累计摊销。无形资产原价减去无形资产的余额即为无形资产的累计摊销数额。为了提供无形资产计提摊销额的有关数据，更换旧账时，要注明每项无形资产的原价。

1. 无形资产摊销的科目设置：高等学校、中小学校对使用年限有限的无形资产应当按月计提累计摊销，应当设置“无形资产累计摊销”科目，该科目按照无形资产的类别设置明细科目。本科目期末贷方余额，反映计提的无形资产摊销累计数。

2. 无形资产不计提摊销的情形：

- 以名义金额计量的无形资产。
- 已摊销完毕仍继续使用的无形资产。
- 使用年限不确定的无形资产不应摊销。

3. 无形资产的摊销要求：应当按月计提摊销，并根据用途计入当期费用（单位管理费用、）或相关资产（在建工程、加工物品）。

经批准延置无形资产时，按照所处置无形资产的账面价值，借记“资产处置费用”“无偿调拨净资产”“待处理财产损溢”等科目，按照已计提摊销，借记“无形资产摊销”科目，按照无形资产的账面余额，贷记“无形资产”科目。

4. 无形资产的摊销方法：无形资产摊销应当采用年限平均法，摊销时直接计入“无形资产”科目的借方，无须另设摊销科目。无形资产应计摊销额为其成本，计提摊销时不考虑预计净残值。摊销方法一经确定，不得随意变更。

摊销方法（直线法）：

- 年限平均法：年摊销额 = 原值/摊销年限；月摊销额 = 年摊销额 ÷ 12。
- 工作量法：单位工作量摊销额 = 该项无形资产应提总摊销额/该项无形资产预计完成总工作量；月摊销额 = 单位工作量摊销额 × 完成的工作量。

5. 无形资产的摊销年限。对于使用年限有限的无形资产，应当按照以下原则确定无形资产的摊销年限：

- 法律规定了有效年限的，按照法律规定的有效年限作为摊销年限。
- 法律没有规定有效年限的，按照相关合同或申请书中的受益年限作为摊销年限。
- 法律没有规定有效年限、相关合同或申请书也没有规定受益年限的，应当根据无形资产为单位带来服务潜力或经济利益的实际情况，预计其使用年限。
- 非大批量购入、单价小于 1 000 元的无形资产，可以于购买的当期将其成本一次性全部转销。
- 无法预见无形资产为单位提供服务潜力或者带来经济利益期限的，应当视为使用年限不确定的无形资产。

实例【3-163】 2019 年 3 月 31 日，某学校 3 月购入的教学软件，价值为 45 000 元，计提无形资产摊销，合同规定期限为 5 年。应编制会计分录如下：

财务软件每月摊销额 = 45 000 ÷ 5 ÷ 12 = 750 元

财务会计：

借：单位管理费用　　750

　　贷：无形资产摊销　　750

注意：预算会计不需要做分录。

高等学校应当自无形资产取得当月起，按月进行无形资产摊销；无形资产减少的当月不再摊销。

3.25　研发支出的核算

高等学校在新旧制度转换时，应当将 2018 年 12 月 31 日前未入账的自行研究开发项目开发阶段的费用按照新制度规定记入新账。登记新账时，按照确定的开发阶段费用金额，借记“研发支出”科目，贷记“累计盈余”科目。

“研发支出”是高等学校科目。

3.25.1　认识研发支出

研发支出是高等学校自行研究开发项目研究阶段和开发阶段发生的各项支出。

建设项目中的软件研发支出，应当通过“在建工程”科目核算，不通过“研发支出”科目核算。

研发支出的科目设置：研发支出应当设置“研究支出”和“开发支出”明细科目。

3.25.2　自行研究开发项目研究阶段研发支出的核算方法

自行研究开发项目研究阶段的支出：应当先在“研发支出——研究支出”科目归集，期（月）末，应当将该科目归集的研究阶段的支出金额转入当期费用，财务会计：借记“单位管理费用”等科目，贷记“研发支出——研究支出”科目。按照从事研究及其辅助活动人员计提的薪酬，研究活动领用的库存物品，发生的与研究活动相关的管理费、间接费和其他各项费用，财务会计：借记“研究支出”，贷记“应付职工薪酬”“库存物品”“财政拨款收入”“零余额账户用款额度”“固定资产累计折旧”“银行存款”等科目。

实例【3-164】 2019 年 5 月 19 日，某学校科研部门自行开发一项新专利，研究阶段该项技术前期发生支出共计 100 000 元，其中实验检测费 60 000 元，财政直接支付；研究人员薪酬 20 000 元，消耗材料 20 000 元，应编制会计分录如下：

财务会计：

借：研发支出——研究支出　10 000

　　贷：财政拨款收入　60 000

　　　　应付职工薪酬　20 000

　　　　库存物品——材料　20 000

预算会计：

借：事业支出——科研支出　60 000

　　贷：财政拨款预算收入　60 000

实例【3-165】 接上例，2019 年 5 月 29 日该项目发生印刷费10 000 元，会议费和差旅费 30 000 元，财政授权支付完毕。应编制会计分录如下：

财务会计：

借：研发支出——研究支出　40 000

　　贷：零余额账户用款额度　40 000

预算会计：

借：事业支出　40 000

　　贷：资金结存——零余额账户用款额度　40 000

实例【3-166】 接上例，2019 年 5 月 31 日，计提使用的固定资产累计折旧 10 000 元。应编制会计分录如下：

财务会计：

借：研发支出——研究支出　10 000

　　贷：固定资产累计折旧　10 000

注意：预算会计不需要做分录。

实例【3-167】 接上例，2019 年 5 月 31 日，将本科目归集的该项目研究阶段的支出金额转入当期费用。应编制会计分录如下：

财务会计：

借：单位管理费用　150 000

　　贷：研发支出——研究支出　150 000

注意：预算会计不需要做分录。

3.25.3　自行研究开发项目开发阶段研发支出的核算方法

自行研究开发项目开发阶段的支出，应当先在“研发支出——开发支出”科目归集。按照从事开发及其辅助活动人员计提的薪酬，开发活动领用的库存物品，发生的与开发活动相关的管理费、间接费和其他各项费用，财务会计：借记“开发支出”科目，贷记“应付职工薪酬”“库存物品”“财政拨款收入”“零余额账户用款额度”“固定资产累计折旧”“银行存款”等科目。

本科目期末借方余额，反映预计能达到预定用途的研究开发项目在开发阶段发生的累计支出数。自行研究开发项目时涉及增值税业务的，相关账务处理参见“应交增值税”科目。

实例【3-168】　2019年1月6日，某学校科研部门自行开发一项新技术，开发阶段发生支出共计105 000元，其中实验检测费40 000元，财政直接支付；研究人员薪酬40 000元，消耗材料25 000元，应编制会计分录如下：

财务会计：

借：研发支出——开发支出	105 000	
贷：财政拨款收入		40 000
应付职工薪酬		40 000
库存物品——材料		25 000

预算会计：

借：事业支出——科研支出	40 000	
贷：财政拨款预算收入		40 000

实例【3-169】　接上例，2019年1月30日，该项目召开专家论证会，发生会议费及专家论证费20 000元，财政授权支付完毕，应编制会计分录如下：

财务会计：

借：研发支出——开发支出	20 000	
贷：零余额账户用款额度		20 000

预算会计：

借：事业支出——科研支出　　20 000

　　贷：资金结存——零余额账户用款额度　　20 000

实例【3-170】 接上例，2019 年 1 月 31 日，使用的专用设备计提固定资产折旧 10 000 元。应编制会计分录如下：

财务会计：

借：研发支出——开发支出　　10 000

　　贷：固定资产累计折旧　　10 000

注意：预算会计不需要做分录。

实例【3-171】 接上例，2019 年 1 月 31 日，该自行研究开发项目完成，达到预定用途形成无形资产的。应编制会计分录如下：

财务会计：

借：无形资产　　135 000

　　贷：研发支出——开发支出　　135 000

注意：预算会计不需要做分录。

自行研究开发项目完成，达到预定用途形成无形资产的，按照研发支出——开发支出归集的金额，借记“无形资产”科目，贷记“研发支出——开发支出”科目。

3. 25. 4 不能达到预定用途研发支出的核算方法

学校应当于每年年度终了，评估研究项目是否能够达到预定用途，如预计不能达到预定用途（如无法最终完成项目并形成无形资产的），应当将已发生的开发支出金额全部转入当期费用，财务会计：借记“单位管理费用”科目，贷记“研发支出——开发支出”科目。

实例【3-172】 2019 年 12 月 31 日，某学校开发项目已经归集开发支出 75 000 元。该学校组织专家评审会认为，项目不能达到预定用途，无法最终完成开发项目并形成无形资产。应编制会计分录如下：

财务会计：

借：单位管理费用　　75 000

　　贷：研发支出——开发支出　　75 000

注意：预算会计不需要做分录。

3.26　文物文化资产的核算

高等学校、中小学校在新旧制度转换时，应当将 2018 年 12 月 31 日前未入账的文物文化资产按照新制度规定记入新账。“文物文化资产”是高等学校、中小学校共用科目。

3.26.1　认识文物文化资产

文物文化资产是指高等学校、中小学校为满足社会公共需求而控制的文物文化资产（用于展览、教育或研究的历史文物、艺术品以及其他具有文化或者历史价值并作为长期或者永久保存的典藏等）等成本。

文物文化资产的科目设置：文物文化资产应按照资产的类别、项目等进行明细核算。

3.26.2　外购取得文物文化资产的核算方法

实例【3-173】 2019 年 4 月 18 日，某学校教育部门用财政直接支付方式购买古书籍，价值 10 500 元，账务处理如下：

财务会计：

借：文物文化资产　　10 500

　　贷：财政拨款收入　　10 500

预算会计：

借：事业支出——教育支出　　10 500

　　贷：财政拨款预算收入　　10 500

注意：对于成本无法可靠取得的文物文化资产，学校应当设置备查簿进行登记，待成本能够可靠确定后按照规定及时入账。

3.26.3 无偿调入文物文化资产的核算方法

1. 学校文物文化资产成本能够确定的核算方法

文物文化资产的成本包括调出方账面价值、相关税费、运输费等。取得时，按照文物文化资产成本，财务会计：借记“文物文化资产”科目，按照发生相关税费、运输费等，贷记“零余额账户用款额度”“银行存款”等科目，差额，贷记“无偿调拨净资产”科目。按照实际支付的相关税费金额，预算会计：借记“其他支出”科目，贷记“资金结存”科目。

实例【3-174】 2019 年 1 月 11 日，某学校无偿调入古书籍作品五件，调出方账面价值 13 000 元，调入过程中发生运输费 800 元，通过银行存款支付，账务处理如下：

成本 = 13 000 + 800 = 13 800 元

财务会计：

借：文物文化资产——古书籍作品	13 800	
贷：银行存款		800
无偿调拨净资产		13 000

预算会计：

借：其他支出	800	
贷：资金结存——货币资金		800

2. 学校文物文化资产成本无法可靠取得的核算方法

文物文化资产的成本按照发生相关税费、运输费等，财务会计：借记“其他费用”科目，差额，贷记“财政拨款收入”“零余额账户用款额度”“银行存款”科目。预算会计，按照实际支付的相关税费金额，借记“其他支出”科目，贷记“资金结存”科目。

对于成本无法可靠取得的文物文化资产，单位应当设置备查簿进行登记，待成本能够可靠确定后按照规定及时入账。

实例【3-175】 2019 年 3 月 11 日，某学校无偿调入的某文物文化资产成本无法可靠取得，调入方发生相关费用 2 300 元，银行存款支付完毕。账务处理如下：

财务会计：

借：其他费用　　2 300

　　贷：零余额账户用款额度　　2 300

预算会计：

借：其他支出　　2 300

　　贷：资金结存——零余额账户用款额度　　2 300

3.26.4 接受捐赠文物文化资产的核算方法

1. 学校接受捐赠文物文化资产其成本能够确定的核算方法

取得时，按照文物文化资产成本，财务会计：借记“文物文化资产”科目，按照发生相关税费、运输费等，贷记“零余额账户用款额度”“银行存款”等科目，差额，贷记“捐赠收入”科目。按照实际支付的相关税费金额，预算会计：借记“其他支出”科目，贷记“资金结存”科目。

实例【3-176】 2019年1月19日，某学校接受捐赠的古书籍珍品，拟作为历史文物保存，市场估价298 000元，相关税费13 200元，通过零余额账户支付相关税费，账务处理如下：

成本＝298 000＋13 200＝311 200元

财务会计：

借：文物文化资产　　311 200

　　贷：零余额账户用款额度　　13 200

　　　　捐赠收入　　298 000

预算会计：

借：其他支出　　13 200

　　贷：资金结存——货币资金　　13 200

2. 学校接受捐赠成本无法可靠取得文物文化资产的核算方法

按照发生相关税费、运输费等，财务会计：借记“其他费用”科目，差额，贷记“财政拨款收入”“零余额账户用款额度”“银行存款”等科目。预算会计，按照实际支付的相关税费金额，借记“其他支出”科目，贷记“资金结存”科目。

注意：当成本无法确定时，不再按照名义金额确认文物文化资产的成本。

实例【3-177】 2019年5月29日，某学校接受捐赠的某文物文化资产成本无法可靠取得的，发生的相关税费、运输费等为1 620元，财政授权支付完毕。账务处理如下：

财务会计：

借：其他费用　　1 620

　　贷：零余额账户用款额度　　1 620

预算会计：

借：其他支出　　1 620

　　贷：资金结存——零余额账户用款额度　　1 620

3.26.5 对外捐赠文物文化资产的核算方法

对外捐赠时，将被捐赠的文物文化资产的账面价值及捐赠过程中归属于捐出方的相关费用一并转入“资产处置费用”科目中。预算会计，按照捐赠过程中发生相关费用，借记“其他支出”科目，贷记“资金结存”科目。

实例【3-178】 2019年2月19日，某学校报经批准对外捐赠文物文化资产，账面余额150 000元，本学校承担相关费用1 900元，财政授权支付完毕。账务处理如下：

财务会计：

借：资产处置费用　　151 900

　　贷：文物文化资产　　150 000

　　　　零余额账户用款额度　　1 900

预算会计：

借：其他支出　　1 900

　　贷：资金结存——零余额账户用款额度　　1 900

3.26.6 无偿调出文物文化资产的核算方法

无偿调出的文物文化资产，将报经批准无偿调出的文物文化资产的账面价值转入“无偿调拨净资产”科目中 。同时，按照无偿调出过程中发生的归属于调出方的相关费用，计入“资产处置费用”科目。预算会计，按照调出过程中发生相关费用，借记“其他支出”科目，贷记“资金结存”科目。

实例【3-179】 2019 年 2 月 19 日，某学校报经批准无偿调出文物文化资产账面余额 55 000 元，本学校经过银行支付相关费用 1 550 元。账务处理如下：

财务会计：

借：无偿调拨净资产	55 000	
贷：文物文化资产		55 000
借：资产处置费用	1 550	
贷：银行存款		1 550

预算会计：

借：其他支出	1 550	
贷：资金结存——货币资金		1 550

3. 26. 7　后续支出及清查盘点文物文化资产的核算方法

文物文化资产后续支出包括：符合文物文化资产确认条件的后续支出、不符合文物文化资产确认条件的后续支出、处置文物文化资产。

1. 文物文化资产清查盘点： 高等学校、中小学校应当定期对文物文化资产进行清查盘点，每年至少盘点一次，对于发生的文物文化资产盘盈、盘亏或者报废、毁损，应当先计入“待处理财产损溢”科目，按照规定报经批准后及时进行后续账务处理。

2. 学校发生盘盈文物文化资产的核算方法

实例【3-180】 2019 年 12 月 31 日，某学校对文物文化资产进行清查盘点，盘盈文物一件评估价 4 500 元，账务处理如下：

财务会计：

借：文物文化资产	4 500	
贷：待处理财产损溢		4 500

注意：预算会计不需要做分录。

3. 学校发生盘亏文物文化资产的核算方法

实例【3-181】 2019 年 12 月 31 日，某学校对文物文化资产进行清查盘点，盘亏一件文物账面余额 2 300 元。账务处理如下：

财务会计：

借：待处理财产损溢　　2 300

　　贷：文物文化资产　　2 300

注意：预算会计不需要做分录。

3.27 受托代理资产的核算

高等学校、中小学校在新旧制度转换时，应当将 2018 年 12 月 31 日前未入账的受托代理资产按照新制度规定记入新账。登记新账时，按照确定的受托代理资产金额，借记“受托代理资产”科目，贷记“受托代理负债”科目。

“受托代理资产”是高等学校、中小学校共用科目。

3.27.1 认识受托代理资产

受托代理资产是高等学校、中小学校接受委托方委托管理的各项资产，包括受托指定转赠的物资、受托存储保管的物资等的成本。

高等学校、中小学校收到的受托代理资产为现金和银行存款的，不通过“受托代理资产”科目核算，应当通过“库存资金”“银行存款”科目进行核算。

1. 受托代理资产的科目设置：受托代理资产科目应当按照资产的种类和委托人进行明细核算；属于转赠资产的，还应当按照受赠人进行明细核算。

高等学校应当在“1891 受托代理资产”科目下设置“应收及暂付款”“固定资产”“无形资产”明细科目。

发生涉及受托代理资金的各种应收及暂付款项时，按照实际发生金额，借记“受托代理资产——应收及暂付款”科目，贷记“银行存款——受托代理资产”“库存现金——受托代理资产”等科目；收回其他应收款项或报销时，借记“库存现金——受托代理资产”“银行存款——受托代理资产”“受托代理负债”等科目，贷记“受托代理资产——应收及暂付款”科目。

使用受托代理资金购置固定资产或无形资产时，借记“受托代理资产——固定资产”或“受托代理资产——无形资产”科目，贷记“银行存款——受托代理资产”“库存现金——受托代理资产”等科目。受托代理资产科目下“固定资产”“无形资产”不计提折旧和摊销。受托代理的固定资产、无形资产报废、转交时，按照受托代理的固定资产、无形资产账面余额，借记“受托代理负债”科目，贷记“受托代理资产”科目及其明细科目。

2. 受托代理资产的价值需要按以下标准进行计量：

- 收到的受托代理资金，按照实际收到的金额确定。
- 接受委托人委托需要转赠、存储保管、罚没的的物资，其成本按照有关凭据注明的金额确定。
- 向委托人交回或转赠受托管理的物资，其成本可比照发出存货的计量方法，采用先进先出法、加权平均法和个别计价法计算确定。

3.27.2　受托转赠代理资产的核算方法

1. 学校接受委托人委托时受托代理资产的核算方法

接受委托人委托需要转赠给受赠人的物资，其成本按照有关凭据注明的金额确定。按照确定的成本，财务会计：借记“受托代理资产”科目，贷记“受托代理负债”科目。受托协议约定由受托方承担相关税费、运输费等的，还应当按照实际支付的相关税费、办理费等金额，借记“其他费用”科目，贷记“银行存款”等科目。

实例【3-182】 2019 年 3 月 1 日，某学校接受委托人委托转赠的 30 台空调给附属幼儿园，这批空调成本为 96 500 元，运费 200 元由单位承担，财政直接支付。账务处理如下：

财务会计：

借：受托代理资产——幼儿园——空调	96 500	
贷：受托代理负债		96 500

注意：预算会计不需要做分录。

支付运费时，账务处理如下：

财务会计：

借：其他费用　200

　　贷：财政拨款收入　200

预算会计：

借：其他支出　200

　　贷：财政拨款预算收入　200

2. 学校将受托转赠物资交付受赠人时受托代理资产的核算方法

按照转赠物资的成本，财务会计：借记“受托代理负债”科目，贷记“受托借理资产”科目。

实例【3-183】 2019 年 3 月 11 日，某学校接受委托人委托转赠的 30 台空调给附属幼儿园，这批空调成本为 96 500 元，账务处理如下：

财务会计：

借：受托代理负债　96 500

　　贷：受托代理资产——幼儿园——空调　96 500

注意：预算会计不需要做分录。

3. 委托人取消对捐赠物资的转赠要求时受托代理资产的核算方法

委托人取消对捐赠物资的转赠要求，且不再收回捐赠物资的，应当将转赠物资转为单位的存货、固定资产等。按照转赠物资的成本，财务会计：借记“受托代理负债”科目，贷记“受托代理资产”科目；同时，借记“库存物资”“固定资产”等科目，贷记“其他收入”科目。

实例【3-184】 2019 年 1 月 17 日，某学校管理的受托转赠物资一批，价值 35 800 元，委托人通知学校取消了捐赠的转赠，且不再收回该批捐赠物资，该批物资由某单位作为存货进行管理。账务处理如下：

借：受托代理负债　35 800

　　贷：受托代理资产——× ×单位——× ×物资　35 800

借：库存物品　35 800
　　贷：其他收入　35 800
注意：预算会计不需要做分录。

3.28　长期待摊费用的核算

“长期待摊费用”是高等学校、中小学校共用科目。

3.28.1　认识长期待摊费用

长期待摊费用是高等学校、中小学校已经支出，但应由本期和以后各期负担的分摊期限在1年以上（不含1年）的各项费用，如以经营租赁方式租入的固定资产发生的改良支出等。

长期待摊费用的科目设置：长期待摊费用科目应当按照费用项目进行明细核算。

3.28.2　长期待摊费用的核算方法

1. 学校发生长期待摊费用时的核算方法

按照支出金额，财务会计：借记“长期待摊费用”科目，贷记“财政拨款收入”“零余额账户用款额度”“银行存款“等科目。按照受益期间摊销长期待摊费用。

按照摊销金额，预算会计：借记“单位管理费用”“经营费用”等科目，贷记“长期待摊费用”科目。

实例【3-185】 2019年1月1日，某学校租入科研用房一间，租期5年，合同约定装修及修理费用由承租方承担。某学校租入后开始装修，2019年3月1日用银行存款支付装修费用120 000元。2019年3月1日，支付装修费用，应编制会计分录如下：

财务会计：

借：长期待摊费用——经营租入固定资产的改良支出　120 000

贷：银行存款　　120 000

预算会计：

借：事业支出——科研支出　　120 000

贷：资金结存——货币资金　　120 000

2. 学校摊销长期待摊费用时的核算方法

实例【3-186】 接上例，每年摊销时，每年摊销额 = 24 000 元（120 000 ÷ 5），应编制会计分录如下：

财务会计：

借：经营费用　　24 000

贷：长期待摊费用——经营租入固定资产的改良支出　　24 000

注意：预算会计不需要做分录。

3. 学校长期待摊费用一次全部转入当期费用时的核算方法

如果某项长期待摊费用已经不能使单位受益，应当将摊余金额一次全部转入当期费用。按照摊销金额，财务会计：借记“单位管理费用”“经营费用”等科目，贷记“长期待摊费用”科目。

实例【3-187】 接上例，2021 年 1 月，经评估确认，该项长期待摊费用已经不能使单位受益，将其摊余金额一次全部转入当期费用。应编制会计分录如下：

财务会计：

借：单位管理费用　　60 000

贷：长期待摊费用　　60 000

注意：预算会计不需要做分录。

3.29 待处理财产损溢的核算

将 2018 年 12 月 31 日原账会计科目余额转入新账财务会计科目：新制

度设置了“待处理财产损溢”科目，该科目的核算内容与原账的“待处置资产损溢”科目的核算内容基本相同。转账时，高等学校、中小学校应当将原账的“待处置资产损溢”科目余额，转入新账的“待处理财产损溢”科目。

“待处理财产损溢”是高等学校、中小学校共用科目。

3.29.1　认识待处理财产损溢

待处理财产损溢是高等学校、中小学校在资产清查过程中查明的各种资产盘盈、盘亏和报废、毁损的价值。待处理财产损溢科目期末如为借方余额，反映尚未处理完毕的各种资产的净损失。待处理财产损溢科目期末如为贷方余额，反映尚未处理完毕的各种资产净溢余。年末，经批准处理后，待处理财产损溢科目一般应无余额。

高等学校、中小学校资产清查中查明的资产盘盈、盘亏、报废和毁损，一般应当先记入“待处理财产损溢”科目，按照规定报经批准后及时进行财务处理。年末结账前一般应处理完毕。

待处理财产损溢的科目设置：应当按照待处理的资产项目进行明细核算。对于在资产处理过程中取得收入或发生相关费用的项目，还应当设置“待处理财产损溢”“处理净收入”明细账目，进行明细核算。

3.29.2　发生现金溢余时待处理财产损溢的核算方法

1. 学校发生现金溢余时待处理财产损溢的核算方法

按照实际溢余金额，财务会计：借记“库存现金”科目，贷记“待处理财产损溢”科目。预算会计：借记“资金结存——货币资金”科目，贷记“其他预算收入”科目。

实例【3-188】 2019年1月17日，某学校财务部检查发现金的实际数比账面数多出550元，暂时无法查明原因。应编制会计分录如下：

财务会计：

借：库存现金　550

　　贷：待处理财产损溢——待处理财产价值　550

预算会计：

借：资金结存——货币资金　　550
　　贷：其他预算收入　　550

2. 学校发生现金溢余属于应支付给有关人员或单位时的核算方法

财务会计：借记“待处理财产损溢”科目，贷记“其他应付款”科目。

实例【3-189】 2019年1月17日，某学校财务部检查发现现金的实际数比账面数多出200元，经过调查盘盈的200元为错收学校职工李玲的现金，应予归还。应编制会计分录如下：

财务会计：

借：待处理财产损溢——待处理财产价值　　200
　　贷：其他应付款——李玲　　200

注意：预算会计不需要做分录。

3. 学校发生现金溢余属于无法查明原因时的核算方法

报经批准后，财务会计：借记“待处理财产损溢”科目，贷记“其他收入”科目。

实例【3-190】 2019年1月17日，某学校财务部检查发现现金的实际数比账面数多出310元，经过调查没有发现盘盈的原因，或无法找到还款人。应编制会计分录如下：

财务会计：

借：待处理财产损溢——待处理财产价值　　310
　　贷：其他收入　　310

注意：预算会计不需要做分录。

3.29.3 发生现金短缺时待处理财产损溢的核算方法

1. 学校发生现金短缺时待处理财产损溢的核算方法

按照实际短缺金额，财务会计：借记“待处理财产损溢”科目，贷记“库存现金”科目。

实例【3-191】 2019 年 1 月 23 日，某学校进行现金清查发现现金的实际金额比账面少 870 元，暂时无法查明原因。应编制会计分录如下：

财务会计：

借：待处理财产损溢——待处理财产价值　870

　　贷：库存现金　870

预算会计：

借：其他支出　870

　　贷：资金结存——货币资金　870

2. 学校发生现金短缺属于应由责任人赔偿或向有关人员追回时的核算方法

按照实际短缺的金额，财务会计：借记“其他应收款”科目，贷记“待处理财产损溢”科目。

实例【3-192】 2019 年 1 月 23 日，某学校进行现金清查发现现金的实际金额比账面少 870 元，经过调查发现盘亏的 870 元现金为出纳错付单位职工林静所致。应编制会计分录如下：

财务会计：

借：其他应收款——林静　870

　　贷：待处理财产损溢——待处理财产价值　870

注意：预算会计不需要做分录。

3. 学校发生现金短缺属于无法查明原因时的核算方法

报经批准核销，财务会计：借记“资产处置费用”科目，贷记“待处理财产损溢”科目。

实例【3-193】 2019 年 1 月 23 日，某学校进行现金清查发现现金实际数比账面数少 270 元，经过调查，没有发现盘亏的原因，应编制会计分录如下：

财务会计：

借：资产处置费用　270

贷：待处理财产损溢——待处理财产价值　　270

注意：预算会计不需要做分录。

3. 29. 4　盘盈非现金资产时待处理财产损溢的核算方法

资产清查：高等学校、中小学校资产清查过程中发现的存货、固定资产、无形资产、文物文化资产等各种资产盘盈、盘亏或报废、毁损，一般应当先记入“待处理财产损溢——待处理财产价值”，按照规定报经批准后及时进行账务处理。年末结账前一般应处理完毕。

1. 学校盘盈非现金资产时待处理财产损溢的核算方法

转入待处理资产时，按照确定的成本，财务会计：借记“库存物品”“固定资产”“无形资产”“公共基础设施”“政府储备物资”“文物文化资产”“保障性住房”等科目，贷记“待处理财产损溢”科目。

盘盈的流动资产，财务会计：借记“待处理财产损溢”科目，贷记“单位管理费用”科目。

实例【3-194】 2019 年 1 月 31 日，某学校月末盘盈一批库存物品，该批库存物品共计 12 800 元。转入待处理资产时，应编制会计分录如下：

财务会计：

借：库存物品　　12 800

贷：待处理财产损溢——待处理财产价值　　12 800

注意：预算会计不用作分录。

报经批准后处理时，应编制会计分录如下：

财务会计：

借：待处理财产损溢——待处理财产价值　　12 800

贷：单位管理费用　　12 800

注意：预算会计不需要做分录。

2. 单位对于盘盈的非流动资产（属于以前年度取得的）的核算方法

按照前期差错处理，财务会计：借记“待处理财产损溢”科目，贷记“以前年度盈余调整”科目。

实例【3-195】 2019年1月1日，某学校年初在资产登记时，发现一台电脑没有入账，该类电脑市场价格为5 700元，报经批准予以处理。应编制会计分录如下：

财务会计：

借：待处理财产损溢　5 700

　　贷：以前年度盈余调整　5 700

注意：预算会计不需要做分录。

3.29.5　盘亏非现金资产时待处理财产损溢的核算方法

1. 学校盘亏非现金资产转入待处理资产时的核算方法

财务会计：借记“待处理财产损溢——待处理财产价值”科目，盘亏、毁损、报废固定资产、无形资产、公共基础设施、保障性住房的，还应借记“固定资产累计折旧”“无形资产累计摊销”“公共基础设施累计折旧（摊销）”“保障性住房累计折旧”科目，贷记“库存物品”“固定资产”“无形资产”“公共基础设施”“政府储备物资”“文物文化资产”“保障性住房”“在建工程”等科目。

实例【3-196】 2019年1月28日，某学校经批准后出售不需用专用设备一套，原价150 000元，已经计提累计折旧70 000元，售价为60 000元，银行账户上已收到此笔款项。出售设备时，支付相关清理费用3 000元，通过银行存款支付，缴纳相关税费2 000元。转入待处理资产，应编制会计分录如下：

财务会计：

借：待处理财产损溢——待处理财产价值　80 000

　　固定资产累计折旧　70 000

　　贷：固定资产　150 000

注意：预算会计不需要做分录。

2. 学校处理毁损、报废非现金资产过程中取得的残值或残值变价收入、保险理赔和过失人赔偿时的核算方法

财务会计：借记“库存现金”“银行存款”“库存物品”“其他应收

款”等科目，贷记“待处理财产损溢——处理净收入”科目。

实例【3-197】 2019年1月28日，某学校经批准后出售不需用专用设备一套，原价150 000元，已经计提累计折旧70 000元，售价为60 000元，银行账户上已收到此笔款项。出售设备时，支付相关清理费用3 000元，通过银行存款支付。缴纳相关税费2 000元。取得变价收入时，应编制会计分录如下：

财务会计：

借：银行存款　　60 000

　　贷：待处理财产损溢——处理净收入　　60 000

注意：预算会计不需要做分录。

3. 学校处理毁损、报废实物资产过程中发生相关费用时的核算方法

财务会计：借记“待处理财产损溢——处理净收入”科目，贷记“库存现金”“银行存款”等科目。

实例【3-198】 2019年1月28日，某学校经批准后出售不需用专用设备一套，原价150 000元，已经计提累计折旧70 000元，售价为60 000元，银行账户上已收到此笔款项。出售设备时，支付相关清理费用3 000元，通过银行存款支付。缴纳相关税费2 000元。发生相关费用时，应编制会计分录如下：

财务会计：

借：待处理财产损溢——处理净收入　　5 000

　　贷：银行存款　　3 000

　　　　其他应交税费　　2 000

注意：预算会计不需要做分录。

4. 学校盘亏资产处理收入大于相关费用时的核算方法

按照处理收入减去相关费用后的净收入，财务会计：借记“待处理财产损溢——处理净收入”科目，贷记“应缴财政款”等科目。报经批准处理时，借记“资产处置费用”科目，贷记“待处理财产损溢——待处理财产价值”科目。

实例【3-199】 2019 年 1 月 28 日，某学校经批准后出售不需用设备一套，原价 150 000 元，已经计提累计折旧 70 000 元，售价为 60 000 元，银行账户上已收到此笔款项。出售设备时，支付相关清理费用3 000 元，通过银行存款支付。缴纳相关税费 2 000 元。

（1）处理收入大于相关费用时，应编制会计分录如下：

财务会计：

借：待处理财产损溢——处理净收入　　55 000

　　贷：应缴财政款　　55 000

注意：预算会计不需要做分录。

（2）上缴款项时，应编制会计分录如下：

财务会计：

借：应缴财政款　　55 000

　　其他应交税费　　2 000

　　贷：银行存款　　57 000

（3）报经批准处理时，应编制会计分录如下：

财务会计：

借：待处理财产损溢——待处理财产价值　　80 000

　　固定资产累计折旧　　70 000

　　贷：固定资产　　150 000

借：资产处置费用　　80 000

　　贷：待处理财产损溢——待处理财产价值　　80 000

注意：预算会计不需要做分录。

5. 学校盘亏资产处理收入小于相关费用时的核算方法

按照相关费用减去处理收入后的净支出，财务会计：借记“资产处置费用”科目，贷记“待处理财产损溢——处理净收入”科目。预算会计：借记“其他支出”科目，贷记“资金结存”等（支付的处理净支出）。

第 4 章　负债类科目核算

本章主要讲述负债类科目共 15 项，包括短期借款、应交增值税、其他应交税费、应缴财政款、应付职工薪酬、应付票据、应付账款、应付利息、预收账款、其他应付款、预提费用、长期借款、长期应付款、预计负债、受托代理负债。

4.1　负 债 概 述

负债是指高等学校、中小学校所承担的能以货币计量，需要以资产或者劳务偿还的债务。

高等学校、中小学校应当对不同性质的负债分类管理，及时清理并按照规定办理结算，保证各项负债在规定期限内归还。应当建立健全财务风险控制机制，规范和加强借入款项管理，严格执行审批程序。

4.1.1　认识负债

负债是指高等学校、中小学校过去的经济业务或者事项形成的，预期会导致经济资源流出政府会计主体的现时义务。现时义务，是指在现行条件下已承担的义务。未来发生的经济业务或者事项形成的义务不属于现时义务，不应当确认为负债。

现时义务包括法定义务和推定义务。法定义务，是指因合同、法律法规或其他司法解释等产生的义务。

推定义务，是指根据以往的习惯做法、已公布的政策或者已公开的承诺或声明，向其他方表明其将承担并且其他方也合理预期将履行的相关义务。

负债的确认条件：履行该义务很可能导致含有服务潜力或者经济利益的经济资源流出政府会计主体；该义务的金额能够可靠地计量。

负债的计量属性包括三项，即历史成本、现值和公允价值。

在历史成本计量下，负债按照因承担现实义务而实际收到的款项或者资产的金额，或者承担现实义务的合同金额，或者按照为偿还负债预期需要支付的现金计量。

在现实计量下，负债按照预计期限内需要偿还的未来净现金流出量的折现金额计量。

在公允价值计量下，负债按照市场参与者在计量日发生的有序交易中，转移负债所需支付的价格计量。

政府会计主体在对负债进行计量时，一般应当采用历史成本。

采用现值、公允价值计量的，应当保证所确定的负债金额能够持续、可靠计量。

4.1.2　负债的分类

负债的科目总共 15 个科目。负债按流动性分为流动负债和非流动负债。流动负债是指预计在 1 年内（含 1 年）偿还的负债，包括短期借款、应交增值税、其他应交税费、应缴财政款、应付职工薪酬、应付票据、应付账款、应付利息、预收账款、其他应付款。非流动负债是指流动负债以外的负债，包括预提费用、长期借款、长期应付款、预计负债、受托代理负债。

4.1.3　认识政府举借债务

政府举借债务是政府会计主体通过各种融资活动形成的借款，包括政府债务以及事业单位等的借入款项。

1. 政府债务包括：政府财政部门以政府名义发行的政府债券；以政府名义向外国政府、国际经济组织等借入的款项；以及向上级政府财政借入转贷资金形成的借入转贷款。

事业单位等政府会计主体的借入款项，是指事业单位等政府会计主体从银行等金融机构借入的款项。

对于举借债务，政府会计主体应当在与债权人签订借款合同并取得举借资金时予以确认。

2. 举借债务初始确认时，应当按照借款的实际发生额计量

对于借入款项，初始确认时应当按照借款本金计量；对于发行的政府债券，初始确认时一般应当按照债券面值计量；债券面值与发行价款的差额应当计入当期费用。

3. 因举借债务发生的借款费用分别计入工程成本或当期费用

借款费用，是指政府会计主体因举借债务而发生的利息及其他相关费用，包括借款利息、辅助费用以及因外币借款而发生的汇兑差额等。其中，辅助费用是指政府会计主体在举借债务过程中发生的诸如手续费、佣金等费用。

事业单位等政府会计主体为购建固定资产、公共基础设施而借入专门借款的，对于发生的专门借款费用，应当按照借款费用减去尚未动用的借款资金产生的利息收入后的金额，属于工程项目建设期间发生的，计入工程成本；属于工程完工交付使用后发生的，计入当期费用。

政府会计主体应当按照借款本金（或债券面值）和合同约定的利率（或债券票面利率）按期计提举借债务的利息。

对于流动负债的举借债务以及属于非流动负债的分期付息、一次还本的举借债务，应当将计算确定的应付未付利息确认为流动负债，计入应付利息；对于其他举借债务，应当将计算确定的应付未付利息确认为非流动负债，计入相关非流动负债的账面余额。

4. 政府会计主体应当在偿还举借债务本息时，冲减相关债务或应付利息的账面余额

其他主体代政府会计主体偿还、债权人减免偿还，或因债权单位撤销等其他原因致使政府会计主体无法偿付举借债务时，政府会计主体应当冲减相关债务或应付利息的账面余额，并相应确认当期收入。

4.2 短期借款的核算

将2018年12月31日原账会计科目余额转入新账财务会计科目：新制度设置了“短期借款”科目，这些科目的核算内容与原账的上述相应科目的核算内容基本相同。转账时，高等学校和非义务教育中小学校应当将原账的上述科目余额直接转入新账的相应科目。

“短期借款”是高等学校、中小学校共用科目。

4.2.1　认识短期借款

短期借款是高等学校、中小学校经批准向银行或其他金融机构等借入的期限在 1 年内（含 1 年）的各种借款。

短期借款的科目设置：应当按照债权人和借款种类进行明细核算。本科目贷方余额，反映高等学校和非义务教育中小学校尚未偿还的短期借款本金。

4.2.2　短期借款的核算方法

实例【4-1】 2019 年 3 月 1 日，某学校为满足建造学生宿舍楼的资金需求，从某银行借入 200 000 元，借款期限 8 个月，年利率 6%。

（1）借入款项时，应编制会计分录如下：

财务会计：

借：银行存款	200 000	
贷：短期借款		200 000

预算会计：

借：资金结存——货币资金	200 000	
贷：债务预算收入		200 000

（2）到期归还上述短期借款，并支付借款利息，应编制会计分录如下：

借款利息 = 200 000 × 6% × (8 ÷ 12) = 8 000 元

财务会计：

借：其他费用	8 000	
短期借款	200 000	
贷：银行存款		208 000

预算会计：

借：其他支出	8 000	
债务还本支出	200 000	
贷：资金结存——货币资金		208 000

4.3 应交增值税的核算

将 2018 年 12 月 31 日原账会计科目余额转入新账财务会计科目：新制度设置了“应交增值税”和“其他应交税费”科目，原制度设置了“应缴税费”科目。转账时，高等学校、中小学校应当将原账的“应缴税费——应缴增值税”科目余额，转入新账“应交增值税”科目中的相关明细科目。

“应交增值税”是高等学校、中小学校共用科目。

4.3.1 认识应交增值税

应交增值税：高等学校、中小学校按照税法规定计算应交纳的增值税。期末若贷方余额，反映高等学校、中小学校应交未交的增值税，期末如为借方余额，反映尚未抵扣或多交的增值税。

增值税是以商品（含应税劳务）在流转过程中产生的增值额作为计税依据而征收的一种流转税。从计税原理上说，增值税是对商品生产、流通、劳务服务中多个环节的新增价值或商品的附加值征收的一种流转税。实行价外税，也就是由消费者负担，有增值才征税，没增值不征税。

《中华人民共和国增值税暂行条例》将纳税人按其经营规模大小以及会计核算是否健全划分为一般纳税人和小规模纳税人。小规模纳税人是指年销售额在规定标准以下，并且会计核算不健全，不能按规定报送税务资料的增值税纳税人。

1. 应交增值税的科目设置

为了核算高等学校、中小学校应交增值税的发生、抵扣、进项转出、计提、交纳、退还等情况，一般纳税人在“应交增值税”明细账的借、贷方设置分析项目，在借方分析栏内设“进项税额”“已交税金”“转出未交增值税”等项目；在贷方分析栏内设“销项税额”“出口退税”“进项税额转出”“转出多交增值税”等项目。

- “进项税额”，记录高等学校、中小学校购入货物或接受应税劳务而支付的、准予从销项税额中抵扣的增值税额。购入货物或接受应税劳务支付的进项税额，用蓝字登记；退回所购货物应冲销的进项税额，用红字登记。

- “已交税金”专栏，记录高等学校、中小学校已交纳的增值税额。已交纳的增值税额用蓝字登记；退回多交的增值税额用红字登记。
- “销项税额”专栏，记录高等学校、中小学校销售货物或提供应税劳务应收取的增值税额。销售货物或提供应税劳务应收取的销项税额，用蓝字登记；退回销售货物应冲销销项税额，用红字登记。
- “出口退税”专栏，记录高等学校、中小学校出口适用零税率的货物，向海关办理报关出口手续后，凭出口报关单等有关凭证，向税务机关申报办理出口退税而收到退回的税款。出口货物退回的增值税额，用蓝字登记；出口货物办理退税后发生退货或者退关而补交已退的税款，用红字登记。
- “进项税额转出”专栏，记录高等学校、中小学校的购进货物、在产品、产成品等发生非正常损失以及其他原因而不应从销项税额中抵扣，按规定转出的进项税额。
- 在“应交增值税”科目下还需设“转出未交增值税”和“转出多交增值税”专栏，分别记录一般纳税单位月终转出未交或多交的增值税。

2. 一般纳税人在应交税金下设置“未交税金”明细账

将多缴税金从“应交增值税”的借方余额中分离出来，解决了多缴税额和未抵扣进项税额混为一谈的问题，使增值税的多缴、未缴、应纳、欠税、留抵等项目一目了然，为申报表的正确编制提供了条件。

4.3.2 取得资产或接受劳务等业务应交增值税的核算方法

1. 学校发生采购等业务进项税额允许抵扣时应交增值税的核算方法

学校购买用于增值税应税项目的资产或服务等时，按照应计入相关成本费用或资产的金额。财务会计：借记“单位管理费用”“库存物品”“固定资产”“在建工程”“工程物资”“应交增值税——应交税金——进项税额（当月认证当月可抵扣的税额）”“应交增值税——待抵扣进项税额（当月未认证的可抵扣的税额）”等科目，贷记“应付账款”“银行存款”“零余额账户用款额度”等科目。预算会计按照支付情况进行账务处理。

实例【4-2】 2019 年 3 月 28 日，某学校的管理人员因公出差发生住宿费支出，取得一张增值税专用发票，住宿费支出金额 4 000 元，税额 200 元，通过银行存款支付，2019 年 3 月 28 日报销时未认证，在 2019 年 4 月 18 日增值税专用发票认证通过。

（1）2019 年 3 月 28 日报销时未认证，应编制会计分录如下：

财务会计：

借：单位管理费用　　4 000

　　应交增值税——待抵扣进项税额（当月未认证的可抵扣的税额）　　200

　　贷：银行存款　　4 200

预算会计：

借：事业支出——行政管理支出　　4 200

　　贷：资金结存——货币资金　　4 200

（2）2019 年 4 月 18 日增值税专用发票认证通过，应编制会计分录如下：

财务会计：

借：应交增值税——应交税金——进项税额（当月认证当月可抵扣的税额）　　200

　　贷：应交增值税——待抵扣进项税额（当月未认证的可抵扣的税额）　　200

注意：预算会计不需要做分录。

发生退货的，如原增值税专用发票已做认证，应根据税务机关开具的红字增值税专用发票做相反的会计分录，如原增值税专用发票未做认证，应将发票退回并做相反的会计分录。

小规模纳税人购买资产或服务等时不能抵扣增值税，发生的增值税计入资产成本或相关费用。

2. 学校发生采购等业务进项税额不得抵扣时应交增值税的核算方法

学校购进资产或服务等，用于简易计税方法计税项目、免征增值税项目、集体福利或个人消费等，其进项税额按照现行增值税制度规定不得从销项税额中抵扣的。若取得普通发票，发生的增值税计入资产成本或相关费用。

取得增值税专用发票时，财务会计：借记“单位管理费用”“库存物品”“固定资产”“在建工程”“工程物资”“应交增值税——待认证进项税额”等科目，贷记“应付账款”“银行存款”“零余额账户用款额度”等科目；预算会计：借记“事业支出”“经营支出”等科目，贷记“资金结存”“财政拨款预算收入”等科目。

经税务机关认证为不可抵扣进项税时，财务会计：借记“应交增值税——应交税金——进项税额”科目，贷记“应交增值税——待认证进项税额”科目，注意：预算会计不需要做分录。

同时，税额不可以抵扣，财务会计：借记“单位管理费用”“库存物品”“固定资产”“在建工程”“工程物资”等科目，贷记“应交增值税——应交税金——进项税额转出”科目。

实例【4-3】 2019 年 3 月 28 日，某学校的管理人员出差发生餐饮费支出，取得一张增值税专用发票，餐饮费支出金额 4 400 元，税额 264 元，通过银行存款支付。2019 年 3 月 28 日报销时未认证，在 2019 年 4 月 18 日发票认证通过。应编制会计分录如下：

（1）报销时未认证，

财务会计：

借：单位管理费用　　4400

　　应交增值税——待认证进项税额（当月未认证的可抵扣的税额）　　264

　　贷：银行存款　　4 664

预算会计：

借：事业支出——行政管理支出　　4 664

　　贷：资金结存——货币资金　　4 664

（2）2019 年 4 月 18 日，认证通过，

财务会计：

借：应交增值税——应交税金——进项税额（当月已认证的可抵扣的税额）　　264

贷：应交增值税——待认证进项税额（当月未认证的可抵扣的税额） 264

（3）同时餐饮支出不可以抵扣进项税额，

财务会计：

借：单位管理费用 264

贷：应交增值税——应交税金——进项税额转出 264

注意：预算会计不需要做分录。

4.3.3 购进不动产或不动产在建工程按照规定进项税额分年抵扣应交增值税的核算方法

税法规定：适用一般纳税人计税方法的试点纳税人，2016 年 5 月 1 日后单位取得并在会计制度上按固定资产核算的不动产或者不动产在建工程，其进项税额应自取得之日起分两年从销项税额中抵扣，第一年抵扣比例为 60%，第二年抵扣比例为 40%；涉及“应交增值税——应交税金——进项税额”“应交增值税——待抵扣进项税额”两个科目。

实例【4-4】 2019 年 3 月 28 日，某学校购进一栋不动产作为教学楼使用，并作为固定资产核算，取得销售方开具的增值税专用发票上记载的金额为 1000 000 元，税额为 100 000 元，款项已通过银行存款支付。

（1）取得专用发票且认证抵扣时同时抵扣 60% 部分，应编制会计分录如下：

财务会计：

借：固定资产 1 000 000

应交增值税——应交税金——进项税额（当月已认证的可抵扣的税额） 60 000

应交增值税——待认证进项税额（当月未认证的可抵扣的税额） 40 000

贷：银行存款 1 100 000

预算会计：

借：事业支出——教育支出 1 100 000

贷：资金结存——货币资金 1 100 000

（2）取得抵扣凭证的当月起第 13 个月，待抵扣进项税额允许抵扣，应编制会计分录如下：

财务会计：

借：应交增值税——应交税金——进项税额（当月已认证的可抵扣的税额）　40 000

　　贷：应交增值税——待抵扣进项税额（当月未认证的可抵扣的税额）　40 000

注意：预算会计不需要做分录。

4.3.4　进项税额抵扣情况发生变化应交增值税的核算方法

1. 学校因发生非正常损失或改变用途时应交增值税的核算方法

原已计入进项税额，待抵扣进项税额或待认证税额，税法规定不得从销项税额中抵扣，应将发生的税额结转到“待处理财产损溢”“固定资产”“无形资产”等科目中，相反情况做相关的分录即可，固定资产、无形资产等经过上述调整后，应按照调整后的账面价值在剩余尚可使用年限内计提折旧或摊销。

2. 学校购进时已全额计入进项税额的货物或服务等转用于不动产在建工程时应交增值税的核算方法

对于结转以后期间的进项税额，财务会计：应借记“应交增值税——待抵扣进项税额”科目，贷记“应交增值税——应交税金——进项税额转出”科目。

实例【4-5】 2018 年 4 月 10 日，某学校购进钢材一批用于生产自主研发的新产品，取得增值税专用发票并认证相符，专用发票上注明的金额为 5 000 000 元，税额 800 000 元，款项通过银行存款支付，因购进该批钢材时未决定是否用于不动产（可能用于销售）因此在购进的当期全额抵扣进项税额。2018 年 7 月 10 日，经批准该批钢材用于原值 1 000 万元的办公大楼的改造。

（1）2018 年 4 月 10 日，购入钢材取得增值税专用发票并认证相符，应编制会计分录如下：

财务会计：

借：库存物品——钢材　　5 000 000

　　应交增值税——应交税金——进项税额（当月已认证的可抵扣的税额）　　800 000

　　贷：银行存款　　5 800 000

预算会计：

借：事业支出——科研支出　　5 800 000

　　贷：资金结存——货币资金　　5 800 000

（2）2018 年 7 月 10 日，将该批钢材用于原值 1 000 万元的办公大楼的改造，2019 年 7 月 10 日转用时，进项税额转出金额 = 800 000 × 40% = 320 000，应编制会计分录如下：

财务会计：

借：应交增值税——待抵扣进项税额（当月未认证的可抵扣的税额）　　320 000

　　贷：应交增值税——应交税金——进项税额转出（当月已认证的可抵扣的税额）　　320 000

注意：预算会计不需要做分录。

（3）2019 年 7 月尚未抵扣的进项税额允许抵扣时，应编制会计分录如下：

财务会计：

借：应交增值税——应交税金——进项税额（当月已认证的可抵扣的税额）　　320 000

　　贷：应交增值税——待抵扣进项税额（当月未认证的可抵扣的税额）　　320 000

注意：预算会计不需要做分录。

4.3.5 购买方作为扣缴义务人应交增值税的核算方法

实例【4-6】 2018 年 4 月 10 日，某学校支付境外单位讲课费 106 000 元，该项服务属于在境内发生应税行为，境外单位在境内未设有经营机构，由该一般纳税人代扣代缴增值税的税额为 6 000 元，取得代收代缴款凭证和完税证明。应编制会计分录如下：

（1）发生代扣代缴义务时：

财务会计：

借：业务活动费用　100 000

应交增值税——应交税金——进项税额（当月已认证的可抵扣的税额）　6 000

贷：银行存款　100 000

应交增值税——代扣代交增值税　6 000

预算会计：

借：事业支出——教育支出　100 000

贷：资金结存——货币资金　100 000

（2）实际缴纳代扣代缴税款时：

财务会计：

借：应交增值税——代扣代交增值税　6 000

贷：银行存款　6 000

预算会计：

借：事业支出——教育支出　6 000

贷：资金结存——货币资金　6 000

4.3.6　销售产品或提供服务等业务应交增值税的核算方法

1. 学校销售资产或提供服务业务时应交增值税的核算方法

实例【4-7】　2018年4月20日，某学校外卖本单位参与生产加工过程的小型机器设备，取得收入58 000元（含税），款项已存入银行，应编制会计分录如下：

财务会计：

借：银行存款　58 000

贷：经营收入　50 000

应交增值税——应交税金——销项税额　8 000

预算会计：

借：资金结存——货币资金　58 000

贷：经营预算收入　58 000

若选择简易计税办法计税，把上列“应交增值税——应交税金——销项税额”科目，转为“应交增值税——简易计税”科目；若发生销售退回的，按照规定开具的红字增值税专用发票做相反的会计分录。

2. 学校销售资产或提供服务业务，财税收入确认时间不同时财务处理时应交增值税的核算方法

按照本制度及相关政府会计准则确认收入的时点早于按照增值税制度确认增值税纳税义务发生时点的，先通过“应交增值税——待转销项税额”科目核算。

实例【4-8】 2018 年 3 月 1 日，某学校整体租入一幢商住楼，2018 年 6 月 1 日将三楼出租给某企业，每年含税租金 1 320 000 元，适用税率为 10%，约定租金按年租金支付，于 1 年租期的期末 1 个月支付，该单位 2019 年 5 月收取 2018 年 6 月——2019 年 5 月租金，按规定开具增值税专用发票。应编制会计分录如下：

(1) 2018 年 6 月——2019 年 5 月每月账务处理：

每月含税租金：1 320 000 元 ÷ 12 = 110 000 元

财务会计：

借：应收账款	110 000	
贷：租金收入		100 000
应交增值税——待转销税额		10 000

注意：预算会计不需要做分录。

(2) 2019 年 5 月收到租金后开具增值税专用发票时：

财务会计：

借：银行存款	1 320 000	
贷：应收账款		1 320 000

预算会计：

借：资金结存——货币资金	1 320 000	
贷：其他预算收入——租金收入		1 320 000

按照本制度及相关政府会计准则确认收入的时点晚于按照增值税制度确认增值税纳税义务发生时点的，先将“应交增值税——应交税金——销项税额”和“应交增值税——简易计税”科目计入“应收账款”科目核算。

实例【4-9】 2019 年 6 月 1 日，某学校出租一栋不动产收取 2 年租金 523 200 元，适用一般纳税方法计税，已向承租方开具增值税专用发票，金额为 480 000 元，税额为 43 200 元。

(1) 2019 年 6 月 1 日开具发票，应编制会计分录如下：

财务会计：

借：银行存款	523 200	
贷：预收账款		480 000
应交增值税——应交税金——销项税额		43 200

预算会计：

借：资金结存——货币资金	523 200	
贷：其他预算收入		523 200

(2) 每月确认的收入 = 480 000/24 = 20 000

财务会计：

借：预收账款	20 000	
贷：租金收入		20 000

注意：预算会计不需要做分录。

4.3.7 月末转出多交增值税和未交增值税的核算方法

月度终了，学校应当将当月应交未交或多交的增值税自应交税金明细科目转入未交税金明细科目。

1. 月末对于学校当月应交未交的增值税的核算方法

实例【4-10】 2019 年 6 月 11 日，某学校本月发生的增值税销项税额为 106 000 元，进项税额为 68 000 元，假设不考虑其他情况，应编制会计分录如下：

财务会计：

借：应交增值税——应交税金——转出未交增值税	38 000

贷：应交增值税——未交税金　　38 000

注意：预算会计不需要做分录。

2. 月末对于学校当月多交的增值税的核算方法

实例【4-11】 2019年6月22日，某学校本月发生的增值税销项税额为122 000元，进项税额为68 000元，已交税金60 000元，假设不考虑其他情况，应编制会计分录如下：

财务会计：

借：应交增值税——应交税金——未交税金　　6 000

贷：应交增值税——应交税金——转出多交增值税　　6 000

注意：预算会计不需要做分录。

4.3.8 交纳当月应交的增值税的核算方法

财务会计：通过“应交增值税——应交税金——已交税金”科目核算“应交增值税”科目。

实例【4-12】 2019年6月30日，某学校本月发生的增值税销项税额为102 000元，进项税额为68 000元，应交增值税34 000元，用银行存款缴纳20 000元，还有14 000元应交增值税未缴纳，假设不考虑其他情况，应编制会计分录如下：

(1) 本月应纳税额＝102 000－68 000＝34 000元

财务会计：

借：应交增值税——应交税金——转出未交增值税　　34 000

贷：应交增值税——未交税金　　34 000

(2) 本月已缴纳20 000元，

财务会计：

借：应交增值税——应交税金——已交税金　　20 000

贷：银行存款　　20 000

预算会计：

借：事业支出　　20 000

贷：资金结存——货币资金　　20 000

（3）本月应交未交增值税14 000元，

财务会计：

借：应交增值税——应交税金——转出未交增值税　　14 000

　　贷：应交增值税——未交税金　　14 000

注意：预算会计不需要做分录。

4.3.9　交纳以前期间未交增值税的核算方法

学校交纳以前期间未交的增值税，通过"应交增值税——未交税金"科目核算。

实例【4-13】　2019年7月10日，某学校7月份发生的增值税销项税额为40 000元，进项税额为58 000元，已用银行存款交纳6月份增值税8 000元，应编制会计分录如下：

财务会计：

借：应交增值税——未交税金　　8 000

　　贷：银行存款　　8 000

预算会计：

借：事业支出——其他事业支出　　8 000

　　贷：资金结存——货币资金　　8 000

4.3.10　减免增值税的核算方法

减免增值税，应通过"应交增值税——应交税金——减免税额"科目核算。

实例【4-14】　2019年6月1日，某学校用银行存款支付初次购买增值税税控系统专用设备支付的费用2 260元，购买打印机4520元以及缴纳技术维护费800元，取得增值税专用发票。不含税金额＝2 260÷1.13＋4 520÷1.13＋800÷1.06＝6 754.72元，应纳税额＝2 260＋4 520＋800－6 754.12＝825.28元。

（1）初次购买时：

财务会计：

借：单位管理费用　　825.28
　　固定资产　　6 754.72
　　应交增值税——应交税金——进项税额（13%）　　780
　　应交增值税——应交税金——进项税额（6%）　　45.28
　　贷：银行存款　　7 580
借：单位管理费用
　　（2260/1.13×0.13+800/1.06×0.06）305.28
　　贷：应交增值税——应交税金——进项税额转出　　305.28
预算会计：
借：事业支出　　7 580
　　贷：资金结存——货币资金　　7 580
（2）在增值税应纳税额中全额抵减时，
财务会计：
借：应交增值税——应交税金——减免税额
　　（2 260+800）3 060
　　贷：单位管理费用　　3060
注意：预算会计不需要做分录。

4.4　其他应交税费的核算

将2018年12月31日原账会计科目余额转入新账财务会计科目：新制度设置了“应交增值税”和“其他应交税费”科目，原制度设置了“应缴税费”科目。转账时，高等学校、中小学校应当将原账的“应缴税费——应缴增值税”科目余额，转入新账“应交增值税”科目中的相关明细科目；将原账的“应缴税费”科目余额减去属于应缴增值税余额后的差额，转入新账的“其他应交税费”科目。

“其他应交税费”是高等学校和中小学共用科目。

4.4.1　认识其他应交税费

其他应交税费是核算高等学校、中小学校按照国家税法等有关规定定计算应当交纳的除了增值税以外的各种税费，城建税、教育费附加、地方教育费附加、房产税、土地使用税、企业所得税等。

其他应交税费的科目设置：明细科目按照应纳税费种类设置。发生时，借记“单位管理费用”“经营费用”“所得税费用”等科目，贷记“其他应交税费——明细科目”等；交税时，借记“其他应交税费——明细科目”，贷记“银行存款”等科目。

高等学校、中小学校代扣代缴的个人所得税，虽然纳税义务属于个人，但是单位负有代扣代缴义务，也通过“其他应交税费——应交个人所得税”科目核算。

高等学校、中小学校应交纳的印花税不需要预提应交税费，直接通过“单位管理费用”“经营费用”等科目核算，不通过本科目核算。

4.4.2　个人所得税的核算方法

学校代扣代缴支付给职工以外人员劳务费的个人所得税，财务会计：借记“单位管理费用”“经营费用”科目，贷记“其他应交税费——应交个人所得税”科目。

实例【4-15】 2019 年 1 月，某学校由财政统一发放职工薪酬，代扣代缴个人所得税 36 000 元，应编制会计分录如下：

财务会计：

借：应付职工薪酬——工资　　36 000

　　贷：其他应交税费——应交个人所得税　　36 000

注意：预算会计不需要做分录。

用银行存款实际缴纳时，

财务会计：

借：其他应交税费——应交个人所得税　　36 000

　　贷：银行存款　　36 000

预算会计：

借：事业支出——教育支出　　36 000

　　贷：资金结存——货币资金　　36 000

4.5　应缴财政款的核算

将2018年12月31日原账会计科目余额转入新账财务会计科目：新制度设置了“应缴财政款”科目，原制度设置了“应缴国库款”“应缴财政专户款”科目。转账时，高等学校、中小学校应当将原账的“应缴国库款”“应缴财政专户款”科目余额转入新账的“应缴财政款”科目。

“应缴财政款”是高等学校、中小学校共用科目。

4.5.1　认识应缴财政款

应缴财政款是高等学校、中小学校取得或应收的按照规定应当上缴财政的款项，包括行政事业性收费、政府性基金、国有资产处置和出租收入等。应缴财政款，是指高等学校、中小学校暂时收取、按规定应当上缴国库或财政专户的款项而形成的负债。核算高等学校、中小学校取得或应收的按照规定应当上缴财政的款项，包括应缴国库的款项和应缴财政专户的款项。应缴财政款科目期末贷方余额，反映应当上缴财政但尚未缴纳的款项。年终清缴后，本科目一般应无余额。

1. 不通过“应缴财政款”核算：高等学校、中小学校按照国家税法等有关规定应当缴纳的各种税费，通过“应交增值税”“其他应交税费”科目核算，不通过“应缴财政款”核算。

2. 应缴财政款的分类：

- 根据收费性质不同，应缴财政款分为应缴国库款和应缴财政专户。应缴国库款具体包括：罚没收入、政府性基金、行政事业性收费、国有资产处置收入等；应缴财政专户：目前仅限教育收费，包括高中以上学费、住宿费、高校委托培养费；党校收费，教育考试考务费；函大、电大、夜大及短训班培训费。
- 收缴管理方式不同，分为集中汇缴和直接缴库。

3. 应缴财政款的科目设置：应当按照应缴财政款项的类别进行明细核算。

4.5.2　集中汇缴应缴财政款的核算方法

1. 学校取得非税收入集中汇缴、缴入专户时应缴财政款的核算方法

缴入专户时应缴财政款：目前仅限教育收费，包括高中以上学费、住宿费、高校委托培养费；党校收费，教育考试考务费；函大、电大、夜大及短训班培训费。

实例【4-16】 2019年6月3日，某学校收到学生住宿费100 000元，该学校实行集中汇缴方式，应编制会计分录如下：

财务会计：

借：银行存款　100 000

　贷：应缴财政款——非税收入——应缴财政专户款——教育事业性收入——学生住宿费　100 000

注意：预算会计不需要做分录。

缴入非税收入财政专户，应编制会计分录如下：

财务会计：

借：应缴财政款——非税收入——应缴财政专户款——教育事业性收入——学生住宿费　100 000

　贷：银行存款　100 000

注意：预算会计不需要做分录。

2. 学校通过用款计划申请，取得返还收入时应缴财政款的核算方法

实例【4-17】 接上例，7月5日，该学校通过用款计划申请，取得返回收入为10万元（资金实拨到基本户）。取得财政返还收入，应编制会计分录如下：

财务会计：

借：银行存款　100 000

　贷：事业收入——教育事业收入　100 000

预算会计

借：资金结存——货币资金　100 000

　贷：事业预算收入　100 000

3. 学校上缴的非税收入经单位申报用款计划，按财政部门批准的用款额度（纳入国库集中支付）时应缴财政款的核算方法

实例【4-18】 2019 年 9 月 1 日，某学校取得学生学费，金额 60 万元。

（1）按照规定应缴财政的款项，应编制会计分录如下：

财务会计

借：银行存款　　600 000

　　贷：应缴财政款　　600 000

注意：预算会计不需要做分录。

（2）9 月 3 日，该学校上缴应缴财政的款项 60 万元。应编制会计分录如下：

财务会计

借：应缴财政款　　600 000

　　贷：银行存款　　600 000

注意：预算会计不需要做分录。

（3）取得财政返还收入，应编制会计分录如下：

财务会计：

借：零余额账户用款额度　　600 000

　　贷：事业收入——教育事业收入　　600 000

预算会计：

借：资金结存——零余额账户用款额度　　600 000

　　贷：事业预算收入　　600 000

4.5.3 款项暂时未取得应缴财政款的核算方法

实例【4-19】 2019 年 8 月 23 日，某学校收取学生住宿费，款项 20 800 元未取得。应编制会计分录如下：

财务会计：

借：应收账款　　20 800

　　贷：应缴财政款　　20 800

注意：预算会计不需要做分录。

(1) 8 月 24 日，收到应收款 20 800 元。应编制会计分录如下：

财务会计：

借：银行存款　　20 800

　　贷：应收账款　　20 800

注意：预算会计不需要做分录。

(2) 8 月 25 日，上交财政 20 800 元。应编制会计分录如下：

财务会计：

借：应缴财政款　　20 800

　　贷：银行存款　　20 800

注意：预算会计不需要做分录。

(3) 8 月 29 日，取得财政返还收入 20 800 元。应编制会计分录如下：

财务会计：

借：银行存款　　20 800

　　贷：事业收入——教育事业收入　　20 800

预算会计：

借：资金结存——货币资金　　20 800

　　贷：事业预算收入　　20 800

4.5.4　处置资产净收入应缴财政款的核算方法

实例【4-20】 2019 年 8 月 24 日，某学校处置资产取得的应上缴财政的处置净收入 3 610 元。处理收支结清，处理收入大于相关费用，应编制会计分录如下：

财务会计：

借：待处理财产损溢——处理净收入　　3 610

　　贷：应缴财政款　　3 610

注意：预算会计不需要做分录。

4.6 应付职工薪酬的核算

将 2018 年 12 月 31 日原账会计科目余额转入新账财务会计科目：新制度设置了“应付职工薪酬”科目，这些科目的核算内容与原账的上述相应科目的核算内容基本相同。转账时，高等学校、中小学校应当将原账的上述科目余额直接转入新账的相应科目。

“应付职工薪酬”是高等学校和中小学共用科目。

4.6.1 认识应付职工薪酬

应付职工薪酬是高等学校、中小学校按照有关规定应付给职工（含长期聘用人员）及为职工支付的各种薪酬，包括基本工资、国家统一规定的津贴补贴、绩效工资、改革性补贴、社会保险费（基本养老保险、职业年金、基本医疗保险）、住房公积金等。

应付职工薪酬的科目设置：按照“基本工资”“津贴补贴”“绩效工资”“社会保险费”“住房公积金”“其他个人收入”等科目。

注意：“社会保险费”“住房公积金”明细科目核算内容包括高等学校、中小学校从职工工资中代扣代缴的社会保险费、住房公积金以及单位为职工计算缴纳的社会保险费、住房公积金。

4.6.2 应付职工薪酬的核算方法

1. 学校计算确认当期应付职工薪酬时的核算方法

按照职工的服务内容，财务会计：借记：“单位管理费用”“经营费用”“在建工程”“加工物资”“研发支出”等科目；贷记“应付职工薪酬”科目。

注意：因解除与职工的劳动关系而给予的补偿，借记“单位管理费用”科目。

2. 学校向职工支付工资、津贴补贴等薪酬时的核算方法

向职工支付工资薪酬，财务会计：借记“应付职工薪酬”科目，贷记

“财政拨款收入”科目；预算会计：借记“事业支出”科目，贷记“财政拨款预算收入”科目。

3. 学校发生代扣款项时应付职工薪酬的核算方法

- 代扣职工个人所得税，按照税法规定代扣职工个人所得税时，财务会计：借记“应付职工薪酬——基本工资”科目，贷记“其他应交税费——应交个人所得税”科目。
- 代扣职工社会保险费、住房公积金，按照代扣的金额，财务会计：借记“应付职工薪酬——基本工资”科目，贷记“应付职工薪酬——社会保险费、住房公积金”科目。
- 代扣为职工垫付的水电费、房租等费用。按照实际扣除的金额，财务会计：借记“应付职工薪酬——基本工资”科目，贷记“其他应收款”科目。

实例【4-21】 2019 年 1 月，某学校由财政统一发放在职职工薪酬共计 1 248 000 元，其中基本工资 800 000 元，单位承担的住房公积金 96 000 元，医疗保险 128 000 元，养老保险 160 000 元，职业年金 64 000 元。单位从职工薪酬中代扣代缴的个人住房公积金 96 000 元、医疗保险费 15 000 元，养老保险 64 000 元，职业年金 32 000 元，个人所得税 36 000 元。通过财政直接支付方式支付职工薪酬 800 000 元，并通过财政授权支付方式将单位承担的税费共计 448 000 元（其中社会保险费 352 000 元和住房公积金 96 000 元）下达到单位零余额账户，由单位缴纳。

(1) 计算当期应付职工薪酬，应编制会计分录如下：

财务会计：

借：单位管理费用——基本工资	800 000	
——社会保险费——养老保险费	160 000	
——社会保险费——职业年金	64 000	
——社会保险费——医疗保险	128 000	
——住房公积金	96 000	
贷：应付职工薪酬——基本工资		800 000
——社会保险费——养老保险费		160 000

——社会保险费——职业年金　64 000

——社会保险费——医疗保险　128 000

——住房公积金　96 000

注意：预算会计不需要做分录。

(2) 向职工支付工资薪酬，应编制会计分录如下：

财务会计：

借：应付职工薪酬——基本工资　800 000

贷：财政拨款收入　800 000

预算会计：

借：事业支出——教育支出　800 000

贷：财政拨款预算收入　800 000

(3) 收到单位承担的社会保险费和住房公积金等，应编制会计分录如下：

财务会计：

借：零余额账户用款额度　448 000

贷：财政拨款收入　448 000

预算会计：

借：资金结存——零余额账户用款额度　448 000

贷：财政拨款预算收入　448 000

(4) 按规定缴纳单位承担的职工社会保险费和住房公积金，应编制会计分录如下：

财务会计：

借：应付职工薪酬——社会保险费——养老保险费　160 000

——社会保险费——职业年金　64 000

——社会保险费——医疗保险　128 000

——住房公积金　96 000

贷：零余额账户用款额度　448 000

预算会计：

借：事业支出——教育支出　448 000

贷：资金结存——零余额账户用款额度　448 000

(5) 代扣代缴个人承担的社会保险费和住房公积金，应编制会计分录如下：

财务会计：

借：应付职工薪酬——基本工资　207 000

　　贷：应付职工薪酬——社会保险费——养老保险费　64 000

　　　　——社会保险费——职业年金　32 000

　　　　——社会保险费——医疗保险费　15 000

　　　　——住房公积金　96 000

注意：预算会计不需要做分录。

(6) 按规定缴纳个人承担的职工保险费和住房公积金，应编制会计分录如下：

财务会计：

借：应付职工薪酬——社会保险费——养老保险费　64 000

　　——社会保险费——职业年金　32 000

　　——社会保险费——医疗保险费　15 000

　　——住房公积金　96 000

　　贷：财政拨款收入　207 000

预算会计：

借：事业支出——教育支出　207 000

　　贷：财政拨款预算收入　207 000

(7) 代扣个人所得税时，应编制会计分录如下：

财务会计：

借：应付职工薪酬——基本工资　36 000

　　贷：其他应交税费——应交个人所得税　36 000

注意：预算会计不需要做分录。

(8) 按规定缴纳个人所得税时，应编制会计分录如下：

财务会计：

借：其他应交税费——应交个人所得税　36 000

　　贷：财政拨款收入　36 000

预算会计：

借：事业支出——教育支出 36 000
　　贷：财政拨款预算收入 36 000

4.7 应付票据的核算

将2018年12月31日原账会计科目余额转入新账财务会计科目：新制度设置了“应付票据”科目，这些科目的核算内容与原账的上述相应科目的核算内容基本相同。转账时，高等学校、中小学校应当将原账的上述科目余额直接转入新账的相应科目。

“应付票据”是高等学校、中小学校共用科目。

4.7.1 认识应付票据

应付票据是高等学校、中小学校因购买材料、物资等而开出、承兑的商业汇票，包括银行承兑汇票和商业承兑汇票。按照国家规定，单位之间只有在有商品交易的情况下，才能使用商业汇票结算方式。

应付票据的科目设置：应付票据应当按照债权人进行明细核算。

4.7.2 开出、承兑应付票据的核算方法

1. 学校开出、承兑商业汇票时的核算方法

根据发票或账单等凭证，财务会计：借记“库存物品”“固定资产”“在建工程”等科目，贷记“应付票据”科目，注意：预算会计不需要做分录。

2. 学校支付银行承兑汇票的手续费时的核算方法

根据发票或账单等凭证，财务会计：借记“单位管理费用”“经营费用”等科目，贷记“银行存款”科目；预算会计：借记“事业支出”“经营支出”科目，贷记“资金结存”科目。

4.7.3　到期应付票据的核算方法

1. 学校如期支付到期应付票据时的核算方法

根据发票或账单等凭证，财务会计：借记“应付票据”科目，贷记“银行存款”科目；预算会计：借记“事业支出”“经营支出”等科目，贷记“资金结存”“财政拨款预算收入”科目。

2. 学校到期不能偿付票款时到期应付票据的核算方法

若为银行承兑汇票，财务会计：借记“应付票据”科目，贷记“短期借款”科目。注意：预算会计不需要做分录。

若为商业承兑汇票，财务会计：借记“应付票据”科目，贷记“应付账款”科目。注意：预算会计不需要做分录。

实例【4-22】 2019 年 1 月 14 日，某学校为开展教学活动采用银行承兑汇票结算方式购入一批试验用教学材料，材料成本 23 200 元，其中包括增值税 3 200 元，材料已验收入库，单位开出期限 6 个月的带息商业承兑汇票一张，年利率为 12%，应编制会计分录如下：

财务会计：

借：库存物品——材料	20 000	
应交增值税——进项税额	3 200	
贷：应付票据		23 200

注意：预算会计不需要做分录。

（2）用银行存款方式支付手续费 1 400 元，应编制会计分录如下：

财务会计：

借：业务活动费用	1 400	
贷：银行存款		1 400

预算会计：

借：事业支出——教育支出	1 400	
贷：资金结存——货币资金		1 400

（3）商业汇票到期，该单位无能力如期偿还票款，应编制会计分录如下：

财务会计：

借：应付票据	23 200	

贷：短期借款 23 200

注意：预算会计不需要做分录。

(4) 若开出的是商业承兑汇票，到期无力如期支付票款时，应编制会计分录如下：

财务会计：

借：应付票据 23 200

贷：应付账款 23 200

注意：预算会计不需要做分录。

(5) 商业汇票到期，该单位如期偿还票款，应编制会计分录如下：

财务会计：

借：应付票据 23 200

贷：银行存款 23 200

预算会计：

借：事业支出——教育支出 23 200

贷：资金结存——货币资金 23 200

4.8 应付账款的核算

将 2018 年 12 月 31 日原账会计科目余额转入新账财务会计科目：新制度设置了“应付账款”科目，这些科目的核算内容与原账的上述相应科目的核算内容基本相同。转账时，高等学校、中小学校应当将原账的上述科目余额直接转入新账的相应科目。

“应付账款”是高等学校和中小学共用科目。

4.8.1 认识应付账款

应付账款是高等学校、中小学校因购买物资、接受服务、开展工程建设等而应付的偿还期限在 1 年以内（含 1 年）的款项。

应付账款的科目设置：应当按照债权人进行明细核算。对于建设项目，应设置“应付器材款”“应付工程款”等明细科目，并按照具体项目进行明细核算。核销的应付账款应在备查簿中保留登记。

4.8.2　购买办公用品、设备时应付账款的核算方法

发生应付账款，根据发票或账单等凭证，财务会计：借记“库存物品”“固定资产”“在建工程”等科目，贷记“应付账款”科目。注意：预算会计不需要做分录。

1. 学校购买办公用品时应付账款的核算方法

实例【4-23】 2019 年 1 月 24 日，某学校购买办公用品，已验收入库，款项 12 300 元，尚未支付。应编制会计分录如下

财务会计：

借：库存物品　　12 300

　　贷：应付账款　　12 300

注意：预算会计不需要做分录。

2. 学校购买专用设备时应付账款的核算方法

实例【4-24】 2019 年 1 月 25 日，某学校购买一台教学专用设备，验收入库，款项 3 100 元，尚未支付。应编制会计分录如下：

财务会计：

借：固定资产　　3 100

　　贷：应付账款　　3 100

注意：预算会计不需要做分录。

3. 学校发生基建项目时应付账款的核算方法

实例【4-25】 2019 年 1 月 25 日，某学校基建项目建造教学楼，已完成工程进度但尚未付款，款项 17.7 万元。应编制会计分录如下：

财务会计：

借：在建工程　　177 000

　　贷：应付账款　　177 000

注意：预算会计不需要做分录。

4.8.3 偿付应付账款的核算方法

偿付应付账款（实际偿付金额或事业单位开具承兑商业汇票），财务会计：借记“应付账款”科目，贷记“银行存款”“财政拨款收入”“应付票据”“零余额账户用款额度”等科目；预算会计：借记“事业支出”“经营支出”科目，贷记“资金结存”“财政拨款预算收入”等科目。

1. 学校使用财政直接支付偿付时应付账款的核算方法

实例【4-26】 2019 年 5 月 25 日，某学校购买办公用品款项 13 200 元，财政直接支付完毕。应编制会计分录如下：

财务会计：

借：应付账款　　13 200

　　贷：财政拨款收入　　13 200

预算会计：

借：事业支出——教育支出　　13 200

　　贷：财政拨款预算收入　　13 200

2. 学校使用财政授权支付偿付时应付账款的核算方法

实例【4-27】 2019 年 3 月 10 日，某学校购入一批图书，价值 240 000 元，已验收入库，但尚未付款。3 月 15 日，该单位使用财政授权支付方式支付上述款项。应编制会计分录如下：

（1）购入图书，

财务会计：

借：固定资产——图书　　240 000

　　贷：应付账款　　240 000

注意：预算会计不需要做分录。

（2）偿付应付账款，

财务会计：

借：应付账款　　240 000

　　贷：零余额账户用款额度　　240 000

预算会计：

借：事业支出——教育支出　　240 000

　　贷：资金结存——零余额账户用款额度　　240 000

注意：预算会计不需要做分录。

3. 学校使用银行存款偿付时应付账款的核算方法

实例【4-28】 2019年6月25日，某学校通过银行支付教学楼工程进度欠款23万元。应编制会计分录如下：

财务会计：

借：应付账款　　230 000

　　贷：银行存款　　230 000

预算会计：

借：事业支出——教育支出　　230 000

　　贷：资金结存——货币资金　　230 000

4.8.4　无法偿付或无须偿付应付账款的核算方法

报经批准核销的应付账款无法偿付或无须偿付时，财务会计：借记“应付账款”科目，贷记“其他收入”科目。注意：预算会计不需要做分录。

实例【4-29】 2019年1月18日，某学校一笔应付账款8 900元需要支付，但是已经无法联系对方，经上级批准，准予核销，应编制会计分录如下：

财务会计：

借：应付账款　　8 900

　　贷：其他收入　　8 900

注意：预算会计不需要做分录。

4.9 应付利息的核算

应付利息是核算高等学校、中小学校按照合同约定应支付的借款利息，包括短期借款、分期付息到期还本的长期借款等应支付的利息。到期一次还本付息的借款利息通过“长期借款——应计利息”科目核算。

应付利息科目设置：按照债权人进行明细核算。计提利息时，资本化的利息计入相关资产成本中，不资本化的利息计入“其他费用”科目中，实际支付时，预算会计计入“其他支出”科目中。

4.10 预收账款的核算

将 2018 年 12 月 31 日原账会计科目余额转入新账财务会计科目：新制度设置了“预收账款”科目，这些科目的核算内容与原账的上述相应科目的核算内容基本相同。转账时，高等学校、中小学校应当将原账的上述科目余额直接转入新账的相应科目。

“预收账款”是高等学校、中小学校共用科目。

4.10.1 认识预收账款

预收账款是高等学校、中小学校按照合同约定预先收取但尚未结算的款项。与应付账款最大的不同，预收账款所形成的负债不是以货币偿付的，而是以货物偿付的。

预收账款的科目设置：预收账款应当按照债权人进行明细核算。

4.10.2 付款方预付货款时预收账款的核算方法

1. 从付款方预付货款（按照合同约定）时预收账款的核算方法

财务会计：借记“银行存款”等科目，贷记“预收账款”科目。预算会计：借记“资金结存——货币资金”科目，贷记“事业预算收入”“经营预算收入”科目。

2. 学校确认收入时预收账款的核算方法

确认收入时，财务会计：借记“预收账款”“银行存款”（收到补价）科目，贷记“事业收入”“经营收入”“银行存款”（退回预收款）科目。预算会计：按照收到补价或退回的预收款，分别确认预算收入或冲减预算收入。

3. 学校无法偿付或债权人豁免偿还时预收账款的核算方法

无法偿付或债权人豁免偿还时，财务会计：借记“预收账款”科目，贷记“其他收入”科目。注意：预算会计不需要做分录。

实例【4-30】 2019 年 5 月 4 日，某学校向某公司提供英语培训服务共计 76 000 元，预收 20 000 元，其余 56 000 元待验收合格时，收款确认收入。假设不考虑相关税费。

（1）收预收款时，应编制会计分录如下：

财务会计：

借：银行存款	20 000	
贷：预收账款——英语培训		20 000

预算会计：

借：资金结存——货币资金	20 000	
贷：经营预算收入		20 000

（2）其余 56 000 元已收到并验收合格时，应编制会计分录如下：

财务会计：

借：银行存款	56 000	
预收账款	20 000	
贷：经营收入		76 000

预算会计：

借：资金结存——货币资金	56 000	
贷：经营预算收入		56 000

4.11　其他应付款的核算

将2018年12月31日原账会计科目余额转入新账财务会计科目：新制度设置了“其他应付款”科目，该科目的核算内容与原账“其他应付款”科目的核算内容基本相同。转账时，高等学校、中小学校应当将原账的“其他应付款”科目余额，转入新账的“其他应付款”科目。

其中，高等学校、中小学校在原账的“其他应付款”科目中核算了属于新制度规定的受托代理负债的，应当将原账的“其他应付款”科目余额中属于受托代理负债的余额，转入新账的“受托代理负债”科目。

“其他应付款”是高等学校、中小学校共用科目。

4.11.1　认识其他应付款

其他应付款是高等学校、中小学校除应交增值税、其他应交税费、应缴财政款、应付职工薪酬、应付票据、应付账款、应付政府补贴款、应付利息、预收账款以外，其他各种偿还期在1年内的应付及暂收款项。如收取的押金、存入保证金、已经报销但尚未偿还银行的本单位公务卡欠款等。

同级政府财政部门预拨的下期预算款和没有纳入预算的暂付款项，以及采用实拨资金方式通过本单位转拨给下属单位的财政拨款，也通过本科目核算。

其他应付款的科目设置：应当按照类别、债权人进行明细核算。

4.11.2　发生其他应付款的核算方法

学校收到同级政府财政部门预拨的下期预算款和没有纳入预算的暂付款项，按照实际收到的金额，财务会计：借“银行存款”科目，贷记“其他应付款”科目。

实例【4-31】 2019年1月1日，某学校年初预算还未批复，收到财政部门预拨的下期预算款150 000元，应编制会计分录如下：

财务会计：

借：银行存款 150 000

贷：其他应付款 150 000

注意：预算会计不需要做分录。

(1) 2019年1月13日，某学校年初预算已批复。应编制会计分录如下：

财务会计：

借：其他应付款 150 000

贷：财政拨款收入 150 000

预算会计：

借：资金结存 150 000

贷：财政拨款预算收入 150 000

4.11.3 偿付其他应付款的核算方法

实例【4-32】 2019年1月13日，某学校收到财政部门采用实拨资金方式转拨下属单位的财政拨款125 000元，已通过银行存款收讫，应编制会计分录如下：

财务会计：

借：银行存款 125 000

贷：其他应付款——下属单位 125 000

注意：预算会计不需要做分录。

4.11.4 无法偿付其他应付款的核算方法

无法偿付或债权人豁免偿还的其他应付款项，没有纳入预算的暂付款项。

实例【4-33】 2019年2月13日，某学校有一笔债权人豁免偿还的其他应付款项23 500元。按照实际的金额，应编制会计分录如下：

财务会计：

借：银行存款 23 500

贷：其他应付款 23 500

注意：预算会计不需要做分录。

批准纳入预算时，

财务会计：

借：其他应付款　　23 500

　　贷：财政拨款收入　　23 500

预算会计：

借：资金结存　　23 500

　　贷：财政拨款预算收入　　23 500

4.12 预提费用的核算

“预提费用”是高等学校、中小学校共用科目。

4.12.1 认识预提费用

预提费用是高等学校、中小学校预先提取的已发生但尚未支付的费用，如预提租金费用等。高等学校、中小学校按照规定从科研项目收入中提取的项目间接费用或管理费用，也通过本科目核算。高等学校、中小学校计提的借款利息，通过“应付利息”“长期借款”科目核算，不通过本科目核算。

预提费用的科目设置：按照预提费用的种类进行明细核算，对于提取的项目间接费用或管理费用，应当在“预提费用——项目间接费用或管理费用”明细科目下按照项目名称进行明细核算。

4.12.2 发生预提费用的核算方法

发生时按照预提的金额，财务会计：借记“单位管理费用”“经营费用”等科目，贷记“预提费用”科目。实际支付款项时，财务会计：借记“预提费用”科目，贷记“银行存款”“零余额账户用款额度”等科目。

实例【4-34】 2019年1月28日，某学校租用一台精密仪器，租用时间为1年，每月租金3 500元，每季支付一次。账务出来如下：

财务会计：

借：单位管理费用　　3 500

　　贷：预提费用　　3 500

注意：预算会计不需要做分录。

4.12.3　提取科研项目管理费或间接费时预提费用拨付预付账款的核算方法

高等学校按规定从科研项目收入中计提项目间接费用或管理费时，除按新制度规定借记“单位管理费用”科目外，也可根据实际情况借记“业务活动费用”等科目。

高等学校使用计提的项目间接费用或管理费购买固定资产、无形资产的，在财务会计下，按照固定资产、无形资产的成本金额，借记“固定资产”“无形资产”科目，贷记“银行存款”等科目；同时，按照相同的金额，借记“预提费用——项目间接费用或管理费”科目，贷记“累计盈余”科目。在预算会计下，按照相同的金额，借记“事业支出”等科目，贷记“资金结存”科目。

实例【4-35】 2019年3月28日，某学校按照规定从某科研项目预算收入中提取项目管理费或45 000元。应编制会计分录如下：

财务会计：

借：单位管理费用　　45 000

　　贷：预提费用——项目管理费　　45 000

预算会计：

借：非财政拨款结转——项目管理费　　45 000

　　贷：非财政拨款结余——项目管理费　　45 000

实例【4-36】 接上例，实际使用计提的项目管理费，通过银行存款支付水电费18 600元。应编制会计分录如下：

财务会计：

借：预提费用——项目管理费　18 600
　　贷：银行存款　18 600
预算会计：
借：事业支出——科研支出　18 600
　　贷：资金结存——货币资金　18 600

4.12.4 预提费用拨付预付账款的核算方法

实例【4-37】 2019 年 1 月 1 日，某学校与 A 公司签订教学场所租赁协议，约定房租 3 个月一付，后付租金方式，租金为 14 000 元/月。1—3 月，每月按照规定预提每期租金等费用，应编制会计分录如下：

财务会计：
借：单位管理费用　14 000
　　贷：预提费用　14 000
注意：预算会计不需要做分录。

3 月底，实际支付款项时，财政授权支付完毕。应编制会计分录如下：

财务会计：
借：预提费用　42 000
　　贷：零余额账户用款额度　42 000
预算会计：
借：事业支出——教育支出　42 000
　　贷：资金结存——零余额账户用款额度　42 000

实例【4-38】 2019 年 2 月 1 日，某学校与 B 公司签订租赁协议，租用对外开放体育馆，约定租金 5 个月一付，后付租金方式，租金 16 000 元/月。每月按照规定预提每期租金等费用，应编制会计分录如下：

财务会计：
借：经营费用　16 000
　　贷：预提费用　16 000
注意：预算会计不需要做分录

6 月 30 日收到 2—6 月房租发票，实际支付租金 8 万元，银行支付完毕。应编制会计分录如下：

财务会计：

借：预提费用　　80 000

　　贷：银行存款　　80 000

预算会计：

借：经营支出　　80 000

　　贷：资金结存——货币资金　　80 000

4.13　长期借款的核算

将 2018 年 12 月 31 日原账会计科目余额转入新账财务会计科目：新制度设置了“长期借款”科目，这些科目的核算内容与原账的上述相应科目的核算内容基本相同。转账时，高等学校、中小学校应当将原账的上述科目余额直接转入新账的相应科目。

高等学校、中小学校应当按照新制度规定于 2019 年 1 月 1 日补记长期借款的应付利息金额，对其中资本化的部分，借记“在建工程”科目，对其中费用化的部分，借记“累计盈余”科目，按照全部长期借款应付利息金额，贷记“长期借款”科目（到期一次还本付息）或“应付利息”科目（分期付息、到期还本）。

“长期借款”是高等学校、中小学校共用科目。

4.13.1　认识长期借款

长期借款是核算高等学校、中小学校经批准向银行或其他金融机构等借入期限在一年以上的各种借款本息。

长期借款的科目设置：应当设置“本金”“应计利息”明细科目，并按照贷款单位和贷款种类进行明细核算；对于建设项目借款，按照具体项目进行明细核算。

4.13.2 长期借款的核算方法

1. 学校取得长期借款的核算方法

财务会计：借记“银行存款”科目，贷记“长期借款——本金”科目；预算会计：借记“资金结存——货币资金”科目，贷记“债务预算收入”科目。

2. 学校支付长期借款利息的核算方法

建造固定资产、公共基础设施等应支付的专门借款利息，按期计提利息时：属于工程项目建设期间发生的利息计入工程成本，财务会计：借记“在建工程”科目，贷记“应付利息”科目；属于工程项目完工交付使用后发生的利息，计入当期费用，借记“其他费用”科目，贷记“应付利息”科目。

3. 学校按期计提长期借款的利息的核算方法

按照实际发生金额，财务会计：借记：“其他费用”科目，贷记“应付利息”科目（分期付息，到期还本借款的利息）或“长期借款——应计利息”（到期一次还本付息借款的利息）。

4. 学校偿还长期借款的核算方法

实例【4-39】 2017年1月1日，某学校新建一座办公楼，已与C施工企业签订工程建设合同。假设该学校2017年1月1日为该建筑工程向工行借入两年期借款4 000 000元，利息到期一次支付。借款到期日为2019年1月1日，年利率7.5%，2017年2月1日，工程开始施工。2017年12月31日办公楼完工，该学校使用借款以及财政资金与C企业结算工程款4 400 000元，当日办公楼交付使用。2019年1月1日，该学校使用财政直接支付方式偿还到期借款，不考虑折旧计提问题。

(1) 2017年1月1日，取得借款时，应编制会计分录如下：

财务会计：

借：银行存款	4 000 000	
贷：长期借款——本金		4 000 000

预算会计：

借：资金结存——货币资金	4 000 000	
贷：债务预算收入		4 000 000

(2) 2017年12月31日，结算工程价款时，应编制会计分录如下：
财务会计：
借：在建工程——建筑安装工程——建筑工程——办公楼
　　　　　　　　　　　　　　　　　　　　　　　　　　4 400 000
　　贷：银行存款　　　　　　　　　　　　　　　　　　　　4 000 000
　　　　财政拨款收入　　　　　　　　　　　　　　　　　　　400 000
预算会计：
借：事业支出——行政管理支出　　　　　　　　　　　4 400 000
　　贷：资金结存——货币资金　　　　　　　　　　　　　　4 000 000
　　　　财政拨款预算收入　　　　　　　　　　　　　　　　　400 000
(3) 2017年12月31日，计提利息，应编制会计分录如下：
利息 =4 000 000×7.5% =300 000元
财务会计：
借：在建工程——建筑安装工程——建筑工程——办公楼
　　　　　　　　　　　　　　　　　　　　　　　　　　　300 000
　　贷：长期借款——应计利息　　　　　　　　　　　　　　　300 000
注意：预算会计不需要做分录。
(4) 2017年12月31日，工程完工，应编制会计分录如下：
财务会计：
借：固定资产——房屋建筑物——办公楼　　　　　　　4 700 000
　　贷：在建工程——建筑安装工程——建筑工程——办公楼
　　　　　　　　　　　　　　　　　　　　　　　　　　　　4 700 000
注意：预算会计不需要做分录。
(5) 2018年12月31日，计提利息，应编制会计分录如下：
财务会计：
借：其他费用　　　　　　　　　　　　　　　　　　　　300 000
　　贷：长期借款——应计利息　　　　　　　　　　　　　　　300 000
(6) 2019年偿还借款本息，应编制会计分录如下：
财务会计：
借：长期借款——本金　　　　　　　　　　　　　　　4 000 000
　　　　　　——应计利息　　　　　　　　　　　　　　　600 000
　　贷：财政拨款收入　　　　　　　　　　　　　　　　　　4 600 000
预算会计：

借：债务还本支出　　4 000 000
　　其他支出　　600 000
　　贷：财政拨款预算收入　　4600 000

4.14　长期应付款的核算

将 2018 年 12 月 31 日原账会计科目余额转入新账财务会计科目：新制度设置了“长期应付款”科目，这些科目的核算内容与原账的上述相应科目的核算内容基本相同。转账时，高等学校、中小学校应当将原账的上述科目余额直接转入新账的相应科目。

高等学校、中小学校在新旧制度转换时，应当将 2018 年 12 月 31 日前未入账的应付质量保证金按照新制度规定记入新账。登记新账时，按照确定未入账的应付质量保证金金额，借记“累计盈余”科目，贷记“其他应付款”科目［扣留期在 1 年以内（含 1 年）］、“长期应付款”科目（扣留期超过 1 年）。

“长期应付款”是高等学校、中小学校共用科目。

4.14.1　认识长期应付款

长期应付款是高等学校、中小学校发生的偿还期限超过 1 年（不含 1 年）的应付款项，如融资租赁方式取得固定资产应付的租赁费，以分期付款方式购入固定资产发生的应付款项等。

长期应付款的科目设置：长期应付款应当按照债权人或个人进行明细核算。

4.14.2　发生与偿付长期应付款的核算方法

实例【4-40】 2019 年 3 月 10 日，某学校以分期付款方式购入一台大型教学仪器，总价款 285 000 元，分 3 年支付，于每年年末用财政授权支付方式支付上述款项。应编制会计分录如下：

（1）购入仪器时，

财务会计：

借：固定资产　285 000

　　贷：长期应付款　285 000

注意：预算会计不需要做分录。

（2）每年年末支付款项时，

财务会计：

借：长期应付款　95 000

　　贷：零余额账户用款额度　95 000

预算会计：

借：事业支出——教育支出　95 000

　　贷：资金结存——零余额账户用款额度　95 000

4.14.3　无法偿付或债权人豁免偿还的长期应付款的核算方法

实例【4-41】　2019 年 3 月 10 日，某学校一笔工程尾款 8 300 元需要支付，但是对方企业豁免偿还此笔应付款项，报上级批准，转作其他收入，应编制会计分录如下：

财务会计：

借：长期应付款　8 300

　　贷：其他收入　8 300

注意：预算会计不需要做分录。

4.14.4　质保金形成的长期应付款的核算方法

实例【4-42】　2019 年 2 月 23 日，某学校科研部门购入需要安装的电梯一部，电梯价格为 550 000 元，运输及保险费 120 000 元，扣留质量保证金 50 000 元，约定如无质量问题 18 个月后退还。全部价款使用财政直接支付方式进行支付，应编制会计分录如下：

（1）购入电梯时，电梯的成本 = 550 000 + 120 000 = 670 000 元，实际支付金额 = 670 000 − 50 000 = 620 000 元，

财务会计：

借：在建工程 670 000

　　贷：财政拨款收入 620 000

　　　　长期应付款 50 000

预算会计：

借：事业支出——科研支出 620 000

　　贷：财政拨款预算收入 620 000

（2）安装完毕，交付使用时，

财务会计：

借：固定资产 670 000

　　贷：在建工程 670 000

注意：预算会计不需要做分录。

（3）质保期满，支付保证金时，

财务会计：

借：长期应付款 50 000

　　贷：财政拨款收入 50 000

预算会计：

借：事业支出——科研支出 50 000

　　贷：财政拨款预算收入 50 000

4.15 预计负债的核算

高等学校、中小学校在新旧制度转换时，应当将2018年12月31日按照新制度规定确认的预计负债记入新账。登记新账时，按照确定的预计负债金额，借记“累计盈余”科目，贷记“预计负债”科目。

高等学校、中小学校对新账的财务会计科目补记未入账事项时，应当编制记账凭证，并将补充登记事项的确认依据作为原始凭证。

“预计负债”是高等学校和中小学共用科目。

4.15.1　认识预计负债

预计负债是高等学校、中小学校对因或有事项所产生的现时义务而确认的负债。如对未决诉讼等确认的负债。

包括对外提供担保、未决诉讼、产品质量保证、重组义务以及固定资产和矿区权益弃置义务等产生的预计负债。

1. 预计负债的科目设置：按照项目进行明细核算。

2. 预计负债的初始计量：

- 最佳估计数的确认：当清偿因或有事项而确认的负债所需支出存在一个金额范围时，则最佳估计数应按此范围的上下限金额的平均数确认。

如果不存在一个金额范围时，则最佳估计数按以下标准认定：如果涉及单个项目，则最佳估计数为最可能发生数；如果涉及多个项目，则最佳估计数按各种可能发生额及发生概率计算确认——即“加权平均数”。

- 预期可获补偿的处理：如果清偿因或有事项而确认的负债所需支出全部或部分预期由第三方或其他方补偿，则补偿金额只能在基本确定有收到时，作为资产单独确认，且确认的补偿金额不应超过所确认负债的账面价值。

3. 预计负债的后续计量：学校应当在资产负债表日对预计负债的账面价值进行复核，有确凿证据表明账面价值不能真实反映当前最佳估计数的，应做相应调整。

4.15.2　确认与支付预计负债的核算方法

1. 学校确认与支付预计负债时的核算方法

财务会计：借记“单位管理费用”“经营费用”等科目，贷记“预计负债”科目，实际偿付时，借记“预计负债”科目，贷记“银行存款”“零余额账户用款额度”等科目。

实例【4-43】 2018 年 10 月 20 日，某学校涉及一起诉讼案，2019 年 12 月 31 日，法院尚未作出判决。根据法律顾问的职业判断，败诉的可能性为 60%。如果败诉，单位需要赔偿 763 600 元，应编制会计分录如下：

财务会计：

借：单位管理费用——赔偿支出　　763 600

　贷：预计负债——未决诉讼　　763 600

注意：预算会计不需要做分录。

2. 学校对已确认的预计负债账面余额进行调整时的核算方法

调整增加、减少按照调整增加、减少的金额，财务会计借记有关科目，贷记“预计负债”科目（增加）或做相关的会计分录。

4.16　受托代理负债的核算

将 2018 年 12 月 31 日原账会计科目余额转入新账财务会计科目：新制度设置了“受托代理负债”科目，原账的“代管款项”科目的核算内容包括了受托代理负债的内容。转账时，高等学校、中小学校应当对原账中“代管款项”科目余额进行分析，将其中属于新制度规定受托代理负债的余额转入新账的“受托代理负债”科目；将不属于受托代理负债的余额，根据偿还期限分别转入新账中“其他应付款”和“长期应付款”科目。

“受托代理负债”是高等学校、中小学校共用科目。

4.16.1　认识受托代理负债

受托代理负债是高等学校、中小学校接受委托取得受托代理资产时形成的负债。受托代理负债应当按照对应的受托代理资产的金额予以确认和计量。

受托代理负债的科目设置：应设置明细科目进行核算。

4.16.2　受托转赠代理负债的核算方法

1. 学校接受委托人委托时受托代理负债的核算方法

接受委托人委托需要转赠给受赠人的物资，其成本按照有关凭据注明的金额确定。按照确定的成本，财务会计：借记“受托代理资产”科目，贷记“受托代理负债”科目。受托协议约定由受托方承担相关税费、运输费等的，还应当按照实际支付的相关税费、办理费等金额，财务会计：借记“其他费用”科目，贷记“银行存款”等科目。

实例【4-44】 2019 年 7 月 1 日，某学校接受委托人委托需要转赠给优秀学生的物资，票据列明成本为 18 600 元，物资验收入库。应编制会计分录如下：

财务会计：

借：受托代理资产　　18 600

　　贷：受托代理负债　　18 600

注意：预算会计不需要做分录。

2. 受托协议约定由受托方承担相关税费、运输费时受托代理负债的核算方法

实例【4-45】 2019 年 7 月 3 日，某学校受托协议约定由受托方承担相关税费、运输费 550 元，财政授权支付方式支付完毕。应编制会计分录如下：

财务会计：

借：其他费用　　550

　　贷：零余额账户用款额度　　550

预算会计：

借：其他支出　　550

　　贷：资金结存——零余额账户用款额度　　550

3. 学校将受托转赠物资交付受赠人时受托代理负债的核算方法

按照转赠物资的成本，财务会计：借记“受托代理负债”科目，贷记“受托代理资产”科目。

实例【4-46】 接上例，2019 年 7 月 11 日，某事业单位将受托转赠物资交付优秀学生时，应编制会计分录如下：

财务会计：

借：受托代理负债　　18 600

　　贷：受托代理资产　　18 600

注意：预算会计不需要做分录。

4. 转赠物资的委托人取消了对捐赠物资的转赠要求，且不再收回捐赠物资时受托代理负债的核算方法

按照转赠物资的成本，财务会计：借记“受托代理负债”科目，贷记“受托代理资产”科目。

实例【4-47】 接上例，若转赠物资的委托人取消了对捐赠物资的转赠要求，且不再收回捐赠物资的，将转赠物资转为单位的存货时，应编制会计分录如下：

财务会计：

借：受托代理负债　　18 600

　　贷：受托代理资产　　18 600

借：库存物品　　18 600

　　贷：其他收入　　18 600

注意：预算会计不需要做分录。

4.16.3 受托存储保管代理负债的核算方法

1. 学校受托存储保管物资时受托代理负债的核算方法

收到受托储存的物资验收入库，按照确定的成本，财务会计：借记“受托代理资产”科目，贷记“受托代理负债”科目。

实例【4-48】 2019 年 1 月 21 日，某学校接受委托人委托存储保管 B 物资，有关凭据注明的金额 27 900 元，物资验收入库。应编制会计分录如下：

财务会计：

借：受托代理资产　　27 900

　　贷：受托代理负债　　27 900

注意：预算会计不需要做分录。

2. 学校支付由受托单位承担的与受托储存保管的物资相关的运输费、保管费等时受托代理负债的核算方法

实例【4-49】 接上例，发生由受托单位承担的与受托存储保管的

B物资相关的运输费、保管费等费用1 300元，财政直接支付完毕。应编制会计分录如下：

财务会计：

借：其他费用　　1 300

　　贷：财政拨款收入　　1 300

预算会计：

借：其他支出　　1 300

　　贷：财政拨款预算收入　　1 300

3. 学校交付受托储存物资时受托代理负债的核算方法

根据委托人要求交付或发出受托存储保管的物资时，按照发出物资的成本，财务会计：借记“受托代理负债”科目，贷记“受托代理资产”科目。

实例【4-50】 接上例，学校交付受托储存物资时，应编制会计分录如下：

财务会计：

借：受托代理负债　　27 900

　　贷：受托代理资产　　27 900

注意：预算会计不需要做分录。

第 5 章　净资产类科目核算

净资产是高等学校、中小学校所有，并可以自由支配的资产。高等学校、中小学校的净资产是指资产扣除负债后的净额，反映高等学校、中小学校的资产所有权。净资产金额取决于资产和负债的计量。本章主要讲述净资产类科目共 7 项，包括累计盈余、专用基金、权益法调整、本期盈余（期末无余额）、本年盈余分配（期末无余额）、无偿调拨净资产（期末无余额）、以前年度盈余调整（期末无余额）。

5.1　累计盈余的核算

将 2018 年 12 月 31 日原账会计科目余额转入新账财务会计科目：新制度设置了“累计盈余”科目，该科目的余额包含了原账的“财政补助结转”“财政补助结余”“非财政补助结转”科目的余额内容。转账时，高等学校、中小学校应当将原账的“财政补助结转”“财政补助结余”“非财政补助结转”科目余额，转入新账的“累计盈余”科目。

新制度设置了“累计盈余”科目。该科目核算内容包含了原账“事业基金”科目的核算内容。转账时，高等学校、中小学校应当将原账的“事业基金”科目余额，转入新账的“累计盈余”科目。

依据新制度，无需对原制度中“非流动资产基金”科目对应内容进行核算。转账时，高等学校、中小学校应当将原账的“非流动资产基金”科目余额转入新账的“累计盈余”科目。

“累计盈余”是高等学校、中小学校共用科目。

5.1.1 认识累计盈余

累计盈余是高等学校、中小学校历年实现的盈余扣除分配后滚存的金额，以及因无偿调入调出资产产生的净资产变动额。按照规定上缴、缴回、单位间调剂结转结余资金产生的净资产变动额，以及对以前年度盈余的调整金额，也通过本科目核算。

本科目期末余额，反映未分配盈余（或未弥补亏损）的累计数以及截至上年末无偿调拨净资产变动的累计数。

本科目年末余额，反映未分配盈余（或未弥补亏损）以及无偿调拨净资产变动的累计数。

5.1.2 累计盈余的核算方法

1. 将“本年盈余分配”科目的余额转入累计盈余。本年收入支出转入“本期盈余”后转入“本期盈余分配”再转入“累计盈余”。财务会计：借记“本年盈余分配”科目，贷记“累计盈余”科目，或相反。

2. 将“无偿调拨净资产”科目的余额转入“累计盈余”。财务会计：借记“无偿调拨净资产”科目，贷记“累计盈余”科目，或相反。

3. 将“以前年度盈余调整”科目的余额转入“累计盈余”。财务会计：借记“以前年度盈余调整”科目，贷记“累计盈余”科目，或相反。

4. 调整调出财政拨款结转资金（向其他单位调出）。

按照规定上缴财政拨款结转结余、缴回非财政拨款结转资金、向其他单位调出财政拨款结转资金时，按照实际上缴、缴回、调出金额，借记“累计盈余”科目，贷记“财政应返还额度”“零余额账户用款额度”“银行存款”等科目。

实例【5-1】 2019 年 1 月 1 日，某学校支农培训工作全面完成，并经上级考核验收，将支农政策培训经费剩余资金 68 400 元按规定通过零余额账户缴回财政。应编制会计分录如下：

财务会计：

借：累计盈余	68 400	
贷：零余额账户用款额度		68 400

预算会计：

借：财政拨款结转——归集上缴——项目支出结转　　68 400

　　贷：资金结存——零余额账户用款额度　　68 400

5. 学校调整调出财政拨款结转资金（从其他单位调入）的核算方法

按照规定从其他单位调入财政拨款结转资金时，按照实际调入金额，财务会计：借记“零余额账户用款额度”“银行存款”等科目，贷记“累计盈余”科目。

实例【5-2】 2019年1月1日，某学校收到主管部门从其他单位调剂的财政拨款结转资金183 000元，用于本年度的办公楼大修项目，单位已收到财政授权支付额度到账通知书。应编制会计分录如下：

财务会计：

借：零余额账户用款额度　　183 000

　　贷：累计盈余　　183 000

预算会计：

借：资金结存——零余额账户用款额度　　183 000

　　贷：财政拨款结转——归集调入——项目支出结转　　183 000

6. 学校按照规定使用专用基金购置固定资产、无形资产的核算方法

按照固定资产、无形资产成本金额，财务会计：借记“固定资产”“无形资产”科目，贷记“银行存款”等科目；同时，按照专用基金使用金额，借记“专用基金”科目，贷记“累计盈余”科目。

实例【5-3】 2019年12月31日，某学校动用职工福利基金8 900元购置专门用于职工体育锻炼的设备，应编制会计分录如下：

财务会计：

借：固定资产　　8 900

　　贷：银行存款　　8 900

借：专用基金　　8 900

　　贷：累计盈余　　8 900

预算会计：

借：专用结余　　8 900
　　贷：资金结存——货币资金　　8 900

5.2　专用基金的核算

将2018年12月31日原账会计科目余额转入新账财务会计科目：新制度设置了“专用基金”科目，该科目的核算内容与原账“专用基金”科目的核算内容基本相同。转账时，高等学校、中小学校应当将原账的“专用基金”科目余额转入新账的“专用基金”科目。

“专用基金”是高等学校、中小学校共用科目。

5.2.1　认识专用基金

专用资金是指高等学校、中小学校按照规定提取或设置的具有专门用途的净资产，专用基金管理应当遵循先提后用、收支平衡、专款专用的原则，支出不得超出基金规模。主要包括修购基金、职工福利基金、医疗基金、科技成果转换基金等。

1. 修购基金，即按照事业收入和经营收入的一定比例提取，并按照规定在相应的购置和修缮科目中列支（各列50%），以及按照其他规定转入，用于学校固定资产维修和购置的资金。

义务教育阶段学校不提取修购基金。事业收入和经营收入较少的其他中小学校，可以不提取修购基金。

2. 职工福利基金，即按照非财政拨款结余的一定比例提取以及按照其他规定提取转入，用于职工集体福利设施、集体福利待遇等的资金。

3. 医疗基金，即未纳入公费医疗经费开支范围的事业单位，按照当地财政部门规定的公费医疗经费开支标准从收入中提取，并参照公费医疗制度有关规定用于职工公费医疗开支的资金。

4. 其他基金，即按照其他有关规定提取或者设置的基金。

专用基金的科目设置：本科目应当按照专用基金的类别进行明细

核算。

学校应当在“专用基金”科目下设置“留本基金”明细科目，核算学校使用捐赠资金建立的具有永久性保留本金或在一定时期内保留本金的限定性基金。高等学校如有两个以上留本基金，应当按照每个留本基金设置明细科目进行核算。在每个留本基金明细科目下还应当设置“本金”和“收益”明细科目；在“本金”明细科目下，还应当设置“已投资”和“未投资”两个明细科目。

5.2.2 专用基金的核算方法

1. 学校提取专用基金时的核算方法

年末，根据有关规定从本年度非财政拨款结余或经营结余中提取专用基金的，按照预算会计下计算的提取金额，财务会计：借记“本年盈余分配”科目，贷记“专用基金”科目。预算会计：借记“非财政拨款结余分配”科目，贷记“专用结余”科目。

2. 学校从收入中提取专用基金并计入费用时的核算方法

根据有关规定从收入中提取专用基金并计入费用的，基于预算收入计算提取的金额，借记“单位管理费用”等科目，贷记“专用基金”科目。国家另有规定的，从其规定。

实例【5-4】 2019 年 12 月 31 日，某学校本月事业收入 285 000 元，根据有关规定按事业收入的 2% 提取专用基金，应编制会计分录如下：

财务会计会计：

借：单位管理费用——计提专用基金　　5 700

　　贷：专用基金　　5 700

注意：预算会计不需要做分录。

3. 学校收到其他专用基金时的核算方法

根据有关规定设置的其他专用基金，按照实际收到的基金金额，财务会计：借记“银行存款”等科目，贷记“专用基金”科目。

实例【5-5】 2019 年 12 月 31 日，某学校收到捐赠人一笔捐赠资金 246 000 元，按照捐赠协议规定，该项捐赠资金用于设立××奖学金，本基金只能用于奖励优秀学生。应编制会计分录如下：

财务会计：

借：银行存款　246 000

　贷：专用基金——留本基金——本金——已投资——××奖学金　246 000

注意：预算会计不需要做分录

4. 学校按照规定使用提取的专用基金时的核算方法

使用提取的专用基金时，财务会计：借记“专用基金”科目，贷记“银行存款”等科目。预算会计：使用从非财政拨款结余中提取的专用基金，按照实际支付金额，借记“专用结余”科目；使用从预算收入中计提的专用基金，借记“事业支出”科目，贷记“资金结存”科目。

实例【5-6】 2019 年 12 月 31 日，某学校签发转账支票一张，利用所提专用基金补贴职工食堂 2 900 元，银行存款已支付。应编制会计分录如下：

借：专用基金——职工福利基金　2 900

　贷：银行存款　2 900

预算会计：

借：专用结余　2 900

　贷：资金结存——货币资金　2 900

（1）如果使用的是从预算收入中提取的专用基金，

财务会计：

借：专用基金——职工福利基金　2 900

　贷：银行存款　2 900

预算会计：

借：事业支出　2 900

　贷：资金结存——货币资金　2 900

5. 学校使用提取的专用基金购置固定资产、无形资产时的核算方法

按照固定资产、无形资产成本金额，财务会计：借记“固定资产”

“无形资产”科目，贷记“银行存款”科目；按照专用基金使用金额，借记“专用基金”科目，贷记“累计盈余”科目。

实例【5-7】 2019 年 12 月 11 日，某学校动用职工福利基金 9 610 元购置专门用于职工卫生的设备，应编制会计分录如下：

财务会计：

借：固定资产　　9 610

　　贷：银行存款　　9 610

借：专用基金　　9 610

　　贷：累计盈余　　9 610

预算会计：

借：专用结余　　9 610

　　贷：资金结存——货币资金　　9 610

5. 2. 3　留本基金的核算方法

（假设学校只有一个留本基金）

1. 高等学校形成留本基金时的核算方法

根据取得的留本基金数额，借记“银行存款”科目，贷记“专用基金——留本基金——本金——未投资”科目。

2. 高等学校委托基金会进行投资时的核算方法

（1）投资时，按照转给基金会的留本基金数额，借记“其他应收款——留本基金委托投资”科目，贷记“银行存款”科目；同时，按照相同的金额，借记“专用基金——留本基金——本金——未投资”科目，贷记“专用基金——留本基金——本金——已投资”科目。

（2）收到基金会交回的投资收益，按照实际收到的金额，借记“银行存款”科目，贷记“专用基金——留本基金——收益”科目。

（3）从基金会收回使用留本基金委托的投资，按照收回的金额，借记“银行存款”科目，按照收回的留本基金本金金额，贷记“其他应收款——留本基金委托投资”科目，按照两者的差额，贷记或借记“专用基金——留本基金——收益”科目。同时，按照收回的留本基金本金金额，借记“专用基金——留本基金——本金——已投资”科目，贷记“专用基金——留本基金——本金——未投资”科目。

3. 高等学校直接使用留本基金进行投资时的核算方法

（1）投资时，按照动用留本基金投资的数额，借记“短期投资”“长期债券投资”等科目，贷记“银行存款”科目；同时，按照相同的金额，借记“专用基金——留本基金——本金——未投资”科目，贷记“专用基金——留本基金——本金——已投资”科目。

（2）期末，对持有的留本基金投资确认应计利息收入时，按照确认的应计利息，借记“应收利息”“长期债券投资”科目，贷记“专用基金——留本基金——收益”科目。

（3）收到留本基金投资获得的利息时，按照实际收到的金额，借记“银行存款”科目，贷记“应收利息”科目。

（4）收回留本基金投资时，按照收回的金额，借记“银行存款”科目，按照收回的投资本金及相关利息金额，贷记“短期投资”“长期债券投资”等科目，按照两者的差额，贷记或借记“专用基金——留本基金——收益”科目。同时，按照收回的留本基金本金金额，借记“专用基金——留本基金——本金——已投资”科目，贷记“专用基金——留本基金——本金——未投资”科目。

4. 高等学校按照协议将留本基金收益转增本金时，按照转增的金额，借记“专用基金——留本基金——收益”科目，贷记“专用基金——留本基金——本金——未投资”科目。

5. 高等学校按照协议可以使用留本基金取得的收益时，按照可以使用的金额，借记“专用基金——留本基金——收益”科目，贷记“捐赠收入”科目；同时，按照相同的金额，借记“资金结存——货币资金”科目，贷记“捐赠预算收入”科目。使用留本基金收益时，按照使用的金额，借记“业务活动费用”等科目，贷记“银行存款”等科目；同时，借记“事业支出——教育支出”等科目，贷记“资金结存——货币资金”科目。

6. 按照协议规定的留本基金限定期限到期，高等学校将留本基金转为可以使用的资金，按照转为可以使用的资金数额，借记“专用基金——留本基金——本金——未投资”科目，贷记“捐赠收入”科目；同时按照相同的金额，借记“资金结存——货币资金”科目，贷记“捐赠预算收入”科目。

5.3 权益法调整的核算

“权益法调整”是高等学校、中小学校共用科目。

5.3.1 认识权益法调整

权益法调整是核算高等学校、中小学校持有的长期股权投资采用权益法核算时，按照被投资单位除净损益和利润分配以外的所有者权益变动份额调整长期股权投资账面余额而计入净资产的金额，期末余额反映高等学校、中小学校在被投资单位除净损益和利润分配以外的所有者权益变动中累积享有（或分担）的份额。

权益法调整的科目设置：应当设置“权益法调整”科目，并按照被投资单位进行明细核算。

5.3.2 权益法调整的核算方法

1. 学校年末结转时权益法调整的核算方法

按照被投资单位除净损益和利润分配以外的所有者权益变动应享有（或应分担）的份额，借记或贷记“长期股权投资——其他权益变动”科目，贷记或借记“权益法调整”科目。

实例【5-8】 2019年12月31日，某学校以银行存款890 000元进行一项长期股权投资，拥有其60%的份额，能够决定被投资单位的财务和经营政策，后续计量采用权益法。被投资单位从其他单位无偿调入一台专用工具，增加其他净资产260 000元。应编制会计分录如下：

财务会计：

借：长期股权投资——其他权益变动　　156 000

　　贷：权益法调整　　156 000

注意：预算会计不需要做分录。

2. 学校处置该项投资时权益法调整的核算方法

采用权益法核算的长期股权投资，因被投资单位除净损益和利润分配以外的所有者权益变动而将应享有（或应分担）的份额计入单位净资产的，处置该项投资时，按照原计入净资产的相应部分金额转入“投资收益”科目。

实例【5-9】 接上例，2019 年 12 月 31 日，某学校采用权益法核算长期股权投资。现将被投资单位除净损益和利润分配以外大的所有者权益变动而计入单位净资产的 260 000 元专用工具进行处理。应编制会计分录如下：

财务会计：

借：权益法调整　156 000

　　贷：长期股权投资——其他权益变动　156 000

注意：预算会计不需要做分录。

5.4　本期盈余的核算

将 2018 年 12 月 31 日原账会计科目余额转入新账财务会计科目：新制度设置了“本期盈余”科目，该科目的核算内容包含了原账“经营结余”科目的核算内容。新制度规定“本期盈余”科目余额最终转入“累计盈余”科目，如果原账的“经营结余”科目有借方余额，转账时，高等学校、中小学校应当将原账的“经营结余”科目借方余额转入新账的“累计盈余”科目借方。

“本期盈余”是高等学校和中小学共用科目。

5.4.1　认识本期盈余

本期盈余是高等学校、中小学校本期各项收入、费用相抵后的余额。贷方余额，反映自年初至当期期末累计实现的盈余，借方余额，反映自年初至当期期末累计实现的亏损，年末结账后，本科目应无余额。

本期盈余的科目设置：本科目应当按照“行政事业盈余”和“经营盈余”进行明细核算。

5.4.2 费用结转本期盈余的核算方法

实例【5-10】 2019年11月30日，某学校期末各类费用科目借方余额如下：业务活动费用200 000元，单位管理费用160 000元，经营费用120 000元，资产处置费用5 000元，上缴上级费1 500元，对附属单位补助费用3 000元，所得税费用2 500元，其他费用200 000元。期末结转本期业务。应编制会计分录如下：

财务会计：

借：本期盈余	692 000	
贷：业务活动费用		200 000
单位管理费用		160 000
经营费用		120 000
资产处置费用		5 000
上缴上级费用		1 500
对附属单位补助费用		3 000
所得税费用		2 500
其他费用		200 000

注意：预算会计不需要做分录。

实例【5-11】 2019年12月31日，某学校各损益类账户余额情况如下：业务活动费用借方余额123 450元，单位管理费用借方余额128 620元，所得税费用借方余额37 890元，其他费用借方余额12 730元，经营费用借方余额8 900元，应编制会计分录如下：:

财务会计：

借：本期盈余——行政事业盈余	302 690	
贷：业务活动费用		123 450
单位管理费用		128 620
所得税费用		37 890

其他费用　　12 730

借：本期盈余——经营盈余　　8 900

贷：经营费用　　8 900

注意：预算会计不需要做分录。

5.4.3　收入结转本期盈余的核算方法

1. 学校年末结转期盈余科目为贷方余额时事业单位收入结转本期盈余的核算方法

本期盈余科目为贷方余额时，将“本期盈余”科目余额转入“本年盈余分配”科目，注意：预算会计不需要做分录。

实例【5-12】 2019 年 12 月 31 日，某学校本期盈余科目贷方余额 1 331 966元。应编制会计分录如下：

财务会计：

借：本期盈余——行政事业盈余　　1 286 866

——经营盈余　　45 100

贷：本期盈余分配　　1 331 966

注意：预算会计不需要做分录。

实例【5-13】 2019 年 12 月 31 日，某学校事业收入贷方余额 166 000元，财政拨款收入贷方余额 924 500 元，投资收益贷方余额 355 600元，租金收入贷方余额 120 000 元，其他收入贷方余额 23 456 元，经营收入贷方余额 37 000 元。应编制会计分录如下：

财务会计：

借：财政拨款收入　　924 500

事业收入　　166 000

投资收益　　355 600

租金收入　　120 000

其他收入　　23 456

贷：本期盈余——行政事业盈余　　1 589 556

借：经营收入　　37 000

　　贷：本期盈余——经营结余　　37 000

注意：预算会计不需要做分录。

实例【5-14】 2019 年 11 月 30 日，某学校期末各收入科目贷方余额如下：财政拨款收入 200 000 元，事业收入 150 000 元，上级补助收入 1 000 元，附属单位上缴收入 2 000 元，经营收入 130 000 元，非同级财政拨款收入 20 000 元，投资收益 13 000 元，捐赠收入 10 000 元，利息收入 2 300 元，租金收入 30 000 元，其他收入 190 000 元。期末结转本期业务。应编制会计分录如下：

财务会计：

借：财政拨款收入　　200 000

　　事业收入　　150 000

　　上级补助收入　　1 000

　　附属单位上缴收入　　2 000

　　经营收入　　130 000

　　非同级财政拨款收入　　20 000

　　投资收益　　13 000

　　捐赠收入　　10 000

　　利息收入　　2 300

　　租金收入　　30 000

　　其他收入　　190 000

　　贷：本期盈余　　748 300

注意：预算会计不需要做分录。

2. 学校年末结转期盈余科目为借方余额事业单位收入结转本期盈余的核算方法

实例【5-15】 2019 年 12 月 31 日，某学校各期按规定完成各类收入和费用结转后，本期盈余借方余额为 194 万元。请完成年末结转。应编制会计分录如下：

财务会计：

借：本年盈余分配 1 940 000

　　贷：本期盈余 1 940 000

注意：预算会计不需要做分录。

5.5 本年盈余分配的核算

“本年盈余分配”是高等学校、中小学校共用科目。

5.5.1 认识本年盈余分配

本年盈余分配是核算高等学校、中小学校本年度盈余分配的情况和结果。年末结账后，应无余额。

5.5.2 本年盈余分配的核算方法

1. 学校将本期盈余余额转入本年盈余分配

2. 学校提取专用基金时本年盈余分配的核算方法

年末，根据有关规定从本年度非财政拨款结余或经营结余中提取专用基金的，按照预算会计计算的金额，财务会计：借记“本年盈余分配”科目，贷记“专用基金”科目。

实例【5-16】 2019年12月31日，某学校年终结余分配前，非财政拨款结余分配科目贷方余额为85 000元，根据规定按40%的比例从非财政拨款结余中提取职工福利基金34 000元，应编制会计分录如下：

财务会计：

借：本年盈余分配 34 000

　　贷：专用基金——职工福利基金 34 000

预算会计：

借：非财政拨款结余分配 34 000

　　贷：专用结余 34 000

3. 学校年末结转时本年盈余分配的核算方法

年末，按照规定完成上述1、2处理后，将本科目余额转入累计盈余，年末结账后，本科目应无余额。

实例【5-17】 2019年12月31日，某学校本年盈余分配年末借方余额为1 056 966元。应编制会计分录如下：

财务会计：

借：本年盈余分配　　1 056 966

　　贷：累计盈余　　1 056 966

5.6 无偿调拨净资产的核算

“无偿调拨净资产”是高等学校、中小学校共用科目。

5.6.1 认识无偿调拨净资产

无偿调拨净资产是核算高等学校、中小学校无偿调入或调出非现金资产所引起的的净资产变动金额。年末结账后，无余额。

5.6.2 无偿调拨净资产的核算方法

1. 学校按照规定取得无偿调入的非现金资产时无偿调拨净资产的核算方法

按照确定的成本，借记有关资产科目，按照调入过程中发生的归属于调入方的相关费用，贷记“零余额账户用款额度”“银行存款”等科目，按照其差额，贷记“无偿调拨净资产”科目。

实例【5-18】 2019年1月11日，某学校无偿调入图书一批，调出方账面价值为27 900元，应编制会计分录如下：

财务会计：

借：固定资产——图书　　27 900

贷：无偿调拨净资产　　27 900

注意：预算会计不需要做分录。

2. 学校按照规定经批准无偿调出非现金资产时无偿调拨净资产的核算方法

将调出资产的账面余额或账面价值转入本科目，按照调出过程中发生的归属于调出方的相关费用，计入“资产处置费用”科目中。

实例【5-19】 2019 年 1 月 11 日，某学校经批准调出一台教学用录像仪，原价 54 200 元，累计折旧 36 780 元。应编制会计分录如下：

财务会计：

借：无偿调拨净资产　　17 420

　　固定资产累计折旧　　36 780

　　贷：固定资产　　54 200

注意：预算会计不需要做分录。

3. 学校年末结转时无偿调拨净资产的核算方法

将本科目余额转入累计盈余，年末结账后，本科目应无余额。

实例【5-20】 2019 年 12 月 31 日，某学校“无偿调拨净资产”科目年末贷方余额 26 000 元，年末进行结转，应编制会计分录如下：

财务会计：

借：无偿调拨净资产　　26 000

　　贷：累计盈余　　26 000

注意：预算会计不需要做分录。

5.7　以前年度盈余调整的核算

以前年度盈余调整科目是政府会计制度中财务会计净资产的科目，预算会计中无此类科目，涉及调整以前年度收入、费用事项时，预算会计直接调整有关科目期初余额。

“以前年度盈余调整”是高等学校、中小学校共用科目。

5.7.1 认识以前年度盈余调整

以前年度盈余调整是核算高等学校、中小学校本年度发生的调整以前年度盈余的事项，包括本年度发生的重要前期差错更正涉及调整以前年度盈余的事项，年末结转后应无余额。

5.7.2 以前年度盈余调整的核算方法

1. 学校调整增加以前年度收入时以前年度盈余调整的核算方法

实例【5-21】 2019年1月1日，某学校发现2018年发生的一笔日常业务专用教学材料采购支出24 500元，材料质量有问题，退回供货商后，款项已通过零余额账户收到。应编制会计分录如下：

财务会计：

借：零余额账户用款额度　　24 500

　　贷：以前年度盈余调整　　24 500

预算会计：

借：资金结存——货币资金　　24 500

　　贷：财政拨款结转——年初余额调整——基本支出结转　24 500

实例【5-22】 2019年1月1日，某学校因发生差错更正收到非财政拨款结转资金18 900元，已通过银行存款收讫，应编制会计分录如下：

财务会计：

借：银行存款　　18 900

　　贷：非财政拨款结转——年初余额调整　　18 900

2. 学校调整增加以前年度费用时以前年度盈余调整的核算方法

实例【5-23】 2019年1月1日，某学校发现未支付上年发生的专家讲课费，专家讲课费3 600元，款项从学校零余额账户转出。应编制会计分录如下：

财务会计：

借：以前年度盈余调整　3 600

　　贷：零余额账户用款额度　3 600

预算会计：

借：财政拨款结转——年初余额调整　3 600

　　贷：资金结存——零余额账户用款额度　3 600

3. 学校盘盈的各种非流动资产，报经批准后处理时以前年度盈余调整的核算方法

实例【5-24】 2019 年 1 月 1 日，某学校年初在资产登记时，发现一台电脑没有入账，该类电脑市场价格为 4 300 元，报经批准予以处理。应编制会计分录如下：

财务会计：

借：待处理财产损溢　4 300

　　贷：以前年度盈余调整　4 300

注意：预算会计不需要做分录。

4. 学校期末结转时以前年度盈余调整的核算方法

经上述调整后，应将本科目的余额转入累计盈余，科目结转后应无余额。

实例【5-25】 2019 年 1 月 1 日，某学校经计算，将以前年度盈余调整科目的贷方余额 27 700 元转入累计盈余。应编制会计分录如下：

财务会计：

借：以前年度盈余调整　27 700

　　贷：累计盈余　27 700

注意：预算会计不需要做分录。

第 6 章　收入类科目核算

收入是指报告期内导致高等学校、中小学校净资产增加的、含有服务潜力或者经济利益的经济资源的流入。本科目期末结转后，应无余额。高等学校、中小学校依法取得的应当上缴财政收入款项等，不属于政府会计主体的收入。

收入的确认条件：

1. 与收入相关的含有服务潜力或者经济利益的经济资源很可能流入政府会计主体。

2. 含有服务潜力或者经济利益的经济资源流入会导致政府会计主体资产增加或者负债减少。

3. 流入金额能够可靠地计量。

本章主要讲述收入类科目共 11 项包括：财政拨款收入、事业收入、上级补助收入、附属单位上缴收入、经营收入、非同级财政拨款收入、投资收益、捐赠收入、利息收入、租金收入、其他收入。

6.1　财政拨款收入的核算

“财政拨款收入”是高等学校、中小学校共用科目。

6.1.1　认识财政拨款收入

财政拨款收入是即高等学校、中小学校从同级财政部门取得的各类财政拨款。本科目期末结转后，应无余额。

注意：同级政府财政部门预拨的下期预算款和没有纳入预算的暂付款

项，以及采用实拨资金方式通过高等学校、中小学校转拨给下属单位的财政拨款，通过“其他应付款”科目核算，不通过本科目核算。

财政拨款收入的科目设置：财政拨款收入可按照一般公共预算财政拨款、政府性基金预算财政拨款等拨款种类进行明细核算。

高等学校从同级财政部门取得的各类财政拨款包括：

1. 财政教育拨款，即高等学校从同级财政部门取得的各类财政教育拨款。

2. 财政科研拨款，即高等学校从同级财政部门取得的各类财政科研拨款。

3. 财政其他拨款，即高等学校从同级财政部门取得的本条上述拨款范围以外的财政拨款。

6.1.2　财政直接支付方式下财政拨款收入的核算方法

根据收到的“财政直接支付入账通知书”及相关原始凭证，按照通知书中的直接支付入账金额。

1. 学校日常取得财政收入时财政拨款收入的核算方法

日常取得财政收入时，财务会计：借记“库存物品”“固定资产”“业务活动费用”“单位管理费用”“应付职工薪酬”等科目，贷记“财政拨款收入”科目。涉及增值税业务的，相关账务处理参见“应交增值税”科目；预算会计：借记“事业支出”科目，贷记“财政拨款预算收入”科目。

实例【6-1】 2019 年 1 月 27 日，某学校根据银行转来的“财政直接支付入账通知书”及相关原始凭证表明，支付学校管理部门的印刷费 5 730 元。应编制会计分录如下：

财务会计：

借：业务活动费用——商品和服务费用　　5 730

　　贷：财政拨款收入——一般公共预算财政拨款　　5 730

预算会计：

借：事业支出——行政管理支出　　5 730

　　贷：财政拨款预算收入——基本支出——日常公用经费——公共财政预算拨款　　5 730

实例【6-2】 2019年4月27日，某学校后勤部门发生如下经济业务：财政直接支付方式下，根据收到的“财政直接支付入账通知书”及相关原始凭证，按照通知书中的直接支付入账金额，采购库存物品2 500元，采购电脑5 600元（均已验收入库），支付业务用印刷费3 100元，后勤零星办公用品900元。（暂不考虑增值税）应编制会计分录如下：

财务会计：

借：库存物品　　2 500

　　固定资产　　5 600

　　业务活动费用　　3 100

　　单位管理费用　　900

　　贷：财政拨款收入　　12 100

预算会计：

借：事业支出——后勤保障支出　　12 100

　　贷：财政拨款预算收入　　12 100

实例【6-3】 2019年5月，某学校发生如下经济业务：

(1) 5月5日，财政直接支付方式下，根据收到的“财政直接支付入账通知书”及相关原始凭证，按照通知书中的直接支付入账金额，学校后勤部门采购低值易耗品1 870元，未验收入库。应编制会计分录如下：

财务会计

借：在途物品　　1 870

　　贷：财政拨款收入　　1 870

预算会计：

借：事业支出——后勤保障支出　　1 870

　　贷：财政拨款预算收入　　1 870

(2) 5月7日，低值易耗品1 870元，验收入库。应编制会计分录如下：

财务会计：

借：库存物品　　1 870

　　贷：在途物品　　1 870

注意：预算会计不需要做分录。

2. 学校年末，财政直接支付预算指标与实际支出的差额时财政拨款收入的核算方法

年末，财政直接支付预算指标与实际支出的差额，财务会计：借记“财政应返还额度——财政直接支付”科目，贷记“财政拨款收入”科目；预算会计：借记“资金结存——财政应返还额度”科目，贷记“财政拨款预算收入”科目。

实例【6-4】 2019年1月27日，某学校本年年末确认用于基本支出的财政直接支付预算指标数为1 000 000元，本年财政直接支付实际支出数为850 000元，财政应返还额度150 000元。应编制会计分录如下：

财务会计：

借：财政应返还额度——财政直接支付　　150 000

　　贷：财政拨款收入——公共财政预算拨款　　150 000

预算会计：

借：资金结存——财政应返还额度　　150 000

　　贷：财政拨款预算收入——基本支出——日常公用经费——公共财政预算拨款　　150 000

6.1.3 财政授权支付方式下财政拨款收入的核算方法

1. 学校日常取得财政收入时财政拨款收入的核算方法

根据收到的“财政授权支付额度到账通知书”，按照通知书中的授权支付额度，财务会计：借记“零余额账户用款额度”科目，贷记“财政拨款收入”科目。预算会计：借记“资金结存——零余额账户用款额度”科目，贷记“财政拨款预算收入”科目。

实例【6-5】 2019年12月1日，某学校收到代理银行转来《财政资金授权支付额度通知书》，拨入授权支付额度148 400元。其中日常公用经费51 400元，通用设备购置项目97 000元，应编制会计分录如下：

财务会计：

借：零余额账户用款额度　　148 400

贷：财政拨款收入——公共财政预算拨款　　148 400

预算会计：

借：资金结存——零余额账户用款额度　　148 400

贷：财政拨款预算收入——基本支出——日常公用经费——公共财政预算拨款　　51 400

——项目支出——通用设备购置项目——公共财政预算拨款　　97 000

2. 学校年末，财政授权支付预算指标与零余额账户用款额度下达数的差额（未下达数）时财政拨款收入的核算方法

年末，财政授权支付预算指标与零余额账户用款额度下达数的差额（未下达数），财务会计：借记“财政应返还额度——财政授权支付”科目，贷记“财政拨款收入”科目。预算会计：借记“资金结存——零余额账户用款额度”科目，贷记“财政拨款预算收入”科目。

实例【6-6】 2019年12月1日，某学校本年年末确认用于基本支出的财政授权支付预算指标数为900 000元，本年零余额账户用款额度下达数875 000元，财政应返还25 000元，应编制会计分录如下：

财务会计：

借：财政应返还额度——财政授权支付　　25 000

贷：财政拨款收入——般公共预算财政拨款　　25 000

预算会计：

借：资金结存——零余额账户用款额度　　25 000

贷：财政拨款预算收入——基本支出——日常公用经费——公共财政拨款　　25 000

6.1.4 其他方式下收到财政拨款收入的核算方法

按照实际收到的金额，财务会计：借记“银行存款”科目，贷记“财政拨款收入”科目。预算会计：借记“资金结存——货币资金”科目，贷记“财政拨款预算收入”科目。

1. 学校基本户实际收到财政拨款时财政拨款收入的核算方法

实例【6-7】 某学校 2019 年 12 月，发生如下经济业务：

（1）2019 年 12 月 2 日，单位基本户实际收到财政拨款收入 32 800 元。应编制会计分录如下：

财务会计：

借：银行存款　　32 800

　　贷：财政拨款收入　　32 800

预算会计：

借：资金结存——货币资金　　32 800

　　贷：财政拨款预算收入　　32 800

（2）2019 年 12 月 3 日，基本户收到同级政府财政部门预拨的下期预算款 40 000 元。收到同级政府财政部门预拨的下期预算款，按照实际收到的金额，应编制会计分录如下：

财务会计：

借：银行存款　　40 000

　　贷：其他应付款　　40 000

注意：预算会计不需要做分录。

（3）2020 年 1 月 1 日，将上年 12 月 3 日预拨的预算款 40 000 元纳入预算。待到下一预算期纳入预算时，应编制会计分录如下：

财务会计：

借：其他应付款　　40 000

　　贷：财政拨款收入　　40 000

预算会计：

借：资金结存——货币资金　　40 000

　　贷：财政拨款预算收入　　40 000

（4）2019 年 12 月 4 日，基本户收到没有纳入预算的暂付款项 58 100元。收到没有纳入预算的暂付款项，按照实际收到的金额，应编制会计分录如下：

财务会计：

借：银行存款　　58 100

贷：其他应付款　　58 100

注意：预算会计不需要做分录。

（5）2020 年 1 月 10 日，将上年 12 月 4 日收到没有纳入预算的暂付款项 58 100 元批准纳入年度预算。应编制会计分录如下：

财务会计：

借：其他应付款　　58 100

贷：财政拨款收入　　58 100

预算会计：

借：资金结存——货币资金　　58 100

贷：财政拨款预算收入　　58 100

2. 学校属于以前年度支付的款项，因差错更正或购货退回等发生国库直接支付款项退回时财政拨款收入的核算方法

按照退回金额，财务会计：借记“财政应返还额度——财政直接支付”科目，贷记“以前年度盈余调整”“库存物品”等科目。

实例【6-8】 2019 年 1 月 27 日，某学校年初退回一批上年用财政直接支付方式购买的教学专用材料 4 760 元，材料已发出，退款已收到，应编制会计分录如下：

财务会计：

借：财政应返还额度——财政直接支付　　4 760

贷：库存物品　　4 760

预算会计：

借：资金结存——财政应返还额度　　4 760

贷：财政拨款结转——年初余额调整　　4 760

3. 学校属于本年度支付的款项，因差错更正或购货退回等发生国库直接支付款项退回时财政拨款收入的核算方法

按照退回金额，财务会计：借记“财政拨款收入”科目，贷记“业务活动费用”“库存物品”等科目。预算会计：借记“财政拨款预算收入”科目，贷记“事业支出”科目。

实例【6-9】 2019 年 1 月 27 日，某学校通过财政直接支付购买的一台办公使用电脑耗材（项目支出），入库时发现质量问题，电脑已退回。收到代理银行转来的财政直接支付退款通知书，退回相关货款 44 300元，应编制会计分录如下：

财务会计：

借：财政拨款收入——一般公共预算财政拨款　　44 300

　　贷：固定资产　　44 300

预算会计：

借：财政拨款预算收入——项目支出——固定资产——公共财政预算拨款　　44 300

　　贷：事业支出——行政管理支出　　44 300

6.1.5　期末结转财政拨款收入的核算方法

将“财政拨款收入”科目余额转到“本期盈余”科目。将“财政拨款预算收入”科目本年发生额转入“财政拨款结转——本年收支结转”科目。结转后财政收入科目无余额。

实例【6-10】 2019 年 12 月 31 日，某学校财政预算拨款收入 856 000元，其中基本支出拨款 550 000 元，项目支出拨款 306 000 元，应编制会计分录如下：

财务会计：

借：财政拨款收入　　856 000

　　贷：本期盈余　　856 000

预算会计：

借：财政拨款预算收入——基本支出拨款　　550 000

　　　　　　　　　　——项目支出拨款　　306 000

　　贷：财政拨款结转——本年收支结转——基本支出结转　　550 000

　　　　　　　　　　　　　　　　　　——项目支出结转　　306 000

6.2 事业收入的核算

“事业收入”是高等学校、中小学校共用科目。

6.2.1 认识事业收入

事业收入即高等学校、中小学校开展教育教学及其辅助活动依法取得的收入。不包括从同级政府财政部门取得的各类财政拨款。高等学校因开展科研及其辅助活动从非同级政府财政部门取得的经费拨款，也通过本科目核算。本科目期末结转后，应无余额。

1. 事业收入的范围：按规定应上缴财政预算的资金和应缴财政专户的资金不计入“事业收入”科目；从财政专户核拨的资金和经财政部门核准不上缴国库或者财政专户的资金，应计入“事业收入”科目。

2. 事业收入的科目设置：本科目应当按照事业收入的类别、来源等进行明细核算。

高等学校应当在新制度规定的“4101 事业收入”科目下设置“410101 教育事业收入”“410102 科研事业收入”明细科目。

“410101 教育事业收入”科目核算高等学校开展教学活动及其辅助活动实现的收入。包括：通过学历和非学历教育向学生个人或者单位收取的学费、住宿费、委托培养费、考试考务费、培训费和其他教育事业收入。

“410102 科研事业收入”科目核算高等学校开展科研活动及其辅助活动实现的收入。包括通过承接科研项目、开展科研协作、转化科技成果、进行科技咨询等取得的收入。科研事业收入不包括按照部门预算隶属关系从同级财政部门取得的财政拨款。

6.2.2 采用预收款方式、应收款方式确认的事业收入的核算方法

以合同完成进度确认事业收入时，应当根据业务实质，选择累计实际发生的合同成本占合同预计总成本的比例、已经完成的合同工作量占合同预计总工作量的比例、已经完成的时间占合同期限的比例、实际测定的完

工进度等方法，合理确定合同完成进度。

1. 学校采用预收款方式确认的事业收入的核算方法

实例【6-11】 2019 年 1 月 20 日，某学校科研部门采用预收款方式开发一项软件，合同约定工期为两年，收到合同总收入 86 000 元，并存入银行。按照合同约定，2019 年 12 月 31 日，开发的系统软件项目已完成进度 50%，确认事业收入 43 000 元，应编制会计分录如下：

（1）收到预收款时：

财务会计：

借：银行存款　　86 000

　　贷：预收账款　　86 000

预算会计：

借：资金结存——货币资金　　86 000

　　贷：事业预算收入——科研事业预算收入　　86 000

（2）合同完成进度 50%：

财务会计：

借：预收账款　　43 000

　　贷：事业收入——科研事业收入　　43 000

注意：预算会计不需要做分录。

2. 学校采用应收款方式确认的事业收入的核算方法

实例【6-12】 2019 年 1 月 20 日，某学校科研部门采用应收款方式开发一项软件，合同约定工期为两年，合同总收入 90 000 元，第一期项目已完成进度 50%，确认事业收入 45 000 元，按照合同约定，2019 年 12 月 31 日，已收到第一期项目款 45 000 元，并存入银行，余款待项目完成时支付。应编制会计分录如下：

（1）根据合同完成进度计算本期应收的款项，

财务会计：

借：应收账款　　45 000

　　贷：事业收入——科研事业收入　　45 000

注意：预算会计不需要做分录。

(2) 实际收到款项时,

财务会计:

借: 银行存款 45 000

　　贷: 应收账款 45 000

预算会计:

借: 资金结存——货币资金 45 000

　　贷: 事业预算收入——科研事业预算收入 45 000

6.2.3 期末结转事业收入的核算方法

期末,将“事业收入”本期发生额转入“本期盈余”科目,将“事业预算收入”本年发生额中的专项资金收入转入“非财政拨款结转——本年收支结转”科目;将“事业预算收入”本年发生额中的非专项资金收入转入“其他结余”科目,期末结转后,科目应无余额。

实例【6-13】 2019 年 12 月 31 日,某学校的事业预算收入中专项资金收入本年发生额 670 000 元,非专项资金收入 45 000 元,期末进行结转。应编制会计分录如下:

财务会计:

借: 事业收入——专项资金收入 670 000

　　　　——非专项资金收入 45 000

　　贷: 本期盈余 715 000

预算会计:

借: 事业预算收入——专项资金收入 670 000

　　　　——非专项资金收入 45 000

　　贷: 非财政拨款结转——本年收支结转 715 000

6.3 上级补助收入的核算

“上级补助收入”是高等学校、中小学校共用科目。

6.3.1　认识上级补助收入

上级补助收入即高等学校、中小学校从主管部门和上级单位取得的非财政拨款收入。需要按照主管部门或上级单位的要求来进行管理，按规定的用途使用。本科目期末结转后，应无余额。

上级补助收入的科目设置：按照发放补助单位、补助项目等进行明细核算。如有专项资金收入，还应按具体项目进行明细核算。

6.3.2　发生上级补助收入的核算方法

实例【6-14】 2019 年 1 月 21 日，某学校收到上级教育部门拨入科研专项开发项目经费 70 000 元，非财政补助收入，应编制会计分录如下：

财务会计：

借：银行存款　　70 000

　　贷：上级补助收入——专项资金收入　　70 000

预算会计：

借：资金结存——货币资金　　70 000

　　贷：上级补助收入——专项资金收入　　70 000

实例【6-15】 2019 年 1 月 21 日，某学校收到上级教育部门拨入日常工作经费 100 000 元，非财政补助收入，应编制会计分录如下：

财务会计：

借：银行存款　　100 000

　　贷：上级补助收入——非专项资金收入　　100 000

预算会计：

借：资金结存——货币资金　　100 000

　　贷：上级补助收入——非专项资金收入　　100 000

6.3.3　期末结转上级补助收入的核算方法

期末，将上级补助收入本期发生额转入“本期盈余”科目；将上级补助预算收入本年发生额中的专项资金收入转入“非财政拨款结转——本年收支结转”科目；将本科目本年发生额中的非专项资金收入转入“其他结余”科目。本科目期末应无余额。

实例【6-16】 2019年12月31日，某学校结转上级补助收入467 000元，应编制会计分录如下：

财务会计：

借：上级补助收入　　467 000

　贷：本期盈余　　467 000

预算会计：

借：上级补助收入——专项资金收入　　192 000

　上级补助收入——非专项资金收入　　275 000

　贷：非财政拨款结转——本年收支结转　　192 000

　　其他结余　　275 000

6.4 附属单位上缴收入的核算

“附属单位上缴收入”是高等学校、非义务教育阶段中小学校共用科目。

6.4.1 认识附属单位上缴收入

附属单位上缴收入即高等学校、非义务教育阶段中小学校附属的独立核算单位按照有关规定上缴学校的收入。本科目期末结转后，应无余额。

附属单位上缴收入科目设置：设置“附属单位上缴收入”，该科目核算事业单位收到独立核算附属单位按规定上缴的款项。上缴预算收入应当按照附属单位、缴款项目、《政府收支分类科目》中“支出功能分类科目”的项级科目等进行明细核算。附属单位上缴预算收入中如有专项资金收入，还应按照具体项目进行明细核算。

6.4.2　附属单位上缴收入的核算方法

按照应收或收到的金额，财务会计：借记“其他应收款”“银行存款”等科目，贷记“附属单位上缴收入”科目。实际收到应收附属单位上缴款时，按照实际收到的金额，借记“银行存款”等科目，贷记“其他应收款”科目。收到附属单位缴来款项时，按照实际收到的金额，预算会计：借记“资金结存——货币资金”科目，贷记“附属单位上缴预算收入”科目。

实例【6-17】 2019年1月23日，某学校收到独立核算的服务部分成款58 000元，通过银行存款收讫。应编制会计分录如下：

财务会计：

借：银行存款　　58 000

　　贷：附属单位上缴收入——非专项资金收入——服务部　58 000

预算会计：

借：资金结存——货币资金　　58 000

　　贷：附属单位上缴预算收入——非专项资金收入——服务部

58 000

实例【6-18】 2019年1月23日，某学校收到独立核算的体育馆上缴的用于大学生运动会专项资金160 000元，通过银行存款收讫。应编制会计分录如下：

财务会计：

借：银行存款　　160 000

　　贷：附属单位上缴收入——专项资金收入——大学生运动会

160 000

预算会计：

借：资金结存——货币资金　　160 000

　　贷：附属单位上缴预算收入——专项资金收入——大学生运动会

160 000

6.4.3　期末结转附属单位上缴收入的核算方法

期末，将附属单位上缴收入本期发生额转入本期盈余，借记“附属单位上缴收入”科目，贷记“本期盈余”科目。将附属单位上缴预算收入本年发生额中的专项资金收入转入非财政拨款结转，借记本科目下各专项资金收入明细科目，贷记“非财政拨款结转——本年收支结转”科目；将本科目本年发生额中的非专项资金收入转入其他结余，借记本科目下各非专项资金收入明细科目，贷记“其他结余”科目。期末结转后，本科目应无余额。

实例【6-19】 2019 年 1 月 31 日，某学校结转附属单位上缴收入发生额 218 000，应编制会计分录如下：

财务会计：

借：附属单位上缴收入——非专项资金收入——服务部 58 000

附属单位上缴收入——专项资金收入——大学生运动会 160 000

贷：本期盈余 218 000

预算会计：

借：附属单位上缴预算收入——非专项资金收入——服务部 58 000

附属单位上缴预算收入——专项资金收入——大学生运动会 160 000

贷：非财政拨款结转——本年收支结转 160 000

其他结余 58 000

6.5 经营收入的核算

“经营收入”是高等学校、非义务教育阶段中小学校共用科目。

6.5.1 认识经营收入

经营收入即高等学校、非义务教育阶段中小学校在教育教学及其辅助活动之外，开展非独立核算经营活动取得的收入。本科目期末结转后，应无余额。

经营收入的科目设置：经营收入应当按照经营活动类别、项目和收入来源等进行明细核算。

6.5.2　实现经营收入时的核算方法

按照确定的收入金额，财务会计：借记“银行存款”“应收账款”“应收票据”等科目，贷记“经营收入”科目。预算会计按照实际收到的金额，借记“资金结存——货币资金”科目，贷记“经营预算收入”科目。涉及增值税业务的，相关账务处理参见“应交增值税”科目。

实例【6-20】 2019 年 2 月 10 日，某学校下设复印服务部为客户服务（没有实行独立核算）当日收到复印费收入 480 元，款项已存入银行，应编制会计分录如下：

财务会计：

借：银行存款　480

　　贷：经营收入——复印业务——复印费　480

预算会计：

借：资金结存——货币资金　480

　　贷：经营预算收入——复印业务——复印费　480

实例【6-21】 2019 年 2 月 10 日，某学校利用技术条件对外销售一项附属产品，当日销售商品一批，价值 23 200（含税），款项尚未收到，假如该学校为一般纳税人，增值税税率 16%，应编制会计分录如下：

财务会计：

借：应收账款　23 200

　　贷：经营收入　20 000

　　　　应交增值税——应交税金——销项税额　3 200

注意：预算会计不需要做分录。

6.5.3　期末结转经营收入的核算方法

期末，将经营收入本期发生额转入本期盈余，借记“经营收入”科目，贷记“本期盈余”科目。将经营预算收入本年发生额转入经营结余，借记“经营预算收入”科目，贷记“经营结余”科目。年末结转后，科目应无余额。

实例【6-22】 2019 年 1 月 31 日，某学校经营收入本年科目发生额 24 510 元进行期末结转，应编制会计分录如下：

财务会计：

借：经营收入　　24 510

　　贷：本期盈余　　24 510

预算会计：

借：经营预算收入　　24 510

　　贷：经营结余　　24 510

6.6 非同级财政拨款收入的核算

“非同级财政拨款收入”是高等学校、中小学校共用科目。

6.6.1 认识非同级财政拨款收入

非同级财政拨款收入是核算高等学校、中小学校从非同级政府财政部门取得的经费拨款，包括从同级政府其他部门取得的横向转拨财政款、从上级或下级政府财政部门取得的经费拨款等。

注意：高等学校、中小学校因开展科研及其辅助活动从非同级政府财政部门取得的经费拨款，应当通过“事业收入——非同级财政拨款”科目核算，不通过本科目核算。

非同级财政拨款收入科目设置：应当按照本级横向转拨财政款和非本级财政拨款进行明细核算，并按照收入来源进行明细核算。

6.6.2 发生非同级财政拨款收入时的核算方法

按照应收或实际收到的金额，财务会计：借记“其他应收款”“银行存款”等科目，贷记“非同级财政拨款收入”科目。预算会计：按照实际收到的金额，借记“资金结存——货币资金”科目，贷记“非同级财政拨款预算收入”科目。

实例【6-23】 2019年1月4日，某学校从上级省财政部门取得一笔款项43 800元，用于完成专项任务，购置办公设备，款项已经存入银行存款账户。应编制会计分录如下：

财务会计：

借：银行存款 43 800

贷：非同级财政拨款收入 43 800

预算会计：

借：资金结存——货币资金 43 800

贷：非同级财政拨款预算收入——专项资金收入——非本级财政拨款——省财政部门——办公设备购置项目 43 800

实例【6-24】 2019年1月10日，某学校从当地财政部门获得一笔财政资金25 000元，为县政府给予的奖励，无限定用途，款项已经存入银行存款账户。应编制会计分录如下：

财务会计：

借：银行存款 25 000

贷：非同级财政拨款收入——本级横向转拨——县政府 25 000

预算会计：

借：资金结存——货币资金 25 000

贷：非同级财政拨款预算收入——非专项资金收入——本级横向转拨财政拨款——县政府 25 000

6.6.3 非同级财政拨款收入本期发生额转入本期盈余的核算方法

非同级财政拨款预算收入中将本科目本年发生额中的专项资金收入转入非财政拨款结转，预算会计：借记本科目下各专项资金收入明细科目，贷记“非财政拨款结转——本年收支结转”科目；将本科目本年发生额中的非专项资金收入转入其他结余，借记本科目下各非专项资金收入明细科目，贷记“其他结余”科目。期末结转后，本科目应无余额。

实例【6-25】 2019年1月31日，某学校将非同级财政拨款收入科目本期发生额转入本期盈余。应编制会计分录如下

财务会计：

借：非同级财政拨款收入　　　　(25 000 +43 800) 68 800

　　贷：本期盈余——事业盈余　　　　68 800

预算会计：

借：非同级财政拨款收入——专项资金收入　　　　43 800

　　贷：非财政拨款结转——本年收支结转　　　　43 800

借：非同级财政拨款收入——非专项资金收入　　　　25 000

　　贷：其他结余　　　　25 000

6.7　投资收益的核算

1. 投资收益是指核算高等学校、中小学校股权投资和债券投资所实现的收益或发生的损失。

2. 投资收益的科目设置：本科目应当按照投资的种类等进行明细核算。

3. 投资收益的主要应编制会计分录如下：日常核算参见“投资”相关账务处理；期末，将投资收益本期发生额转入本期盈余。将投资收益预算本年发生额转入其他结余。

6.8　捐赠收入的核算

“捐赠收入”是高等学校、中小学校共用科目。

6.8.1　认识捐赠收入

捐赠收入是高等学校、中小学校接受其他单位或者个人捐赠取得的收

入。期末结转后，本科目应无余额。

捐赠收入科目核算：应当按照捐赠资产的用途和捐赠单位等进行明细核算。

6.8.2　接受捐赠收入的核算方法

1. 学校接受的是货币资金，捐赠收入按照实际收到的金额确认的核算方法

实例【6-26】 2019 年 3 月 21 日，某学校收到社会捐赠的款项80 900 元，根据捐赠人的意愿，此款项限定用于奖学金。应编制会计分录如下：

财务会计：

借：银行存款　　80 900

　　贷：捐赠收入——专项资金收入　　80 900

预算会计：

借：资金结存——货币资金　　80 900

　　贷：其他预算收入——专项资金收入——捐赠收入——奖学金　　80 900

2. 学校接受捐赠的是存货、固定资产等非现金资产，捐赠收入是按照资产的成本与发生的相关费用、运输费的差额确认核算方法

实例【6-27】 2019 年 12 月，某学校发生如下经济业务：（1）12 月 9 日，接受捐赠低值易耗品一批，票据载明 10 000 元，发生相关税费运输费 500 元，银行支付完毕。按照确定的成本，应编制会计分录如下：

财务会计：

借：库存物品　　10 000

　　贷：银行存款　　500

　　　　捐赠收入　　9 500

预算会计：

借：其他支出　　500

　　贷：资金结存——货币资金　　500

（2）12月15日，接受捐赠电脑10台，票据载明50 000元，发生相关税费运输费600元，财政授权支付完毕。按照确定的成本，应编制会计分录如下：

财务会计：

借：固定资产　　50 000

　　贷：零余额账户用款额度　　600

　　　　捐赠收入　　49 400

预算会计：

借：其他支出　　600

　　贷：资金结存——零余额账户用款额度　　600

3. 捐赠的资产按照名义金额入账，捐赠收入按照1元确认的核算方法

实例【6-28】 2019年12月18日，某学校接受捐赠教学实验用原料一批，无法估计成本，以名义金额入账，发生相关税费运输费等支出1 000元，财政直接支付完毕。按照名义金额入账，应编制会计分录如下：

财务会计：

借：库存物品　　1

　　贷：捐赠收入　　1

借：其他费用　　1 000

　　贷：财政拨款收入　　1 000

预算会计：

借：其他支出　　1 000

　　贷：财政拨款预算收入　　1 000

4. 学校捐赠收入年末结转时的核算方法

实例【6-29】 2019年12月，某学校捐赠收入本期贷方发生额为10万元。“其他预算收入”本年发生额中的专项资金收入合计数20万元，“其他预算收入”本年发生额中的非专项资金收入50万元。作期末结转业务。应编制会计分录如下：

财务会计：

借：捐赠收入　　100 000

　　贷：本期盈余　　100 000

预算会计：

借：其他预算收入——捐赠预算收入　　200 000

　　贷：非财政拨款结转——本年收支结转　　200 000

借：其他预算收入——捐赠预算收入　　500 000

　　贷：其他结余　　500 000

6.9　利息收入的核算

“利息收入”是高等学校、中小学校共用科目。本节主要讲述利息收入、发生利息收入的核算方法。

1. 利息收入

高等学校、中小学校取得的银行存款利息收入。期末结转后，本科目应无余额。

2. 学校发生利息收入时的核算方法

实例【6-30】 2019 年 3 月 2 日，某学校收到银行存款利息 5500 元。应编制会计分录如下：

财务会计：

借：银行存款　　5 500

　　贷：利息收入——非专项资金收入　　5 500

预算会计：

借：资金结存——货币资金　　5 500

　　贷：其他预算收入——非专项资金收入——利息收入　　5 500

6.10 租金收入的核算

“租金收入”是高等学校和中小学共用科目。

6.10.1 认识租金收入

租金收入是高等学校、中小学校经批准利用国有资产出租取得并按照规定纳入本单位预算管理的租金收入。期末结转后，本科目应无余额。

租金收入科目核算：本科目应当按照出租国有资产类别和收入来源等进行明细核算。

6.10.2 租金收入的核算方法

1. 学校预收租金收入的核算方法

实例【6-31】 2019年4月，某学校发生如下经济业务：

(1) 4月1日，出租某办公用房3个月，采用预收租金方式，4月1日银行存款账户收到资产承租人一次性支付的租金6 000元。收到预付的租金时，应编制会计分录如下：

财务会计：

借：银行存款　　6 000

　　贷：预收账款　　6 000

预算会计：

借：资金结存——货币资金　　6 000

　　贷：其他预算收入——租金预算收入　　6 000

(2) 直线法分期确认4~6月租金收入2 000元。每个月应编制会计分录如下：

财务会计：

借：预收账款　　2 000

　　贷：租金收入　　2 000

2. 学校后付租金收入的核算方法

实例【6-32】 2019 年 4 月，某学校发生如下经济业务：

(1) 4 月 1 日，出租某办公用房三个月，采用后付租金方式，6 月 30 日银行收到资产承租人一次性支付的租金 6 000 元。4 月、5 月、6 月确认租金收入时，应编制会计分录如下：

财务会计：

借：应收账款　　2 000

　　贷：租金收入　　2 000

注意：预算会计不需要做分录。

(2) 6 月 30 日，通过银行存款账户一次性收取租金 6 000 元。应编制会计分录如下：

财务会计：

借：银行存款　　6 000

　　贷：应收账款　　6 000

预算会计：

借：资金结存——货币资金　　6 000

　　贷：其他预算收入——租金预算收入　　6 000

3. 学校分期收取租金方式的核算方法

实例【6-33】 2019 年 4 月 3 日，某学校发生如下经济业务，出租某办公用房，每月收取租金 7 000 元，款项已到银行存款账户。应编制会计分录如下：

财务会计：

借：银行存款　　7 000

　　贷：租金收入　　7 000

预算会计：

借：资金结存——货币资金　　7 000

　　贷：其他预算收入——租金预算收入　　7 000

6.11 其他收入的核算

“其他收入”是高等学校和中小学共用科目。

6.11.1 认识其他收入

其他收入是高等学校、中小学校取得的除财政拨款收入、事业收入、上级补助收入、附属单位上缴收入、经营收入、非同级财政拨款收入、投资收益、捐赠收入、利息收入、租金收入以外的各项收入，包括现金盘盈收入、按照规定纳入单位预算管理的科技成果转化收入、行政单位收回已核销的其他应收款、无法偿付的应付及预收款项、置换换出资产评估增值等。期末结转后，本科目应无余额。

其他收入科目核算：本科目应当按照其他收入的类别、来源等进行明细核算。

6.11.2 其他收入的核算方法

1. 学校发生现金盘盈时其他收入的核算方法

实例【6-34】 2019年1月28日，某学校财务部检查发现以下情况，现金的实际数比账面数多出500元，应编制会计分录如下：

财务会计：

借：库存现金　　500

　　贷：待处理财产损溢　　500

预算会计：

借：资金结存——货币资金　　500

　　贷：其他预算收入——非专项资金收入——现金盘盈收入　　500

（1）经核实，盘盈的500元为错收单位职工李玲的现金，应予以归还，应编制会计分录如下：

财务会计：

借：待处理财产损溢　500
　　贷：其他应付款——李玲　500
（2）付款时：
借：其他应付款——李玲　500
　　贷：库存现金　500
预算会计：
借：其他预算收入——非专项资金收入——现金盘盈收入　500
　　贷：资金结存——货币资金　500

2. 学校无法偿付的应付及预收款项时其他收入的核算方法

实例【6-35】 2019 年 3 月 22 日，某学校的应付款项，账面余额 3 560元，因债权人长期消失无法偿付，予以核销。应编制会计分录如下：

财务会计：
借：应付账款　3 560
　　贷：其他收入——非专项资金收入　3 560
注意：预算会计不需要做分录。

实例【6-36】 2019 年 12 月 10 日，某学校已确定无法偿付或债权人豁免偿还的应付账款 1.3 万元、预收账款 2.6 万元、其他应付款 3 万元及长期应付款 4 万元。应编制会计分录如下：

财务会计：
借：应付账款　13 000
　　预收账款　26 000
　　其他应付款　30 000
　　长期应付款　40 000
　　贷：其他收入　109 000
注意：预算会计不需要做分录。

3. 学校收回已核销的其他应收款项时其他收入的核算方法

实例【6-37】 2019年1月27日，某学校收回已冲销的上年B单位其他应收款5 700元，款项已存入银行，应编制会计分录如下：

财务会计：

借：银行存款　　5 700

　　贷：其他收入　　5 700

预算会计：

借：资金结存——货币资金　　5 700

　　贷：其他预算收入——非专项资金收入　　5 700

4. 学校置换换出资产评估增值时其他收入的核算方法

实例【6-38】 2019年1月27日，某学校通过置换换入一批办公用品。换出材料的账面价值为5 400元，评估值为5 900元，通过零余额账户支付补价700元，支付运杂费400元，办公用品已经验收入库，应编制会计分录如下：

换入存货的成本＝5 900＋700＋400＝7 000元

财务会计：

借：库存物品——办公用品　　7 000

　　贷：库存物品——材料　　5 400

　　　　零余额账户用款额度　　1 100

　　　　其他收入　　500

预算会计：

借：其他支出　　1 100

　　贷：资金结存——零余额账户用款额度　　1 100

5. 学校科技成果转化收入：按照规定留归本单位时其他收入的核算方法

实例【6-39】 2019年12月5日，某学校按照规定留归本学校的，科技成果转化所取得收入扣除相关费用后净收益为9.87万元。应编制会计分录如下：

财务会计

借：银行存款　　98 700

　　贷：其他收入　　98 700

预算会计：

借：资金结存——货币资金　　98 700

　　贷：其他预算收入　　98 700

6. 学校以未入账的无形资产取得的长期股权投资时其他收入的核算方法

实例【6-40】 2019 年 12 月 12 日，某学校以未入账的无形资产取得的长期股权投资，无形资产评估价值12 万元，相关税费为1 万元，款项已经银行支付。应编制会计分录如下：

财务会计：

借：长期股权投资——成本　　130 000

　　贷：银行存款　　10 000

　　　　其他收入　　120 000

预算会计：

借：其他支出　　10 000

　　贷：资金结存——货币资金　　10 000

6.11.3　期末结转其他收入的核算方法

期末其他收入本期发生额转入“本期盈余”。结转后，应无余额。

年末，将其他预算收入中的专项资金收入转入非财政拨款结转，借记本科目下各专项资金收入明细科目，贷记“非财政拨款结转——本年收支结转”科目；将本科目本年发生额中的非专项资金收入转入其他结余，借记本科目下各非专项资金收入明细科目，贷记“其他结余”科目。期末结转后，本科目应无余额。

实例【6-41】 2019 年 12 月 31 日，某学校其他收入科目本期发生额贷方余额为 20 万元。“其他预算收入”本年发生额中的专项资金收入合计数为 5 万元，“其他预算收入”本年发生额中的非专项资金收入合计数为 30 万元。应编制会计分录如下：

财务会计：

借：其他收入　　200 000

　　贷：本期盈余　　200 000

预算会计：

借：其他预算收入　　50 000

　　贷：非财政拨款结转——本年收支结转　　50 000

借：其他预算收入　　300 000

　　贷：其他结余　　300 000

第 7 章　费用类科目核算

费用：是指报告期内导致高等学校、中小学校净资产减少的、含有服务潜力或者经济利益的经济资源的流出。

费用类科目的会计核算类似于我们之前用过的支出科目，分录相对简单，增加在借方，年末结转至本期盈余，科目无余额。

费用的确认：

1. 与费用相关的含有服务潜力或者经济利益的经济资源很可能流出政府会计主体。

2. 含有服务潜力或者经济利益的经济资源流出会导致政府会计主体资产减少或负债增加。

3. 流出的金额能够可靠地计量。

本章主要讲述费用类科目共 8 项包括：业务活动费用、单位管理费用、经营费用、资产处置费用、上缴上级费用、对附属单位补助费用、所得税费用、其他费用。

7.1　业务活动费用的核算

“业务活动费用”是高等学校、中小学共用科目。

7.1.1　认识业务活动费用

业务活动费用是为实现其职能目标，高等学校、中小学校开展专业业务活动及其辅助活动所发生的各项费用。

业务活动费用的科目设置：本科目应当按照项目、服务或者业务类别、支付对象等进行明细核算。

高等学校应当在新制度规定的“5001 业务活动费用”科目下设置“500101 教育费用”、“500102 科研费用”明细科目。

“500101 教育费用”科目核算高等学校开展教学及其辅助活动、学生事务等活动所发生的，能够直接计入或采用一定方法计算后计入的各项费用。

“500102 科研费用”科目核算高等学校开展科研及其辅助活动所发生的，能够直接计入或采用一定方法计算后计入的各项费用。

7.1.2 为履职或开展业务活动人员计提薪酬时业务活动费用的核算方法

1. 学校为履职或开展业务活动人员计提薪酬时业务活动费用的核算方法

按照计算确定的金额，财务会计：借记“业务活动费用”科目，贷记“应付职工薪酬”科目。计提时预算会计不需要做分录。

实例【7-1】 2019 年 2 月 21 日，某学校计算本月教育部门应发工资 258 000 元，并代扣个人所得税 10 000 元，五日后财政直接支付工资并缴纳个人所得税，应编制会计分录如下：

财务会计：

借：业务活动费用——教育费用——工资福利费用　258 000

　　贷：应付职工薪酬——基本工资　248 000

　　　　其他应交税费——应交个人所得税　10 000

注意：预算会计不需要做分录。

2. 学校支付职工薪酬时业务活动费用的核算方法

（事业单位除了经营部门职工）按照实际支付的金额，预算会计：借记“事业支出”科目，贷记“财政拨款预算收入”“资金结存”科目。按照规定代扣代缴个人所得税以及代扣代缴或为职工缴纳职工社会保险费、住房公积金等时，按照实际缴纳的金额，借记“其他应交税费——应交个人所得税”科目，贷记“财政拨款预算收入”“资金结存”科目。

实例【7-2】 接上例，5 日后财政直接支付工资并缴纳个人所得税，应编制会计分录如下：

财务会计：

借：应付职工薪酬——基本工资 248 000

其他应交税费——应交个人所得税 10 000

贷：财政拨款收入 258 000

预算会计：

借：事业支出——基本支出——财政拨款支出——一般公共服务支出——工资福利支出——基本工资——一般公共预算财政拨款 258 000

贷：财政拨款预算收入——基本支出——人员经费 258 000

7.1.3 为履职或开展业务活动发生外部人员劳务费时业务活动费用的核算方法

为履职或开展业务活动发生的外部人员劳务费，按照计算确定的金额，财务会计：借记“业务活动费用”“单位管理费用”科目，按照代扣代缴个人所得税的金额，贷记“其他应交税费——应交个人所得税”科目，按照扣税后应付或实际支付的金额，贷记“其他应付款”“财政拨款收入”“零余额账户用款额度”“银行存款”等科目。预算会计按照实际支付给外部人员个人的金额，借记“事业支出”科目，贷记“财政拨款预算收入”“资金结存”科目。按照规定代扣代缴个人所得税时，按照实际缴纳的金额，借记“其他应交税费——应交个人所得税”科目，贷记“财政拨款预算收入”“资金结存”科目。

实例【7-3】 2019 年 2 月 21 日，某学校科研部门本月支付外聘人员咨询费 52 000 元，并代扣个人所得税 4 800 元，剩余款已由银行存款支付。应编制会计分录如下：

财务会计：

借：业务活动费用——科研费用——商品和服务费用 52 000

贷：其他应交税费——应交个人所得税 4 800

银行存款 47 200

预算会计：

借：事业支出——基本支出——财政拨款支出——一般公共服务支出——商品和服务支出——咨询费——一般公共预算财政拨款　52 000
　　贷：资金结存——货币资金　52 000

7.1.4 为履职或开展业务活动领用库存物品时业务活动费用的核算方法

1. 学校为履职或开展业务活动领用库存物品的核算方法

按照领用库存物品账面余额，财务会计：借记“业务活动费用”科目，贷记“库存物品”科目。

实例【7-4】 2019年1月27日，某学校开出“材料入库单”，后勤业务领用A材料一批，采用加权平均法计算出其价值为7 950元，应编制会计分录如下：

财务会计：

借：单位管理费用——商品和服务费用　7 950
　　贷：库存物品　7 950

注意：预算会计不需要做分录。

2. 学校为购买存货、固定资产、无形资产等以及在建工程支付相关款项时业务活动费用的核算方法

按照实际支付的金额，预算会计：借记“事业支出”科目，贷记“财政拨款预算收入”“资金结存”科目。

实例【7-5】 2019年1月27日，某学校因专项教学活动发生设备购置费97 000元，已经收到国库支付执行机构委托代理银行转来的财政直接支付入账通知书及原始凭证，应编制会计分录如下：

财务会计：

借：固定资产——专用设备　97 000
　　贷：财政拨款收入　97 000

预算会计：

借：事业支出——项目支出——财政拨款支出——专用设备购置项目——××设备　97 000

贷：财政拨款预算收入——项目支出——专用设备购置——
××设备　97 000

3. 学校为履职或开展业务活动所使用的固定资产、无形资产以及为所控制的公共基础设施、保障性住房计提的折旧、摊销时业务活动费用的核算方法

按照计提金额，借记“业务活动费用”科目，贷记“固定资产累计折旧”“无形资产累计摊销”“公共基础设施累计折旧（摊销）”“保障性住房累计折旧”科目。

实例【7-6】 2019 年 1 月 31 日，某学校对本期的固定资产计提折旧，其中甲教学楼应分摊的折旧费为 32 400 元，乙教学楼应分摊的折旧费为 36 000 元，管理部门应分摊的折旧费为 2 400 元，应编制会计分录如下：

财务会计：

借：单位管理费用——固定资产折旧费　2 400

业务活动费用——固定资产折旧费　68 400

贷：固定资产累计折旧——甲教学楼　32 400

——乙教学楼　36 000

——管理部门　2 400

4. 学校为履职或开展业务活动发生的城市维护建设税、教育费附加、地方教育费附加、车船税、房产税、城镇土地使用税等时业务活动费用的核算方法

按照计算确定应交纳的金额，财务会计：借记“业务活动费用”科目，贷记“其他应交税费”等科目。

实例【7-7】 2019 年 2 月 7 日，某学校计算出租房屋的相关税费，其中房产税 21 600 元，城市维护建设税 600 元，教育费附加 257. 14 元，地方教育费附加 171. 43 元。应编制会计分录如下：

财务会计：

借：业务活动费用——商品和服务费用　22 628. 57

贷：其他应交税费——应交房产税　21 600
——应交城市维护建设税　600
——应交教育费附加　257.14
——应交地方教育费　171.43

注意：预算会计不需要做分录。

实例【7-8】 接上例，假如用银行存款支付上述税费，预算会计，按照实际支付的金额，借记“事业支出”，贷记“财政拨款预算收入”“资金结存”科目。应编制会计分录如下：

财务会计：

借：其他应交税费——应交房产税　21 600
——应交城市维护建设税　600
——应交教育费附加　257.14
——应交地方教育费附加　171.43
贷：银行存款　22 628.57

预算会计：

借：事业支出——基本支出——财政拨款支出——商品和服务支出——其他商品和服务支出　22 628.57
贷：资金结存——货币资金　22 628.57

7.1.5　为履职或开展业务活动发生其他各项费用时业务活动费用的核算方法

财务会计按照费用确认金额，借记“业务活动费用”科目，贷记“财政拨款收入”“零余额账户用款额度“ “银行存款”“应付账款”“其他应付款”“其他应收款”等科目。预算会计按照实际支付的金额，借记“业务活动费用”科目，贷记“财政拨款预算收入”“资金结存”科目。

实例【7-9】 2019 年 2 月 7 日，某学校在定点会议供应商处召开专题工作会议，支出 26 000 元，财政直接支付，应编制会计分录如下：

财务会计：

借：业务活动费用——商品和服务费用　26 000

贷：财政拨款收入　　26 000

预算会计：

借：事业支出——基本支出——财政拨款支出——一般公共服务支出——商品和服务支出——会议费一般公共预算财政拨款　　26 000

贷：财政拨款预算收入——基本支出——日常公用经费　26 000

7.1.6　从收入中提取专用基金并计入费用的业务活动费用的核算方法

按照规定从收入中提取专用基金并计入费用的，一般按照预算会计下基于预算收入计算提取的金额，财务会计：借记“业务活动费用”科目，贷记“专用基金”科目。国家另有规定的，从其规定。

实例【7-10】　2019 年 12 月 31 日，某学校本月事业收入 360 000 元，根据有关规定按事业收入的 2% 提取专用基金，共提取专用基金 7 200元。应编制会计分录如下：

财务会计：

借：业务活动费用——计提专用基金　　7 200

贷：专用基金　　7 200

注意：预算会计不需要做分录。

实例【7-11】　2019 年 1 月 27 日，某学校为了向项目承担单位和个人提供良好服务和工作条件，提取管理费 89 000 元。应编制会计分录如下：

财务会计：

借：单位管理费用——商品和服务费用　　89 000

贷：预提费用　　89 000

注意：预算会计不需要做分录。

7.1.7　发生当年购货退回或差错更正等业务时业务活动费用的核算方法

发生当年购货退回或差错更正等业务时，财务会计对于已计入本年业务活动费用的，按照收回或应收的金额，借记“财政拨款收入”“零余额账户用款额度”“银行存款”“其他应收款”等科目，贷记“业务活动费用”科目。预算会计当年支出收回的，按照收回或更正金额，借记“财政拨款预算收入”“资金结存”科目，贷记“事业支出”科目。

实例【7-12】 2019 年 1 月 27 日，某高等学校科研部门通过财政直接支付购买的一批电脑耗材，入库时发现质量问题，材料已退回。接到代理银行转来的财政直接支付退款通知书，退回相关货款 24 700 元。应编制会计分录如下：

财务会计：

借：财政拨款收入——公共财政预算拨款　　24 700

　　贷：业务活动费用——科研费用——商品和服务费用　　24 700

预算会计：

借：财政拨款预算收入——项目支出　　24 700

　　贷：事业支出——项目支出　　24 700

7.1.8 发生预付账款时业务活动费用的核算方法

发生预付账款时，按照实际支付的金额，预算会计：借记“事业支出”科目，贷记“财政拨款预算收入”“资金结存”科目。对于暂付款项，在支付款项时可不做预算会计处理，待结算或报销时，按照结算或报销的金额，借记“事业支出”科目，贷记“资金结存”科目。

实例【7-13】 2019 年 1 月 16 日，某学校专项项目培训，按培训合同规定预付给提供培训的 A 单位 75 600 元费用，通过零余额账户支付，应编制会计分录如下：

财务会计：

借：预付账款——A 单位　　75 600

　　贷：零余额账户用款额度　　75 600

预算会计：

借：事业支出——项目支出——财政拨款支出——一般公共服务支出——商品和服务支出——培训费——培训项目　　75 600

　　贷：资金结存——零余额账户用款额度　　75 600

7.1.9　期末结转业务活动费用的核算方法

期末，将“业务活动费用”科目本期发生额转入本期盈余，财务会计：借记“本期盈余”科目，贷记“业务活动费用”科目。期末结转后，本科目应无余额。

实例【7-14】 2019年12月31日，某学校事业支出71 000元，均为财政拨款支出，其中基本支出42 000元，项目支出29 000元。应编制会计分录如下：

财务会计：

借：本期盈余	71 000	
贷：业务活动费用		71 000

预算会计：

借：财政拨款结转——本年收支结转——基本支出结转	42 000	
——项目支出结转	29 000	
贷：事业支出——基本支出——财政拨款支出		42 000
事业支出——项目支出——财政拨款支出		29 000

7.2　单位管理费用的核算

“单位管理费用”是高等学校、中小学共用科目。

7.2.1　认识单位管理费用

单位管理费用是核算高等学校、中小学校本级行政及后勤管理部门开展管理活动发生的各项费用，包括单位行政及后勤管理部门发生的人员经费、公用经费、资产折旧（摊销）等费用，以及由单位统一负担的离退休人员经费、工会经费、诉讼费、中介费等。

单位管理费用的科目设置：应当按照项目、费用类别、支付对象等进行明细核算。

高等学校应当在新制度规定的“5101 单位管理费用”科目下设置“510101 行政管理费用”、“510102 后勤保障费用”、“510103 离退休费用”和“510109 单位统一负担的其他管理费用”明细科目。

“510101 行政管理费用”科目核算高等学校开展的行政管理活动所发生的各项费用。

“510102 后勤保障费用”科目核算高等学校统一负担的开展后勤保障活动所发生的各项费用。

“510103 离退休费用”科目核算高等学校统一负担的离退休人员工资、补助、活动经费等各项费用。

“510109 单位统一负担的其他管理费用”科目核算由高等学校统一负担的除行政管理费用、后勤保障费用、离退休费用之外的其他各项管理费用，如工会经费、诉讼费、中介费等。

7.2.2　单位管理费用的核算方法

1. 学校职工出差报销差旅费时单位管理费用的核算方法

按照实际报销的金额，财务会计：借记“单位管理费用”科目，按照实际借出的现金金额，贷记“其他应收款”科目，按照其差额，借记或贷记“现金”科目；预算会计：借记“事业支出”科目，贷记“资金结存——货币资金”科目。

实例【7-15】 2019 年 2 月 10 日，某学校职工李康出差预借现金 3 000元，2019 年 2 月 15 日，李康出差回来，报销差旅费 3 500 元。已预借现金 3 000 元。应编制会计分录如下：

（1）预借时：

财务会计：

借：其他应收款——李康　　3 000

　　贷：库存现金　　3 000

注意：预算会计不需要做分录。

（2）李康出差回来，报销差旅费 3 500 元：

财务会计：

借：单位管理费用——行政管理费用　　3 500

贷：其他应收款——李康　　3 000
　　库存现金　　500

预算会计：

借：事业支出——行政管理支出　　3 500
　　贷：资金结存——货币资金　　3 500

2. 学校以现金支出办公费时单位管理费用的核算方法

按照实际支出金额，财务会计：借记“单位管理费用”科目，贷记“库存现金”科目；预算会计：借记“事业支出”科目，贷记“资金结存——货币资金”科目。

实例【7-16】 2019 年 1 月 14 日，学校以现金支付后勤部门办公费 800 元。应编制会计分录如下：

财务会计：

借：单位管理费用——后勤保障费用　　800
　　贷：库存现金　　800

预算会计：

借：事业支出——后勤保障费用　　800
　　贷：资金结存——货币资金　　800

3. 学校使用授权支付额度支付单位管理费用时的核算方法

按照支付的金额，财务会计：借记“单位管理费用”科目，贷记“零余额账户用款额度”科目；预算会计：借记“事业支出”科目，贷记“资金结存——零余额账户用款额度”科目。

实例【7-17】 2019 年 2 月 12 日，某学校开出授权支付凭证，通过零余额账户慰问离退休干部费用 5 000 元。应编制会计分录如下：

财务会计：

借：单位管理费用——离退休费用　　5 000
　　贷：零余额账户用款额度　　5 000

预算会计：

借：事业支出——离退休费用　　5 000

　　贷：资金结存——零余额账户用款额度　　5 000

7.3　经营费用的核算

“经营费用”是高等学校、非义务教育阶段中小学校共用科目。

7.3.1　认识经营费用

经营费用是核算高等学校、非义务教育阶段中小学校在专业业务活动及其辅助活动之外开展非独立核算经营活动发生的各项费用（预算会计现金流出）。

经营费用的科目设置：经营费用应当按照经营活动类别、项目、支付对象等进行明细核算。为了满足成本核算需要，“经营费用”科目下还可按照“工资福利费用”“商品和服务费用”“对个人和家庭的补助费用”“固定资产折旧费”“无形资产摊销费”等成本项目设置明细科目，归集能够直接计入单位经营活动或采用一定方法计算后计入单位经营活动的费用。

7.3.2　代扣代缴个人所得税以及代扣代缴或为职工缴纳职工社会保险费、住房公积金时经营费用的核算方法

按照规定代扣代缴个人所得税以及代扣代缴或为职工缴纳职工社会保险费、住房公积金时，为经营活动人员计提的薪酬，按照计算确定的金额，财务会计：借记“经营费用”科目，贷记“应付职工薪酬”科目。向职工个人支付薪酬时，按照实际的金额，预算会计：借记“经营支出”科目，贷记“资金结存”科目。

实例【7-18】 2019年1月31日，某学校通过银行转账5 200元支付对外经营体育场部门合同人员基本工资，代扣代缴个人所得税65元，实发工资额为5 135元，应编制会计分录如下：

(1) 计提工资时,
财务会计:
借:经营费用——工资福利费用 5 200
　　贷:应付职工薪酬——基本工资 5 200
注意:预算会计不需要做分录。
(2) 代扣代缴个人所得税时,
财务会计:
借:应付职工薪酬——基本工资 65
　　贷:其他应交税费——应交个人所得税 65
注意:预算会计不需要做分录。
(3) 发放工资时,
财务会计:
借:应付职工薪酬——基本工资 5 135
　　贷:银行存款 5 135
预算会计:
借:经营支出 5 135
　　贷:资金结存——货币资金 5 135

7.3.3 开展经营活动领用或发出库存物品经营费用的核算方法

财务会计:按照物品实际成本,借记“经营费用”科目,贷记“库存物品”科目。

注意:预算会计不需要做分录。

7.3.4 为经营活动所使用固定资产、无形资产计提的折旧、摊销时经营费用的核算方法

财务会计:按照应提折旧、摊销额,借记“经营费用“科目,贷记“固定资产累计折旧”“无形资产累计摊销”科目。预算会计不需要做分录。

实例【7-19】 2019年3月20日,某学校购入财务软件,价值为30 000元,计提无形资产摊销,合同规定期限为5年,应编制会计分录如下:

财务会计：

借：经营费用——无形资产摊销费　　500

　　贷：无形资产累计摊销　　500

注意：预算会计不需要做分录。

7.3.5　开展经营活动发生税费时经营费用的核算方法

开展经营活动发生城市维护建设税、教育费附加、地方教育费附加、车船税、房产税、城镇土地使用税等，按照计算确定应交纳的金额，财务会计：借记“经营费用”科目，贷记“其他应交税费”等科目。预算会计不需要做分录。

实例【7-20】　2019 年 2 月 7 日，某学校计算出租房屋的相关税费，其中房产税 21 600 元，城市维护建设税 600 元，教育费附加 257.14 元，地方教育费附加 171.43 元。应编制会计分录如下：

财务会计：

借：经营费用——商品和服务费用　　22 628.57

　　贷：其他应交税费——应交房产税　　21 600

　　　　　　　　　　——应交城市维护建设税　　600

　　　　　　　　　　——应交教育费附加　　257.14

　　　　　　　　　　——地方教育费附加　　171.43

注意：预算会计不需要做分录。

7.3.6　发生与经营活动相关的其他各项费用时经营费用的核算方法

按照费用确认金额，财务会计：借记“经营费用”科目，贷记“银行存款”“其他应付款”“其他应收款”等科目。涉及增值税业务的，相关账务处理参见“应交增值税”科目。

实例【7-21】　2019 年 1 月 31 日，某学校开展经营活动发生支出 9 700 元，通过银行存款支付，应编制会计分录如下：

财务会计：

借：经营费用——商品和服务费用　　9 700
　　贷：银行存款　　9 700
预算会计：
借：经营支出　　9 700
　　贷：资金结存——货币资金　　9 700

7.3.7　发生当年购货退回等业务时经营费用的核算方法

对于已计入本年经营费用的，按照收回或应收的金额，财务会计：借记“银行存款”“其他应收款”等科目，贷记“经营费用”科目。

实例【7-22】 2019 年 1 月 27 日，某学校通过银行存款购买的一批经营用电脑耗材，入库时发现质量问题，材料已退回，退回相关货款 24 600元，应编制会计分录如下：

财务会计：
借：银行存款　　24 600
　　贷：经营费用　　24 600
预算会计：
借：资金结存——货币资金　　24 600
　　贷：经营支出　　24 600

7.4　资产处置费用的核算

“资产处置费用”是高等学校、中小学校共用科目。

7.4.1　认识资产处置费用

资产处置费用是核算高等学校、中小学校经批准处置资产时发生的费用，包括转销的被处置资产价值，以及在处置过程中发生的相关费用或者处置收入小于相关费用形成的净支出。资产处置的形式按照规定包括无偿调拨、出售、出让、转让、置换、对外捐赠、报废、毁损以及货币性资产损失核销等。

高等学校、中小学校在资产清查中查明的资产盘亏、毁损以及资产报废等，应当先通过“待处理财产损溢”科目进行核算，再将处理资产价值和处理净支出计入本科目。

短期投资、长期股权投资、长期债券投资的处置，按照相关资产科目的规定进行账务处理。

资产处置费用的科目设置：应当按照处置资产的类别、资产处置的形式等进行明细核算。

7.4.2 资产处置费用的核算方法

资产处置费用的财务处理分为两种情况，一种是不通过“待处理财产损溢”科目核算的资产处置，一种情况时是通过“待处理财产损溢”科目核算的资产处置。

1. 学校不通过 “待处理财产损溢” 科目核算的资产处置时的核算方法

按照规定报经批准处置资产时，按照处置资产的账面价值及处置资产过程中仅发生相关费用的，一并计入本科目；处置资产过程中取得收入的，按照取得的价款，财务会计：借记“库存现金”“银行存款”等科目，按照处置资产过程中发生的相关费用，贷记“银行存款”“库存现金”等科目，按照其差额，借记“资产处置费用”科目或贷记“应缴财政款”等科目。涉及增值税业务的，相关账务处理参见“应交增值税”科目。

实例【7-23】 2019年1月23日，某学校经批准将一台六成新的设备出售，该设备原价68 900元，已计提折旧28 900元，

(1) 转入处置资产，应编制会计分录如下：

财务会计：

借：资产处置费用	40 000	
固定资产累计折旧	28 900	
贷：固定资产		68 900

注意：预算会计不需要做分录。

(2) 处置资产过程中发生处置费用 5 000，通过现金支付，应编制会计分录如下：

财务会计：

借：资产处置费用　　5 000

　　贷：库存现金　　5 000

预算会计：

借：其他支出　　5 000

　　贷：资金结存——货币资金　　5 000

(3) 取得处置收入 53 120 元时，通过银行存款收讫，应编制会计分录如下：

财务会计：

借：银行存款　　53 120

　　贷：应缴财政款　　53 120

注意：预算会计不需要做分录。

2. 学校通过 “待处理财产损溢” 科目核算的资产处置时的核算方法

单位账款核对中发现的现金短缺，属于无法查明原因的，报经批准核销时，借记“资产处置费用”科目，贷记“待处理财产损溢”科目。

学校资产清查过程中盘亏或者毁损、报废的存货、固定资产、无形资产、公共基础设施、政府储备物资、文物文化资产、保障性住房等，报经批准处理时，按照处理资产价值，财务会计：借记“资产处置费用”科目，贷记“待处理财产损溢——待处理财产价值”科目。处理收支结清时，处理过程中所取得收入小于所发生相关费用的，按照相关费用减去处理收入后的净支出，借记“资产处置费用”科目，贷记“待处理财产损溢——处理净收入”科目。

实例【7-24】 2019 年 1 月 28 日，某学校批准后出售不需用的教学专用设备一套，原价 150 000 元，已计提累计折旧 70 000 元，出售价格为 60 000 元，银行账户上已收到此笔款项。出售设备时，支付相关清理费用 3 000 元，通过银行存款支付。缴纳相关税费 2 000 元。应编制会计分录如下：

(1) 转入待处理资产时，

财务会计：

借：待处理财产损溢——待处理财产价值　80 000

　　固定资产累计折旧　70 000

　　贷：固定资产　150 000

注意：预算会计不需要做分录。

(2) 得变价收入时，

财务会计：

借：银行存款　60 000

　　贷：待处理财产损溢——处理净收入　60 000

注意：预算会计不需要做分录。

(3) 发生相关费用时，

财务会计：

借：待处理财产损溢——处理净收入　5 000

　　贷：银行存款　3 000

　　　　其他应交税费　2 000

注意：预算会计不需要做分录。

(4) 处理收入大于相关费用时，

财务会计：

借：待处理财产损溢——处理净收入　55 000

　　贷：应缴财政款　55 000

注意：预算会计不需要做分录。

(5) 上缴财政款时，

财务会计：

借：应缴财政款　55 000

　　其他应交税费　2 000

　　贷：银行存款　57 000

注意：预算会计不需要做分录。

(6) 报经批准处理时，

财务会计：

借：资产处置费用　80 000

贷：待处理财产损溢——待处理财产价值 80 000

处理收支结清时，处理净支出将其转至“资产处置费用”中。

期末，将本科目本期发生额转入本期盈余，借记“本期盈余”科目，贷记“资产处置费用”科目。期末结转后，本科目应无余额。

7.5 上缴上级费用的核算

“上缴上级费用”是高等学校、非义务教育阶段中小学校共用科目。

7.5.1 认识上缴上级费用

上缴上级费用是核算高等学校和非义务教育阶段中小学校按照财政部门和主管部门的规定上缴上级单位款项发生的费用或现金流出。

上缴上级费用的科目设置：上缴上级费用按照收缴款项单位、缴款项目等进行明细核算。

7.5.2 上缴上级费用的核算方法

实例【7-25】 2019年4月1日，某学校根据体制安排和本年事业收入，经营收入的数额，经计算，本年应上缴上级单位款项150 000元，已通过银行存款上缴了款项，应编制会计分录如下：

财务会计：

借：上缴上级费用——上级单位（某学校） 150 000

贷：银行存款 150 000

预算会计：

借：上缴上级支出——上级单位 150 000

贷：资金结存——货币资金 150 000

年末，将上缴上级支出本年发生额转入其他结余。期末，将上缴上级费用科目本期发生额转入本期盈余，结转后，科目应无余额。

7.6 对附属单位补助费用的核算

对附属单位补助费用是核算高等学校、非义务教育阶段中小学校用财政拨款收入之外的收入对附属单位补助发生的费用（现金流出）。是高等学校、非义务教育阶段中小学校共用科目。

1. 对附属单位补助费用的科目设置：

财务会计科目应当按照接受补助单位、补助项目等进行明细核算，预算会计科目同时还应当按照《政府收支分类科目》中“支出功能分类科目”的项级科目和“部门预算支出经济分类科目”的款级科目等进行明细核算。

2. 对附属单位补助费用的主要应编制会计分录如下：

高等学校、非义务教育阶段中小学校发生对附属单位补助支出的，按照实际补助的金额或者按照规定计算出应当对附属单位补助的金额，借记“附属单位补助费用”科目，贷记“银行存款”“其他应付款”等科目。

期末，将附属单位补助费用科目本期发生额转入本期盈余，年末，将附属单位补助支出科目本年发生额转入其他结余。

7.7 所得税费用的核算

“所得税费用”是高等学校、非义务教育中小学校共用科目。

7.7.1 认识所得税费用

所得税费用是核算有企业所得税缴纳义务的高等学校和非义务教育中小学校按规定缴纳企业所得税所形成的费用。

7.7.2 所得税费用的核算方法

在年初编制预算时难以对其该年度将实际缴纳的单位所得税做出合理

的估计，政府会计制度在预算会计账中将事业单位实际缴纳的单位所得税直接冲减“非财政拨款结转——累计结余”科目。

发生所得税纳税义务的，按照税法规定计算的应交税金数额，财务会计：借记“所得税费用”科目，贷记“其他应交税费——单位应交所得税”科目。实际缴纳时，按照缴纳金额，财务会计：借记“其他应交税费——单位应交所得税”科目，贷记“银行存款”科目。

实例【7-26】 2019 年 1 月 31 日，某学校按照税法规定计算本月应交所得税 19 340 元。应编制会计分录如下：

财务会计：

借：所得税费用	19 340	
贷：其他应交税费——应交所得税		19 340

注意：预算会计不需要做分录。

实际缴纳时，

财务会计：

借：其他应交税费——应交所得税	19 340	
贷：银行存款		19 340

预算会计：

借：非财政拨款结余——累计结余	19 340	
贷：资金结存——货币资金		19 340

年末，将本科目本年发生额转入本期盈余。

7.8　其他费用的核算

“其他费用”是高等学校、中小学校共用科目。

7.8.1　认识其他费用

其他费用是核算高等学校、中小学校发生的除业务活动费用、单位管理费用、经营费用、资产处置费用、上缴上级费用、附属单位补助费用、所得税费用以外的各项费用，包括利息费用、坏账损失、罚没支出、现金资产捐赠支出以及相关税费、运输费等。

其他费用的科目设置：应当按照其他费用的类别等进行明细核算。单位发生的利息费用较多的，可以单独设置“5701 利息费用”科目。

7.8.2 其他费用的核算方法

学校接受捐赠（或无偿调入）以名义金额计量的存货、固定资产、无形资产，以及成本无法可靠取得的公共基础设施、文物文化资产等发生的相关税费、运输费等，按照实际支付的金额，财务会计：借记“其他费用”科目，贷记“财政拨款收入”“零余额账户用款额度”“银行存款”“库存现金”等科目。单位发生的与受托代理资产相关的税费、运输费、保管费等，按照实际支付或应付的金额，借记“其他费用”科目，贷记“零余额账户用款额度”“银行存款”“库存现金”“其他应付款”等科目。

实例【7-27】 2019 年 1 月 21 日，某学校代为保管和转赠展品价值 300 000 元，按照协议约定由学校承担运输和保险费共计 23 400 元，通过零余额账户支付。应编制会计分录如下：

财务会计：

借：其他费用	23 400	
贷：零余额账户用款额度		23 400

预算会计：

借：其他支出	23 400	
贷：资金结存——零余额账户用款额度		23 400

高等学校经批准出资成立非企业法人单位，如教育基金会、研究院等，应当借记“其他费用”科目，贷记“银行存款”科目；同时，借记“其他支出”科目，贷记“资金结存——货币资金”科目。

第 8 章　预算收入类科目核算

预算收入是政府会计主体在预算年度内依法取得的并纳入预算管理的现金流入。

由于预算收入类、预算支出类会计科目年初无余额，在新旧制度转换时，高等学校、中小学校无须对预算收入类、预算支出类会计科目进行新账年初余额登记。

高等学校、中小学校自 2019 年 1 月 1 日起，应当按照新制度设置预算收入类、预算支出类科目并进行账务处理。

高等学校、中小学校存在 2018 年 12 月 31 日需要按照新制度预算会计核算基础调整预算会计科目期初余额的其他事项的，应当比照本规定调整新账的相应预算会计科目期初余额。

高等学校、中小学校对预算会计科目期初余额登记和调整，应当编制记账凭证，并将期初余额登记和调整的依据作为原始凭证。

本章主要讲述预算收入类科目共 9 项包括：财政拨款预算收入、事业预算收入、上级补助预算收入、附属单位上缴预算收入、经营预算收入、债务预算收入、非同级财政拨款预算收入、投资预算收益、其他预算收入。

8.1　财政拨款预算收入的核算

“财政拨款预算收入”是高等学校、中小学校共用科目。

8.1.1　认识财政拨款预算收入

财政拨款预算收入是高等学校、中小学校从同级政府财政部门取得的各类财政拨款。

财政拨款预算收入的科目设置：本科目应当设置“基本支出”和“项目支出”两个明细科目，并按照《政府收支分类科目》中“支出功能分类科目”的项级科目进行明细核算；同时，在“基本支出”明细科目下按照“人员经费”和“日常公用经费”进行明细核算，在“项目支出”明细科目下按照具体项目进行明细核算。

8.1.2 财政直接支付方式下财政拨款预算收入的核算方法

根据收到的“财政直接支付入账通知书”及相关原始凭证，按照通知书中的直接支付金额入账。

1. 学校日常直接支付方式下取得财政收入时财政拨款预算收入的核算方法

财务会计：借记“库存物品”“固定资产”“业务活动费用”“单位管理费用”“应付职工薪酬”等科目，贷记“财政拨款收入”科目。预算会计：借记“事业支出”科目，贷记“财政拨款预算收入”科目。涉及增值税业务的，相关账务处理参见“应交增值税”科目。

实例【8-1】 2019 年 4 月 16 日，某学校在财政直接支付方式下，根据收到的“财政直接支付入账通知书”及相关原始凭证，按照通知书中的直接支付入账金额，采购库存物品 2 900 元，采购电脑 5 600 元（均已验收入库），支付业务用印刷费 3 430 元，后勤零星办公用品 908 元。（暂不考虑增值税）应编制会计分录如下：

财务会计：

借：库存物品	2 900	
固定资产	5 600	
业务活动费用	3 430	
单位管理费用	908	
贷：财政拨款收入		12 838

预算会计：

借：事业支出	12 838	
贷：财政拨款预算收入——基本支出		12 838

实例【8-2】 2019 年 5 月 5 日，某学校财政直接支付方式下，根据收到的“财政直接支付入账通知书”及相关原始凭证，按照通知书中的直接支付入账金额，

(1) 采购低值易耗品 3 450 元，未验收入库。应编制会计分录如下：

财务会计：

借：在途物品　　3 450

　　贷：财政拨款收入　　3 450

预算会计：

借：事业支出　　3 450

　　贷：财政拨款预算收入——基本支出　　3 450

(2) 5 月 7 日，低值易耗品 3 450 元，验收入库。应编制会计分录如下：

财务会计：

借：库存物品　　3 450

　　贷：在途物品　　3 450

注意：预算会计不需要做分录。

2. 学校年末，财政直接支付预算指标与实际支出有差额时财政拨款预算收入的核算方法

财务会计：借记“财政应返还额度——财政直接支付”科目，贷记“财政拨款收入”科目；预算会计：借记“资金结存——财政应返还额度”科目，贷记“财政拨款预算收入”科目。

实例【8-3】 2019 年 12 月 31 日，某学校本年度财政直接支付预算指标数为 100 万元，当年财政直接支付实际支付数为 90 万元。年末确认拨款差额：根据本年度财政直接支付预算指标数与当年财政直接支付实际支付数的差额应编制会计分录如下：

财务会计：

借：财政应返还额度——财政直接支付　　100 000

　　贷：财政拨款收入　　100 000

预算会计：

借：资金结存——财政应返还额度 100 000

贷：财政拨款预算收入 100 000

8.1.3 财政授权支付方式下财政拨款预算收入的核算方法

实例【8-4】 2019年6月1日，某学校在财政授权支付方式下，收到的“财政授权支付额度到账通知书”，通知书中的项目资金授权支付额度为20 000元。应编制会计分录如下：

财务会计：

借：零余额账户用款额度 20 000

贷：财政拨款收入 20 000

预算会计：

借：资金结存——零余额账户用款额度 20 000

贷：财政拨款预算收入——项目支出 20 000

（2）6月5日，财政授权支付一笔业务包车费5 700元。应编制会计分录如下：

财务会计：

借：业务活动费用 5 700

贷：零余额账户用款额度 5 700

预算会计：

借：事业支出 5 700

贷：资金结存——零余额账户用款额度 5 700

实例【8-5】 2019年12月31日，某学校本年度财政授权支付预算指标数200万元，零余额账户用款额度下达数198万元，未下达的用款额度为2万元。年末确认拨款差额：本年度财政授权支付预算指标数大于零余额账户用款额度下达数的差额应编制会计分录如下：

财务会计：

借：财政应返还额度——财政授权支付 20 000

贷：财政拨款收入 20 000

预算会计：

借：资金结存——财政应返还额度　　20 000

　　贷：财政拨款预算收入　　20 000

8.1.4　其他方式下收到财政拨款收入时财政拨款预算收入的核算方法

按照实际收到的金额，财务会计：借记“银行存款”科目，贷记“财政拨款收入”科目，预算会计：借记“资金结存——货币资金”科目，贷记“财政拨款预算收入”科目。

实例【8-6】 2019 年 12 月 2 日，某学校基本户实际收到财政拨款收入 32 000 元。应编制会计分录如下：

财务会计：

借：银行存款　　32 000

　　贷：财政拨款收入　　32 000

预算会计：

借：资金结存——货币资金　　32 000

　　贷：财政拨款预算收入　　32 000

(2) 2019 年 12 月 3 日，银行基本户收到同级政府财政部门预拨的下期预算款 20 000 元，按照实际收到的金额，应编制会计分录如下：

财务会计：

借：银行存款　　20 000

　　贷：其他应付款　　20 000

注意：预算会计不需要做分录。

(3) 2019 年 12 月 4 日，银行基本户收到没有纳入预算的暂付款项 50 000 元。按照实际收到的金额，应编制会计分录如下：

财务会计：

借：银行存款　　50 000

　　贷：其他应付款　　50 000

注意：预算会计不需要做分录。

（4）2020 年 1 月 1 日，将上年 12 月 3 日预拨的预算款 20 000 元纳入预算。应编制会计分录如下：

财务会计：

借：其他应付款　　20 000

　　贷：财政拨款收入　　20 000

预算会计：

借：资金结存——货币资金　　20 000

　　贷：财政拨款预算收入　　20 000

（5）2020 年 1 月 1 日，将上年 12 月 4 日收到没有纳入预算的暂付款项 50 000 元批准纳入年度预算。应编制会计分录如下：

财务会计：

借：其他应付款　　50 000

　　贷：财政拨款收入　　50 000

预算会计：

借：资金结存——货币资金　　50 000

　　贷：财政拨款预算收入　　50 000

8.1.5　因差错更正或购货退回等发生国库直接支付款项退回时财政拨款预算收入的核算方法

1. 学校因差错更正退回资金时财政拨款预算收入的核算方法

属于以前年度支付的款项，按照退回金额，财务会计：借记“财政应返还额度——财政直接支付”科目，贷记“以前年度盈余调整”“库存物品”等科目。

实例【8-7】 2019 年 10 月 5 日，某学校因差错更正发生国库直接支付款项退回的，属于以前年度支付的款项，退回金额为 2 600 元，资金为财政拨款结转资金。应编制会计分录如下：

财务会计：

借：财政应返还额度——财政直接支付　　2 600

　　贷：以前年度盈余调整　　2 600

预算会计：

借：资金结存——财政应返还额度　　2 600

　　贷：财政拨款结转——年初余额调整　　2 600

2. 学校因购货退回更正退回资金时财政拨款预算收入的核算方法

实例【8-8】 2019 年 10 月 7 日，某学校因购货退回发生国库直接支付款项退回的，属于以前年度支付的款项，退回金额 5 400 元，为财政拨款结转资金。应编制会计分录如下：

财务会计：

借：财政应返还额度——财政直接支付　　5 400

　　贷：库存物品　　5 400

预算会计：

借：资金结存——财政应返还额度　　5 400

　　贷：财政拨款结转——年初余额调整　　5 400

8.1.6　财政拨款预算收入期末结转的核算方法

财务会计：将“财政拨款收入”科目余额转到“本期盈余”科目。预算会计：将“财政拨款预算收入”科目本年发生额转入“财政拨款结转——本年收支结转”科目。结转后财政拨款收入科目无余额。

实例【8-9】 2019 年 12 月 31 日，某学校财政预算拨款收入750 000元，其中基本支出拨款400 000 元，项目支出拨款350 000 元，应编制会计分录如下：

财务会计：

借：财政拨款收入　　750 000

　　贷：本期盈余　　750 000

预算会计：

借：财政拨款预算收入——基本支出拨款　　400 000

　　财政拨款预算收入——项目支出拨款　　350 000

　　贷：财政拨款结转——本年收支结转——基本支出结转　　400 000

　　　　财政拨款结转——本年收支结转——项目支出结转　　350 000

实例【8-10】 2019年12月31日，某学校期末，将财政拨款收入本期发生额50万元转入本期盈余。同时，财政拨款预算收入本期发生额55万元，将本科目发生额转入财政拨款结转。应编制会计分录如下：

财务会计：

借：财政拨款收入　　500 000

　　贷：本期盈余　　500 000

预算会计：

借：财政拨款预算收入　　550 000

　　贷：财政拨款结转——本年收支结转　　550 000

8.2　事业预算收入的核算

“事业预算收入”是高等学校、中小学校共用科目。

8.2.1　认识事业预算收入

事业预算收入是高等学校、中小学校开展专业业务活动及其辅助活动取得的现金流入。因开展科研及其辅助活动从非同级政府财政部门取得的经费拨款，也通过本科目核算。年末结转后，本科目应无余额。

事业预算收入的科目设置：本科目应当按照事业预算收入类别、项目、来源、《政府收支分类科目》中“支出功能分类科目”项级科目等进行明细核算。对于因开展科研及其辅助活动从非同级政府财政部门取得的经费拨款，应当在本科目下单设“非同级财政拨款”明细科目进行明细核算；事业预算收入中如有专项资金收入，还应按照具体项目进行明细核算。

高等学校应当在新制度规定的“6101 事业预算收入”科目下设置“610101 教育事业预算收入”和“610102 科研事业预算收入”明细科目。

“610101 教育事业预算收入”科目核算高等学校开展教学活动及其辅助活动取得的现金流入。

“610102 科研事业预算收入”科目核算高等学校开展科研活动及其辅助活动取得的现金流入。

8.2.2　采用财政专户返还方式管理的事业预算收入的核算方法

1. 学校实现应上缴财政专户的事业收入时事业预算收入的核算方法

按照实际收到或应收的金额，财务会计：借记“银行存款”“应收账款”等科目，贷记“应缴财政款”科目。

2. 学校向财政专户上缴款项时事业预算收入的核算方法

按照实际上缴的款项金额，财务会计：借记“应缴财政款”科目，贷记“银行存款”等科目，但此时预算会计不需要做分录。

3. 学校收到从财政专户返还的事业收入时事业预算收入的核算方法

按照实际收到的返还金额，财务会计：借记“银行存款”等科目，贷记“事业收入”科目。实际收到的返还金额，财务会计：借记“资金结存——货币资金”科目，贷记“事业预算收入”科目。

实例【8-11】 2019 年 4 月，某学校发生如下经济业务：

（1）8 月 10 日，收到学生住宿费收入 50 000 元，银行已收款，实行收支两条线，需上交财政专户。实际收到应上缴财政专户的事业收入时，应编制会计分录如下：

财务会计：

借：银行存款	50 000	
贷：应缴财政款		50 000

注意：预算会计不需要做分录。

（2）8 月 15 日，向财政专户上缴款项 50 000 元，银行已付讫。向财政专户上缴款项时，应编制会计分录如下：

财务会计：

借：应缴财政款	50 000	
贷：银行存款		50 000

注意：预算会计不需要做分录。

（3）8 月 25 日，通过用款计划申请，收到从财政专户返还的收入 50 000 元，银行已到款。收到从财政专户返还的款项时，应编制会计分录如下：

财务会计：

借：银行存款　50 000

　　贷：事业收入——教育事业收入　50 000

预算会计：

借：资金结存——货币资金　50 000

　　贷：事业预算收入——教育事业预算收入　50 000

8.2.3　采用预收款、应收款方式确认的事业预算收入的核算方法

1. 学校采用预收款方式确认的事业预算收入的核算方法

实例【8-12】　2019 年 10 月，某学校科研部门发生如下经济业务：

(1) 10 月 8 日，提供对外专业业务活动，合同约定预收服务款项 27 800 元，银行已收讫。实际收到款项时，应编制会计分录如下：

财务会计：

借：银行存款　27 800

　　贷：预收账款　27 800

预算会计：

借：资金结存——货币资金　27 800

　　贷：事业预算收入——科研事业预算收入　27 800

(2) 11 月 3 日，以合同完成进度确认事业收入 10 000 元。按合同完成进度确认收入时，应编制会计分录如下：

财务会计：

借：预收账款　10 000

　　贷：事业收入——科研事业收入　10 000

注意：预算会计不需要做分录。

2. 学校采用应收款方式确认事业收入的核算方法

实例【8-13】 2019 年 11 月，某学校科研部门发生如下经济业务：

(1) 11 月 5 日，某项目根据合同完成进度计算本期应收的款项为 3 900元。根据合同完成进度计算本期应收的款项，应编制会计分录如下：

财务会计：

借：应收账款　　3 900

　　贷：事业收入——科研事业收入　　3 900

注意：预算会计不需要做分录。

(2) 11 月 10 日，实际收到款项 3 900 元。实际收到款项时，应编制会计分录如下：

财务会计：

借：银行存款　　3 900

　　贷：应收账款　　3 900

预算会计：

借：资金结存——货币资金　　3 900

　　贷：事业预算收入——科研事业预算收入　　3 900

8.2.4 其他方式下确认的事业预算收入的核算方法

实例【8-14】 2019 年 12 月，某学校科研部门发生如下经济业务：

(1) 12 月 2 日，对外提供专业业务活动，服务费 1 500 元，现金已收讫。应编制会计分录如下：

财务会计：

借：库存现金　　1 500

　　贷：事业收入——科研事业收入　　1 500

预算会计：

借：资金结存——货币资金　　1 500

　　贷：事业预算收入——科研事业预算收入　　1 500

(2) 12 月 2 日，款项交存银行。应编制会计分录如下：

财务会计：

借：银行存款　　1 500

　　贷：库存现金　　1 500

注意：预算会计不需要做分录。

8.2.5 认识期末结转财政拨款预算收入的核算方法

期末，将“事业预算收入”本年发生额中的专项资金收入转入“非财政拨款结转——本年收支结转”科目；将“事业预算收入”本年发生额中的非专项资金收入转入“其他结余”，期末本科目应无余额。

实例【8-15】 2019 年 12 月 31 日，某学校的事业预算收入中专项资金收入本年发生额 300 000 元，非专项资金收入 35 000 元，期末进行结转。应编制会计分录如下：

财务会计：

借：事业收入——专项资金收入　　300 000

　　事业收入——非专项资金收入　　35 000

　　贷：本期盈余　　335 000

预算会计：

借：事业预算收入——专项资金收入　　300 000

　　事业预算收入——非专项资金收入　　35 000

　　贷：非财政拨款结转——本年收支结转　　335 000

8.3 上级补助预算收入的核算

“上级补助预算收入”是高等学校、中小学校共用科目。。

8.3.1 认识上级补助预算收入

上级补助预算收入是高等学校、中小学校从主管部门和上级单位取得的非财政补助现金流入。年末结转后，本科目应无余额。

上级补助预算收入的科目设置：本科目应当按照发放补助单位、补助项目、《政府收支分类科目》中“支出功能分类科目”的项级科目等进行明细核算。上级补助预算收入中如有专项资金收入，还应按照具体项目进行明细核算。

8.3.2　发生上级补助预算收入的核算方法

实例【8-16】 2019 年 12 月，某学校发生如下经济业务：

(1) 12 月 8 日，实际收到上级补助收入 18 万元，银行已收讫。应编制会计分录如下：

财务会计：

借：银行存款　　180 000

　　贷：上级补助收入　　180 000

预算会计：

借：资金结存——货币资金　　180 000

　　贷：上级补助预算收入　　180 000

(2) 12 月 15 日，按规定应收上级补助收入 7 万元。确认时，按照应收或实际收到的金额，应编制会计分录如下：

财务会计：

借：其他应收款　　70 000

　　贷：上级补助收入　　70 000

注意：预算会计不需要做分录。

(3) 12 月 20 日，银行收到应收的上级补助收入 7 万元。应编制会计分录如下：

财务会计：

借：银行存款　　70 000

　　贷：其他应收款　　70 000

预算会计：

借：资金结存——货币资金　　70 000

　　贷：上级补助预算收入　　70 000

8.3.3 期末结转上级补助预算收入的核算方法

期末，将上级补助收入本期发生额转入本期盈余；将上级补助预算收入本年发生额中的专项资金收入转入“非财政拨款结转——本年收支结转”科目；将本科目本年发生额中的非专项资金收入转入“其他结余”科目。期末结转后，本科目应无余额。

实例【8-17】 2019年12月31日，某学校结转上级补助收入16万元，应编制会计分录如下：

财务会计：

借：上级补助收入　　160 000

　　贷：本期盈余　　160 000

预算会计：

借：上级补助收入——专项资金收入——市科研所——科研专项开发项目　　90 000

　　上级补助收入——非专项资金收入——行政运行——市科研所　　70 000

　　贷：非财政拨款结转——本年收支结转　　90 000

　　　　其他结余　　70 000

8.4 附属单位上缴预算收入的核算

“附属单位上缴预算收入”是高等学校、非义务教育阶段中小学校共用科目。

8.4.1 认识附属单位上缴预算收入

附属单位上缴预算收入：高等学和、校非义务教育阶段中小学校取得附属独立核算单位根据有关规定上缴的现金流入。年末结转后，本科目应无余额。

附属单位上缴预算收入的科目设置：本科目应当按照附属单位、缴款项目、《政府收支分类科目》中“支出功能分类科目”的项级科目等进行明细核算。附属单位上缴预算收入中如有专项资金收入，还应按照具体项目进行明细核算。

8.4.2 发生附属单位上缴预算收入的核算方法

确认附属单位上缴收入时，按照应收或收到的金额，财务会计：借记“其他应收款”“银行存款”等科目，贷记“附属单位上缴预算收入”科目。实际收到应收附属单位上缴款时，按照实际收到的金额，财务会计：借记“银行存款”等科目，贷记“其他应收款”科目。

收到附属单位缴来款项时，按照实际收到的金额，预算会计：借记“资金结存——货币资金”科目，贷记“附属单位上缴预算收入”科目。

实例【8-18】 2019 年 10 月，某学校发生如下经济业务：

（1）10 月 15 日，确认附属单位上缴收入，银行实际直接收到的金额为 26 700 元。应编制会计分录如下：

财务会计：

借：银行存款	26 700	
贷：附属单位上缴收入		26 700

预算会计：

借：资金结存——货币资金	26 700	
贷：附属单位上缴预算收入		26 700

（2）确认附属单位上缴收入时，应收的金额为 21 300 元。应编制会计分录如下：

财务会计：

借：其他应收款	21 300	
贷：附属单位上缴收入		21 300

注意：预算会计不需要做分录。

（3）实际收到应收附属单位上缴款款项，银行实际收到的金额为 21 300元。应编制会计分录如下：

财务会计：

借：银行存款　　21 300
　　贷：其他应收款　　21 300
预算会计：
借：资金结存——货币资金　　21 300
　　贷：附属单位上缴预算收入　　21 300

实例【8-19】 2019年1月23日，某学校收到独立核算的服务部分成款41 100元，通过银行存款收讫。应编制会计分录如下：

财务会计：
借：银行存款　　41 100
　　贷：附属单位上缴收入——非专项资金收入——服务部　41 100
预算会计：
借：资金结存——货币资金　　41 100
　　贷：附属单位上缴预算收入——非专项资金收入——服务部　　41 100

实例【8-20】 2019年1月23日，某学校收到独立核算的体育馆上缴的用于初中生运动会专项资金80 000元，通过银行存款收讫。应编制会计分录如下：

财务会计：
借：银行存款　　80 000
　　贷：附属单位上缴收入——专项资金收入——初中生运动会　　80 000
预算会计：
借：资金结存——货币资金　　80 000
　　贷：附属单位上缴预算收入——专项资金收入——初中生运动会　　80 000

8.4.3 期末结转附属单位上缴预算收入的核算方法

期末，将附属单位上缴收入本期发生额转入本期盈余，财务会计：借记“附属单位上缴收入”科目，贷记“本期盈余”科目。

将附属单位上缴预算收入本年发生额中的专项资金收入转入非财政拨

款结转，预算会计：借记本科目下各专项资金收入明细科目，贷记“非财政拨款结转——本年收支结转”科目；将本科目本年发生额中的非专项资金收入转入其他结余，借记本科目下各非专项资金收入明细科目，贷记“其他结余”科目。期末结转后，本科目应无余额。

实例【8-21】 2019年1月31日，某学校结转附属单位上缴收入发生额，应编制会计分录如下：

财务会计：

借：附属单位上缴收入——非专项资金收入——服务部 41 100

附属单位上缴收入——专项资金收入——初中生运动会 80 000

贷：本期盈余 121 100

预算会计：

借：附属单位上缴预算收入——非专项资金收入——服务部 41 100

附属单位上缴预算收入——专项资金收入——初中生运动会 80 000

贷：非财政拨款结转——本年收支结转 121 100

8.5　经营预算收入的核算

“经营预算收入”是高等学校、非义务教育阶段中小学校共用科目。

8.5.1　认识经营预算收入

经营预算收入是高等学校、和非义务教育阶段中小学校在专业业务活动及其辅助活动之外开展非独立核算经营活动取得的现金流入。年末结转后，本科目应无余额。

经营预算收入的科目设置：本科目应当按照经营活动类别、项目、《政府收支分类科目》中“支出功能分类科目”的项级科目等进行明细核算。

8.5.2 发生经营预算收入的核算方法

实现经营收入时，按照确定的收入金额，财务会计：借记“银行存款”“应收账款”“应收票据”等科目，贷记“经营收入”科目。预算会计按照实际收到的金额，借记“资金结存——货币资金”科目，贷记“经营预算收入”科目。涉及增值税业务的，相关账务处理参见“应交增值税”科目。

实例【8-22】 2019年2月10日，某学校下设复印服务部为客户服务（没有实行独立核算）当日收到复印费收入540元，款项已存入银行，应编制会计分录如下：

财务会计：

借：银行存款　　540

　贷：经营收入——复印业务——复印费　　540

预算会计：

借：资金结存——货币资金　　540

　贷：经营预算收入——复印业务——复印费　　540

实例【8-23】 2019年6月10日，某学校科研部门利用技术条件对外销售一项附属产品，当日销售商品一批，价值22 600（含税），款项尚未收到，假如该单位为一般纳税人，增值税税率13%，应编制会计分录如下：

财务会计：

借：应收账款　　22 600

　贷：经营收入　　20 000

　　应交增值税——应交税金——销项税额　　2 600

注意：预算会计不需要做分录。

8.5.3 期末结转经营预算收入的核算方法

期末，将经营收入本期发生额转入本期盈余，财务会计：借记“经营收入”科目，贷记“本期盈余”科目。将经营预算收入本年发生额转入经营结余，预算会计：借记“经营预算收入”科目，贷记“经营结余”科目。年末结转后，本科目应无余额。

实例【8-24】 2019 年 1 月 31 日，某学校经营收入本年科目发生额 45 000 元进行期末结转，应编制会计分录如下：

财务会计：

借：经营收入　　45 000

　　贷：本期盈余　　45 000

预算会计：

借：经营预算收入　　45 000

　　贷：经营结余　　45 000

实例【8-25】 2019 年 12 月，某学校发生如下经济业务：

（1）12 月 3 日，对外提供经营活动，银行收到经营收入 3 700 元。应编制会计分录如下：

财务会计：

借：银行存款　　3 700

　　贷：经营收入　　3 700

预算会计：

借：资金结存——货币资金　　3 700

　　贷：经营预算收入　　3 700

（2）12 月 5 日，对外提供经营活动，款项未收到，服务金额为 3 100元。确认经营收入时，按照确定的收入金额，应编制会计分录如下：

财务会计：

借：应收账款　　3 100

　　贷：经营收入　　3 100

注意：预算会计不需要做分录。

（3）12 月 7 日，收到应收的经营收入 3 100 元。应编制会计分录如下：

财务会计：

借：银行存款　　3 100
　　贷：应收账款　　3 100
预算会计：
借：资金结存——货币资金　　3 100
　　贷：经营预算收入　　3 100

(4) 年末，经营收入本期发生额为12万元。经营预算收入本年发生额为17万元。应编制会计分录如下：

财务会计：
借：经营收入　　120 000
　　贷：本期盈余　　120 000
预算会计：
借：经营预算收入　　170 000
　　贷：经营结余　　170 000

8.6 债务预算收入的核算

“债务预算收入”是高等学校、中小学校共用科目。

8.6.1 认识债务预算收入

债务预算收入是核算高等学校、中小学校按照规定从银行和其他金融机构等借入的、纳入部门预算管理的、不以财政资金作为偿还来源的债务本金。年末结转后，本科目应无余额。

债务预算收入的科目设置：本科目应当按照贷款单位、贷款种类、《政府收支分类科目》中“支出功能分类科目”的项级科目等进行明细核算。债务预算收入中如有专项资金收入，还应按照具体项目进行明细核算。

8.6.2　发生债务预算收入的核算方法

实例【8-26】 2019 年 1 月 31 日，某学校兴建一幢新的办公大楼，一年半竣工。经批准向建设银行借入 1 500 000 元，借款期限 24 个月，年利率 8%，按季付息，到期一次还本付息。应编制会计分录如下：

财务会计：

借：银行存款　　1 500 000

　　贷：长期借款——本金　　1 500 000

预算会计：

借：资金结存——货币资金　　1 500 000

　　贷：债务预算收入——专项资金收入——建设银行——办公楼项目　　1 500 000

8.6.3　期末结转债务预算收入的核算方法

期末，将债务预算收入本年发生额中的专项资金收入转入非财政拨款结转，借记本科目下各专项资金收入明细科目，贷记“非财政拨款结转——本年收支结转”科目；将本科目本年发生额中的非专项资金收入转入其他结余，借记本科目下各非专项资金收入明细科目，贷记“其他结余”科目。期末结转后，本科目应无余额。

实例【8-27】 2019 年，某学校发生如下经济业务：

(1) 1 月 1 日，经审批借入银行款项 80 万元，款项已到银行，期限 3 个月。应编制会计分录如下：

财务会计：

借：银行存款　　800 000

　　贷：短期借款　　800 000

预算会计：

借：资金结存——货币资金　　800 000

　　贷：债务预算收入　　800 000

(2) 3 月 31 日，归还银行借款 80 万元。应编制会计分录如下：

财务会计：

借：短期借款　800 000

　　贷：银行存款　800 000

预算会计：

借：债务还本支出　800 000

　　贷：资金结存——货币资金　800 000

(3) 4月1日，借入银行款项90万元，期限2年。借入各项长期借款时，应编制会计分录如下：

财务会计：

借：银行存款　900 000

　　贷：长期借款——本金　900 000

预算会计：

借：资金结存——货币资金　900 000

　　贷：债务预算收入　900 000

(4) 2年后，归还借款90万元。应编制会计分录如下：

财务会计：

借：长期借款——本金　900 000

　　贷：银行存款　900 000

预算会计：

借：债务还本支出　900 000

　　贷：资金结存——货币资金　900 000

(5) 年末业务处理。债务预算收入本年发生额中的专项资金收入350万元转入非财政拨款结转。应编制会计分录如下：

注意：财务会计不需要做分录。

预算会计：

借：债务预算收入　3 500 000

　　贷：非财政拨款结转——本年收支结转　3 500 000

(6) 年末业务处理。债务预算收入本年发生额中的非专项资金收入540万元转入其他结余。应编制会计分录如下：

注意：财务会计不需要做分录。

预算会计：

借：债务预算收入　　5 400 000

　　贷：其他结余　　5 400 000

8.7　非同级财政拨款预算收入的核算

“非同级财政拨款预算收入”是高等学校、中小学校共用科目。

8.7.1　认识非同级财政拨款预算收入

非同级财政拨款预算收入是高等学校、中小学校从非同级政府财政部门取得的财政拨款，包括本级横向转拨财政款和非本级财政拨款。年末结转后，本科目应无余额。

1. 非同级财政拨款预算收入的科目设置：本科目应当按照非同级财政拨款预算收入的类别、来源、《政府收支分类科目》中“支出功能分类科目”的项级科目等进行明细核算。非同级财政拨款预算收入中如有专项资金收入，还应按照具体项目进行明细核算。

2. 不通过非同级财政拨款预算收入科目核算的情形：对于因开展科研及其辅助活动从非同级政府财政部门取得的经费拨款，应当通过“事业预算收入——非同级财政拨款”科目进行核算，不通过本科目核算。

8.7.2　发生非同级财政拨款预算收入的核算方法

确认非同级财政拨款收入时，按照应收或实际收到的金额，财务会计：借记“其他应收款”“银行存款”等科目，贷记“非同级财政拨款收入”科目。预算会计：按照实际收到的金额，借记“资金结存——货币资金”科目，贷记“非同级财政拨款预算收入”科目。

实例【8-28】 2019 年 1 月 4 日，某学校上级省财政部门取得一笔款项 43 800 元，用于完成专项任务——办公设备购置项目，款项已经存入银行存款账户。应编制会计分录如下：

财务会计：

借：银行存款　43 800

　　贷：非同级财政拨款收入　43 800

预算会计：

借：资金结存——货币资金　43 800

　　贷：非同级财政拨款预算收入——专项资金收入——非本级财政拨款——省财政部门——办公设备购置项目　43 800

实例【8-29】 2019 年 1 月 10 日，某学校从当地财政部门获得一笔财政资金 75 000 元，为县政府给予的奖励，无限定用途，款项已经存入银行存款账户。应编制会计分录如下：

财务会计：

借：银行存款　75 000

　　贷：非同级财政拨款收入——本级横向转拨——县政府　75 000

预算会计：

借：资金结存——货币资金　75 000

　　贷：非同级财政拨款预算收入——非专项资金收入——本级横向转拨财政拨款——县政府　75 000

8.7.3 年末结转非同级财政拨款预算收入的核算方法

期末，非同级财政拨款收入本期发生额转入本期盈余；非同级财政拨款预算收入中将本科目本年发生额中的专项资金收入转入非财政拨款结转，借记本科目下各专项资金收入明细科目，贷记“非财政拨款结转——本年收支结转”科目；

将本科目本年发生额中的非专项资金收入转入其他结余，借记本科目下各非专项资金收入明细科目，贷记“其他结余”科目。期末结转后，本科目应无余额。

实例【8-30】 2019 年 1 月 31 日，某学校将非同级财政拨款收入科目本期发生额转入本期盈余。应编制会计分录如下：

财务会计：

借：非同级财政拨款收入　　　　　　（22 000 + 43 000）65 000
　　贷：本期盈余——行政事业盈余　　　　　　　　　　65 000
预算会计：
借：非同级财政拨款收入——专项资金收入　　　　43 000
　　贷：非财政拨款结转——本年收支结转　　　　　　43 000
借：非同级财政拨款收入——非专项资金收入　　　22 000
　　贷：其他结余　　　　　　　　　　　　　　　　22 000

实例【8-31】 2019 年，某学校发生如下经济业务：

（1）3 月 5 日，按文件确认应收到一笔非同级财政拨款收入 12 万元，款项未收到。应编制会计分录如下：

财务会计：
借：其他应收款　　　　　　　　　　　　120 000
　　贷：非同级财政拨款收入　　　　　　　　120 000

注意：预算会计不需要做分录。

（2）4 月 10 日，银行收到上月应收到的非同级财政拨款收入款项 12 万元。应编制会计分录如下：

财务会计：
借：银行存款　　　　　　　　　　　　　120 000
　　贷：其他应收款　　　　　　　　　　　　120 000
预算会计：
借：资金结存——货币资金　　　　　　　120 000
　　贷：非同级财政拨款预算收入　　　　　　120 000

（3）5 月 20 日，银行收到非同级财政拨款收入款项 3 万元。应编制会计分录如下：

财务会计：
借：银行存款　　　　　　　　　　　　　30 000
　　贷：非同级财政拨款收入　　　　　　　　30 000
预算会计：
借：资金结存——货币资金　　　　　　　30 000
　　贷：非同级财政拨款预算收入　　　　　　30 000

(4) 12月31日，年末业务处理。“非同级财政拨款收入”本期贷方发生额24万元。“非同级财政拨款预算收入”本年发生额中的专项资金收入合计数46万元，“非同级财政拨款预算收入”本年发生额中的非专项资金收入合计数76万元。应编制会计分录如下：

财务会计：

借：非同级财政拨款收入　　240 000

　　贷：本期盈余——行政事业盈余　　240 000

预算会计：

借：非同级财政拨款预算收入——专项资金收入　　460 000

　　贷：非财政拨款结转——本年收支结转　　460 000

借：非同级财政拨款预算收入——非专项资金收入　　760 000

　　贷：其他结余　　760 000

8.8 投资预算收益的核算

投资预算收益是核算高等学校、中小学校股权投资和债券投资所实现的收益或发生的损失。

1. 投资预算收益的科目设置：本科目应当按照投资的种类等进行明细核算。

2. 投资收益的主要应编制会计分录如下：日常核算参见“投资”相关账务处理；期末，将投资收益本期发生额转入本期盈余，将投资收益预算本年发生额转入其他结余。

8.9 其他预算收入的核算

“其他预算收入”是高等学校、中小学校共用科目。

8.9.1　认识其他预算收入

其他预算收入是核算高等学校、中小学校除财政拨款预算收入、事业预算收入、上级补助预算收入、附属单位上缴预算收入、经营预算收入、债务预算收入、非同级财政拨款预算收入、投资预算收益之外的纳入部门预算管理的现金流入，包括捐赠预算收入、利息预算收入、租金预算收入、现金盘盈收入等。

其他预算收入的科目设置：其他预算收入应当按照其他收入类别、《政府收支分类科目》中“支出功能分类”项级科目进行明细核算，其他预算收入中如有专项资金收入，还应当按照具体项目进行明细核算。

8.9.2　取得捐赠收入时其他预算收入的核算方法

1. 学校取得捐赠收入时其他预算收入的核算方法

捐赠收入是指高等学校、中小学校接受其他单位或者个人捐赠取得的收入。期末结转后，本科目应无余额。捐赠收入科目设置：本科目应当按照捐赠资产的用途和捐赠单位等进行明细核算。

接受捐赠的是存货、固定资产等非现金资产，捐赠收入是按照资产的成本与发生的相关费用、运输费的差额确认；捐赠的资产按照名义金额入账，捐赠收入按照 1 元确认。

实例【8-32】 2019 年 1 月 27 日，某学校接受捐赠者用于初中生运动会的体育服装一批，账面价值 290 000，支付相关运输费 17 000 元，服装已入库，应编制会计分录如下：

财务会计：

借：库存物品	290 000	
贷：捐赠收入		273 000
银行存款		17 000

预算会计：

借：其他支出	17 000	
贷：资金结存——货币资金		17 000

实例【8-33】 2019年3月21日，某学校收到社会捐赠的款项86 700元，根据捐赠人的意愿，此款项限定用于某项公益项目。应编制会计分录如下：

财务会计：

借：银行存款　86 700

　　贷：捐赠收入——专项资金收入　86 700

预算会计：

借：资金结存——货币资金　86 700

　　贷：其他预算收入——专项资金收入——捐赠收入——公益项目　86 700

8.9.3 取得利息收入、租金收入时其他预算收入的核算方法

1. 学校取得利息收入时其他预算收入的核算方法

利息收入是指高等学校、中小学校取得的银行存款利息收入。期末结转后，本科目应无余额。

实例【8-34】 2019年3月21日，某学校收到银行存款利息5 500元。应编制会计分录如下：

财务会计：

借：银行存款　5 500

　　贷：利息收入——非专项资金收入　5 500

预算会计：

借：资金结存——货币资金　5 500

　　贷：其他预算收入——非专项资金收入——利息收入　5 500

2. 学校取得租金收入时其他预算收入的核算方法

租金收入是指高等学校、中小学校经批准利用国有资产出租取得并按照规定纳入本单位预算管理的租金收入。期末结转后，本科目应无余额。

租金收入科目设置：本科目应当按照出租国有资产类别和收入来源等进行明细核算。

实例【8-35】 2019 年 3 月 1 日，某学校出租本单位办公楼，与承租方约定租金 100 000 元，于 2019 年 6 月 30 日支付，2019 年 7 月 31 日，该单位收到承租方支付的租金收入 100 000 元，银行账户已收到款项，假设不考虑税费，经批准该办公用房出租按规定纳入本单位预算。

（1）确认租金收入时，

财务会计：

借：应收账款——甲公司	100 000	
贷：租金收入		100 000

注意：预算会计不需要做分录。

收到租金时，

财务会计：

借：银行存款	100 000	
贷：应收账款——甲公司		100 000

预算会计：

借：资金结存——货币资金	100 000	
贷：其他预算收入——租金预算收入		100 000

3. 学校取得预收租金收入时其他预算收入的核算方法

实例【8-36】 2019 年 4 月，某学校发生如下经济业务：

（1）4 月 1 日，出租某办公用房 3 个月，采用预收租金方式，4 月 1 日银行收到资产承租人一次性支付的租金 6 000 元。应编制会计分录如下：

财务会计：

借：银行存款	6 000	
贷：预收账款		6 000

预算会计：

借：资金结存——货币资金	6 000	
贷：其他预算收入——租金预算收入		6 000

（2）直线法分期确认 4 月、5 月、6 月租金收入 2 000 元。按照直线法分期确认租金收入时，应编制会计分录如下：

财务会计：

借：预收账款　　2 000

　　贷：租金收入　　2 000

注意：预算会计不需要做分录。

备注：每个月一样分录处理。

4. 学校取得后付租金收入时其他预算收入的核算方法

实例【8-37】 2019 年 4 月，某学校发生如下经济业务：

(1) 4 月 1 日，出租某办公用房 3 个月，采用后付租金方式，6 月 30 日银行收到资产承租人一次性支付的租金 6 000 元。后付租金方式：4 月确认租金收入时，应编制会计分录如下：

财务会计：

借：应收账款　　2 000

　　贷：租金收入　　2 000

注意：预算会计不需要做分录。

备注：5 月和 6 月同样处理。

(2) 6 月 30 日，一次性收取租金 6 000 元。应编制会计分录如下：

财务会计：

借：银行存款　　6 000

　　贷：应收账款　　6 000

预算会计：

借：资金结存——货币资金　　6 000

　　贷：其他预算收入——租金预算收入　　6 000

5. 学校分期收取租金收入时其他预算收入的核算方法

实例【8-38】 2019 年 12 月，某学校发生如下经济业务：

(1) 12 月 1 日，出租某办公用房，每月收取租金 5 000 元，款项已到银行（上交财政专户）。应编制会计分录如下：

财务会计：

借：银行存款　　5 000

　　贷：应缴财政款　　5 000

注意：预算会计不需要做分录。

(2) 12月5日，租金收入5 000元上交财政专户。应编制会计分录如下：

财务会计：

借：应缴财政款 5 000

贷：银行存款 5 000

注意：预算会计不需要做分录。

(3) 12月10日，通过预算安排用款计划审批，财政专户返还5 000元已到银行。应编制会计分录如下：

财务会计：

借：银行存款 5 000

贷：租金收入 5 000

预算会计：

借：资金结存——货币资金 5 000

贷：其他预算收入——租金预算收入 5 000

(4) 年末，租金收入本期发生额贷方余额为10 000元。本年其他预算收入——租金预算收入30 000元结转到其他结余。应编制会计分录如下：

财务会计：

借：租金收入 10 000

贷：本期盈余 10 000

预算会计：

借：其他预算收入——租金预算收入 30 000

贷：其他结余 30 000

8.9.4 取得其他收入时其他预算收入的核算方法

其他收入是指高等学校、中小学校取得的除财政拨款收入、事业收入、上级补助收入、附属单位上缴收入、经营收入、非同级财政拨款收入、投资收益、捐赠收入、利息收入、租金收入以外的各项收入，包括现金盘盈收入、按照规定纳入预算管理的科技成果转化收入、无法偿付的应付及预收款项、置换换出资产评估增值等。期末结转后，本科目应无余额。

其他收入科目设置：本科目应当按照其他收入的类别、来源等进行明细核算。

1. 学校取得现金盘盈时其他预算收入的核算方法

实例【8-39】 2019年3月，某学校发生如下经济业务：

(1) 3月5日，现金账款核对中发现现金溢余108元。按照溢余金额转入待处理财产损溢，应编制会计分录如下：

财务会计：

借：库存现金　　108

　　贷：待处理财产损溢　　108

预算会计：

借：资金结存——货币资金　　108

　　贷：其他预算收入　　108

(2) 经核实，90元属于应支付给有关个人和单位的部分。应编制会计分录如下：

财务会计：

借：待处理财产损溢　　90

　　贷：其他应付款　　90

借：其他应付款　　90

　　贷：库存现金　　90

注意：预算会计不需要做分录。

(3) 经核实，18元属于无法查明原因的部分，报经批准后转入其他收入。应编制会计分录如下：

财务会计：

借：待处理财产损溢　　18

　　贷：其他收入　　18

注意：预算会计不需要做分录。

2. 学校无法偿付应付及预收款项时其他预算收入的核算方法

实例【8-40】 2019年3月22日，某学校经营业务的应付款项，账面余额3 530元，因债权人长期消失无法偿付，予以核销。应编制会计分录如下：

财务会计：

借：应付账款　　3 530

　　贷：其他收入——非专项资金收入　　3 530

注意：预算会计不需要做分录。

3. 单位置换换出资产评估增值时其他预算收入的核算方法

实例【8-41】 2019年1月27日，某学校通过置换换入一批办公用品。换出材料的账面价值为5 400元，评估值为5 900元，通过零余额账户支付补价700元，支付运杂费400元，办公用品已经验收入库，应编制会计分录如下：

换入存货的成本 = 5 900 + 700 + 400 = 7 000元

财务会计：

借：库存物品——办公用品　　7 000

　　贷：库存物品——材料　　5 400

　　　　零余额账户用款额度　　1 100

　　　　其他收入　　500

预算会计：

借：其他支出　　1 100

　　贷：资金结存——零余额账户用款额度　　1 100

4. 留归本单位的科技成果转化收入时其他预算收入的核算方法

实例【8-42】 2019年12月，某事业单位发生如下经济业务：

(1) 12月5日，按照规定留归本单位的，科技成果转化所取得收入扣除相关费用后净收益7.7万元。应编制会计分录如下：

财务会计：

借：银行存款　　77 000

贷：其他收入　77 000

预算会计：

借：资金结存——货币资金　77 000

贷：其他预算收入　77 000

（3）12 月 12 日，以未入账的无形资产取得的长期股权投资，无形资产评估价值10 万元，相关税费为1 万元，款项已经银行支付。应编制会计分录如下：

财务会计：

借：长期股权投资——成本　110 000

贷：银行存款　10 000

其他收入　100 000

预算会计：

借：其他支出　10 000

贷：资金结存——货币资金　10 000

8.9.5　期末结转其他收入的核算方法

期末将捐赠收入、利息收入、租金收入、其他收入本期发生额转入“本期盈余”。

年末，将其他预算收入中的专项资金收入转入非财政拨款结转，借记本科目下各专项资金收入明细科目，贷记“非财政拨款结转——本年收支结转”科目；将本科目本年发生额中的非专项资金收入转入其他结余，借记本科目下各非专项资金收入明细科目，贷记“其他结余”科目。期末结转后，本科目应无余额。

实例【8-43】 2019 年 12 月 31 日，某学校其他收入科目本期发生额贷方余额为 20 万元。“其他预算收入”本年发生额中的专项资金收入合计数为 5 万元，“其他预算收入”本年发生额中的非专项资金收入合计数为 30 万元。应编制会计分录如下：

财务会计：

借：其他收入　200 000

贷：本期盈余　200 000

预算会计：

借：其他预算收入　50 000

贷：非财政拨款结转——本年收支结转　50 000

借：其他预算收入　300 000

贷：其他结余　300 000

第 9 章　预算支出类科目核算

由于预算收入类、预算支出类会计科目年初无余额，在新旧制度转换时，高等学校、中小学校无须对预算收入类、预算支出类会计科目进行新账年初余额登记。

高等学校、中小学校自 2019 年 1 月 1 日起，应当按照新制度设置预算收入类、预算支出类科目并进行账务处理。

高等学校、中小学校存在 2018 年 12 月 31 日需要按照新制度预算会计核算基础调整预算会计科目期初余额的其他事项的，应当比照本规定调整新账的相应预算会计科目期初余额。

高等学校、中小学校对预算会计科目期初余额登记和调整，应当编制记账凭证，并将期初余额登记和调整的依据作为原始凭证。

本章主要讲述预算支出类科目共 7 项包括：事业支出、经营支出、上缴上级支出、对附属单位补助支出、投资支出、债务还本支出、其他支出。

9.1　预算支出概述

本节主要讲述预算支出、预算支出的分类。

9.1.1　认识预算支出

预算支出是国家对集中的预算收入有计划地分配和使用而安排的支出。从内容上来看，预算支出包括经济建设支出、事业发展支出、国家管理费用支出、国防支出、各项补贴支出、其他支出等。

其中，经济建设支出包括用于经济建设的基本投资支出，支出单位的挖潜改造支出，拨付的单位流动资金支出，拨付的生产性贷款贴息支出，专项建设基金支出，支持农业生产支出以及其他经济建设支出；事业发展支出是指用于教育、科学、文化、卫生、体育、工业、交通、商业、农业、林业、环境保护、水利、气象等方面事业的支出，具体包括公益性基本建设支出、设备购置支出、人员费用支出、业务费用支出以及其他事业发展支出。

9.1.2　预算支出的分类

预算支出的分类：

1. 分为财政拨款支出和非财政拨款支出

财政拨款支出是使用财政拨款收入发生的支出。我国财政资金根据预算管理方式分为一般公共预算、政府性基金预算、国有资本经营预算和社会保险基金预算。财政拨款支出按照部门预算管理的要求应当区分基本支出和项目支出。

非财政拨款支出是使用除财政拨款以外的资金发生的支出。包括非财政专项资金支出和其他资金支出（非财政非专项资金）。

● 非财政专项资金支出核算从外部取得的非财政资金中有指定用途的资金支出。非财政拨款支出按照资金使用的要求区分为非专项资金和专项资金。

● 其他资金支出（非财政非专项资金）核算从外部取得的非财政资金中没有指定用途的资金支出以及单位自有资金的支出。

2. 分为基本支出和项目支出

基本支出是政府会计主体为维持正常运转和完成日常工作任务而发生的支出，包括人员经费和日常公用经费。

● 人员经费包括工资福利支出及对个人和家庭的补助。

● 日常公用经费包括商品和服务支出以及其他资金性支出中属于基本支出内容的支出。

项目支出是政府会计主体为完成专项或者特定工作任务而发生的支出，包括基本建设、专项作业费、大型修缮、大型购置、大型会议等支出。

3. 预算支出需要进行支出功能分类和经济分类。政府收支分类包括收入分类、支出功能分类和支出经济类三方面内容。

- 收入分类主要完整反映政府收入的来源和性质，说明政府的钱是从哪里来的，这是一种经济性质分类。

- 支出功能分类主要完整反映政府各项职能活动，要说明政府做了什么，比如说，是搞了国防，还是办了教育。因此，根据《政府收支分类科目》的规定，支出功能分类科目的设置方法分为类、款、项三级：类级科目设置了一般公共服务支出、外交支出、国防支出、公共安全支出、教育支出、科学技术支出、文化教育与传媒支出、社会保障和就业支出、医疗卫生和计划生育支出、节能环保支出、城乡社区事务支出、农林水支出、交通运输支出、资源勘探电力信息等支出、商业服务支出等支出、国土海洋气象等支出，住房保障等支出。款级科目对类级科目细化，如一般公共服务设置了人大事务、财政事务、税收事务、审计事务等科目，教育类下设置了教育管理事务、普通教育、职业教育等科目。项级科目是对款级科目的进一步说明，如人大事务下设置了行政运行、一般行政管理事务、代表培训等科目；普通教育。项级科目的使用规律：支出功能分类的各个款级科目下，大多设置了行政运行、一般行政管理事务、机关服务、事业运行、其他等项级科目。其中，行政运行（2××××01）只反映行政单位（包括实行公务员管理的事业单位）的基本支出，不包括行政单位的项目支出和企事业单位的各项支出。一般行政管理事务（2××××02）只反映行政单位（包括实行公务员管理的事业单位）未单独设置项级科目反映的项目支出，不包括行政单位的基本支出和企事业单位的各项支出。机关服务（2××××03）只反映为行政单位提供服务的各类后勤单位的基本支出和项目支出，不包括除此以外的其他单位的支出。事业运行（2××××50）只反映事业单位的基本支出。

- 支出经济分类也是一种经济性质分类，主要明细反映政府支出的经济性质和具体用途，即政府的钱究竟是怎么花出去的，是付了人员工资、会议费、咨询费还是买了办公设备等。支出的经济分类设类、款两级预算科目，行政事业单位的支出经济行为，由“政府预算经济分类”和“部门预算经济分类”两部分组成，行政事业单位应当按照“部门预算经济分类”进行明细核算。

支出功能分类和支出经济分类从不同侧面、用不同方式反映政府支出活动它们既是两个相对独立的分类体系，可以分别使用。同时，它们又相互联系，可以结合使用。

9.2　事业支出的核算

“事业支出”是高等学校、中小学校共用科目。

9.2.1　认识事业支出

事业支出即高等学校、中小学校开展教育教学及其辅助活动发生的基本支出和项目支出。

事业支出的科目设置：应当分别按照“财政拨款支出”“非财政专项资金支出”和“其他资金支出”，“基本支出”和“项目支出”等进行明细核算，并按照《政府收支分类科目》中“支出功能分类科目”的项级科目进行明细核算；“基本支出”和“项目支出”明细科目下应当按照《政府收支分类科目》中“部门预算支出经济分类科目”的款级科目进行明细核算，同时在“项目支出”明细科目下按照具体项目进行明细核算。

基本支出是指高等学校、中小学校为了保障其正常运转、完成教育教学和其他日常工作任务而发生的人员支出和公用支出。

项目支出是指高等学校、中小学校为了完成特定工作任务和事业发展目标，在基本支出之外所发生的支出。项目支出应该按照规定转款专用，不得挤占和挪用。基本支出和项目支出不得混用。

高等学校应当在新制度规定的“7201 事业支出”科目下设置“720101 教育支出”“720102 科研支出”“720103 行政管理支出”“720104 后勤保障支出”“720105 离退休支出”“720109 其他事业支出”明细科目。

“720101 教育支出”科目核算高等学校开展教学及其辅助活动、学生事务等活动实际发生的各项现金流出。

“720102 科研支出”科目核算高等学校开展科研及其辅助活动实际发生的各项现金流出。

“720103 行政管理支出”科目核算高等学校开展单位的行政管理活动实际发生的各项现金流出。

“720104 后勤保障支出”科目核算高等学校开展后勤保障活动实际发生的各项现金流出。

“720105 离退休支出”科目核算高等学校实际发生的用于离退休人员的各项现金流出。

“720109 其他事业支出”科目核算高等学校发生的除教学、科研、后勤保障、行政管理、离退休支出之外的其他各项事业支出。

9.2.2 为履职或开展业务活动的人员计提薪酬时事业支出的核算方法

为履职或开展业务活动人员计提的薪酬，按照计算确定的金额，财务会计：借记“业务活动费用”科目，贷记“应付职工薪酬”科目。计提时预算会计不需要做分录。

实例【9-1】 2019年2月21日，某学校计算本月应发工资157 000元，并代扣个人所得税11 000元，五日后财政直接支付工资并缴纳个人所得税，应编制会计分录如下：

财务会计：

借：业务活动费用——工资福利支出	157 000	
贷：应付职工薪酬——基本工资		146 000
其他应交税费——应交个人所得税		11 000

注意：预算会计不需要做分录。

支付单位职工薪酬时，（事业单位除了经营部门职工）按照实际支付的金额，预算会计：借记“事业支出”，贷记“财政拨款预算收入”“资金结存”科目。

按照规定代扣代缴个人所得税以及代扣代缴或为职工缴纳职工社会保险费、住房公积金等时，按照实际缴纳的金额，预算会计：借记“其他应交税费——应交个人所得税”科目，贷记“财政拨款预算收入”“资金结存”科目。

实例【9-2】 接上面例子，5日后财政直接支付工资并缴纳个人所得税，应编制会计分录如下：

财务会计：

借：应付职工薪酬——基本工资　　146 000

其他应交税费——应交个人所得税　　11 000

贷：财政拨款收入　　157 000

预算会计：

借：事业支出——基本支出——财政拨款支出——一般公共服务支出——事业运行——工资福出——基本工资——一般公共预算财政拨款　　157 000

贷：财政拨款预算收入——基本支出——事业运行——人员经费　　157 000

9.2.3 为履职或开展业务活动发生外部人员劳务费、购买物品等时事业支出的核算方法

1. 为履职或开展业务活动发生的外部人员劳务费时事业支出的核算方法

按照计算确定的金额，财务会计：借记“业务活动费用”“单位管理费用”科目，按照代扣代缴个人所得税的金额，贷记“其他应交税费——应交个人所得税”科目，按照扣税后应付或实际支付的金额，贷记“其他应付款”“财政拨款收入”“零余额账户用款额度”“银行存款”等科目。

预算会计按照实际支付给外部人员个人的金额，借记“事业支出”本科目，贷记“财政拨款预算收入”“资金结存”科目。按照规定代扣代缴个人所得税时，按照实际缴纳的金额，借记“其他应交税费——应交个人所得税”科目，贷记“财政拨款预算收入”“资金结存”科目。

实例【9-3】 2019年2月21日，某学校本月支付外聘人员咨询费57 000元，并代扣个人所得税4 800元，剩余款已经银行存款支付。应编制会计分录如下：

财务会计：

借：业务活动费用——商品和服务费用　　57 000

贷：其他应交税费——应交个人所得税　　4 800

银行存款　　52 200

预算会计：

借：事业支出——基本支出——财政拨款支出——一般公共服务支出——事业运行——商品和服务支出——咨询费——一般公共预算财政拨款　　57 000

贷：资金结存——货币资金　　57 000

2. 为履职或开展业务活动购买物品等事业支出的核算方法

为购买存货、固定资产、无形资产等以及在建工程支付相关款项时，按照实际支付的金额，预算会计：借记“事业支出”科目，贷记“财政拨款预算收入”“资金结存”科目。

实例【9-4】 2019年1月27日，某学校因专项业务活动发生设备购置费77 500元，已经收到国库支付执行机构委托代理银行转来的财政直接支付入账通知书及原始凭证，应编制会计分录如下：

财务会计：

借：固定资产——专用设备　　77 500

贷：财政拨款收入　　77 500

预算会计：

借：事业支出——项目支出——财政拨款支出——专用设备购置项目——××设备　　77 500

贷：财政拨款预算收入——项目支出——专用设备购置——××设备　　77 500

9.2.4 为履职或开展业务活动发生税费、其他各项费用时事业支出的核算方法

1. 为履职或开展业务活动发生的城市维护建设税、教育费附加、地方教育费附加、车船税、房产税、城镇土地使用税等时事业支出的核算方法

按照计算确定应交纳的金额，预算会计，按照实际支付的金额，借记“事业支出”科目，贷记“财政拨款预算收入”“资金结存”科目。

实例【9-5】 2019 年 2 月 7 日，某学校计算出租房屋的相关税费，其中房产税 21 600 元，维护建设税 600 元，教育费附加 257.14 元，地方教育费 171.43 元，用银行存款支付上述税费，应编制会计分录如下：

财务会计：

借：其他应交税费——应交房产税　21 600

　　　　　　　　——应交城市维护建设税　600

　　　　　　　　——应交教育费附加　257.14

　　　　　　　　——应交地方教育费　171.43

　贷：银行存款　22 629.47

预算会计：

借：事业支出——基本支出——财政拨款支出——商品和服务支出——其他商品和服务支出　22 629.47

　贷：资金结存——货币资金　22 629.47

2. 为履职或开展业务活动发生其他各项费用时事业支出的核算方法

为履职或开展业务活动发生其他各项费用，财务会计按照费用确认金额，借记“业务活动费用”科目，贷记“财政拨款收入”“零余额账户用款额度”“银行存款”“应付账款”“其他应付款”“其他应收款”等科目。预算会计按照实际支付的金额，借记“事业支出”科目，贷记“财政拨款预算收入”“资金结存”科目。

实例【9-6】 2019 年 2 月 7 日，某学校位在定点会议供应商处召开专题工作会议，支出 93 000 元，财政直接支付，应编制会计分录如下：

财务会计：

借：业务活动费用——商品和服务费用　93 000

　贷：财政拨款收入　93 000

预算会计：

借：事业支出——基本支出——财政拨款支出——一般公共服务支出——商品和服务支出——会议费一般公共预算财政拨款　93 000

　贷：财政拨款预算收入——基本支出——事业运行——日常公用经费　93 000

9.2.5 发生当年购货退回或差错更正等业务时事业支出的核算方法

发生当年购货退回或差错更正等业务，财务会计对于已计入本年业务活动费用的，按照收回或应收的金额，借记“财政拨款收入”“零余额账户用款额度”“银行存款”“其他应收款”等科目，贷记“业务活动费用”科目。预算会计当年支出收回的，按照收回或更正金额，借记“财政拨款预算收入”“资金结存”科目，贷记“事业支出”科目。

实例【9-7】 2019年1月27日，某学校科研部门通过财政直接支付购买的一批电脑耗材，入库时发现质量问题，材料已退回。接到代理银行转来的财政直接支付退款通知书，退回相关货款35 100元。应编制会计分录如下：

财务会计：

借：财政拨款收入——公共财政预算拨款　　35 100

　　贷：业务活动费用——商品和服务费用　　35 100

预算会计：

借：财政拨款预算收入——项目支出　　35 100

　　贷：事业支出——项目支出——科研支出　　35 100

9.2.6 发生预付账款时事业支出的核算方法

发生预付账款时，按照实际支付的金额，预算会计：借记“事业支出”科目，贷记“财政拨款预算收入”“资金结存”科目。对于暂付款项，在支付款项时可不做预算会计处理，待结算或报销时，按照结算或报销的金额，预算会计：借记“事业支出”科目，贷记“资金结存”科目。

实例【9-8】 2019年1月16日，某学校专项项目培训，按培训合同规定预付给提供培训的单位76 200元费用，通过零余额账户支付，应编制会计分录如下：

财务会计：

借：预付账款——A单位　　76 200

贷：零余额账户用款额度　76 200

预算会计：

借：事业支出——项目支出——财政拨款支出——一般公共服务支出——商品和服务支出——培训费——××培训项目　76 200

贷：资金结存——零余额账户用款额度　76 200

9.2.7　事业支出明细科目的核算方法

1. “教育支出” 科目的核算方法

按照实际支付的金额，财务会计：借记“库存物品”科目，贷记“库存现金”科目；预算会计：借记“其他支出”科目，贷记“资金结存——货币资金”科目。

实例【9-9】 2019年1月24日，某学校用库存现金400元购买教学用品。应编制会计分录如下：

财务会计：

借：库存物品　400

贷：库存现金　400

预算会计：

借：事业支出—— 教育支出　400

贷：资金结存——货币资金　400

2. “科研支出” 科目的核算方法

实例【9-10】 2019年6月21日，某学校科研部门与受托方签订委托加工合同，按照合同向受托方发出加工物资20 000元，受托方加工完成时，委托方向受托方支付加工费、运杂费500元，应编制会计分录如下：

财务会计：

借：加工物品——委托加工　20 500

贷：库存物品——材料　20 000

银行存款　500

预算会计：

借：事业支出——科研支出 500

　　贷：资金结存——货币资金 50

3. “行政管理支出” 科目的核算方法

实例【9-11】 2019年6月14日，某学校管理部门购入一批办公用品，财政直接支付5 000元，已验收入库。应编制会计分录如下：

财务会计

借：库存物品 5 000

　　贷：零余额账户用款额度 5 000

借：事业支出——行政管理支出 5 000

　　贷：资金结存——零余额账户用款额度 5 000

4. “后勤保障支出” 科目的核算方法

实例【9-12】 2019年6月18日，某学校采购一批自建车库专用的工程物资，价税合计113 000元，已用银行存款支付，应编制会计分录如下：

财务会计：

借：工程物资——库存材料 113 000

　　贷：银行存款 113 000

预算会计：

借：事业支出——后勤保障支出 113 000

　　贷：资金结存——货币资金 113 000

5. “离退休支出” 科目的核算方法

实例【9-13】 2019年3月13日，某学校购入慰问离休干部物品一批，价值80 00元，用上年财政应返还额度直接支付额度支付。同时银行支付运输费500元，尚未验收入库，（不考虑税务事项）应编制会计分录如下：

财务会计：

借：在途物品 8 500
　　贷：财政应返还额度 8 000
　　　　银行存款 500
预算会计：
借：事业支出——离退休支出 8 500
　　贷：资金结存——财政应返还额度 8 000
　　　　资金结存——货币资金 500

9.2.8 期末结转事业支出的核算方法

年末，将“事业支出”科目本年发生额中的财政拨款支出转入“财政拨款结转——本年收支结转”科目，贷记各财政拨款支出明细科目；将“事业支出”科目本年发生额中的非财政专项资金支出转入“非财政拨款结转——本年收支结转”科目，贷记“事业支出”科目下各非财政专项资金支出明细科目；将“事业支出”科目本年发生额中的其他资金支出（非财政非专项资金支出）转入“其他结余”科目，贷记“事业支出”科目下其他资金支出明细科目。年末结转后，“事业支出”科目应无余额。

实例【9-14】 2019年12月31日，某学校事业支出88 500元，均为财政拨款支出，其中基本支出23 500元，项目支出65 000元。应编制会计分录如下：

财务会计：
借：本期盈余 88 500
　　贷：业务活动费用 88 500
预算会计：
借：财政拨款结转——本年收支结转——基本支出结转 23 500
　　财政拨款结转——本年收支结转——项目支出结转 65 000
　　贷：事业支出——基本支出——财政拨款支出 23 500
　　　　事业支出——基本支出——项目支出——财政拨款支出 65 000

9.3 经营支出的核算

“经营支出”是高等学校、非义务教育阶段中小学校共用科目。

9.3.1 认识经营支出

经营支出即高等学校在教学、科研及其辅助活动之外开展非独立核算经营活动发生的支出；非义务教育阶段学校在教育教学及其辅助活动之外开展非独立核算经营活动发生的支出。经营支出应当与经营收入配比。

经营支出的科目设置：经营支出应当按照经营活动类别、项目、《政府收支分类科目》中“支出功能分类科目”的项级科目和“部门预算支出经济分类科目”的款级科目等进行明细核算。

9.3.2 经营支出的核算方法

1. 学校为经营活动人员计提薪酬时经营支出的核算方法

为经营活动人员计提的薪酬，按照计算确定的金额，财务会计：借记“经营支出”科目，贷记“应付职工薪酬”科目。预算会计：向职工个人支付薪酬时，按照实际的金额，借记“经营支出”科目，贷记“资金结存”科目。

按照规定代扣代缴个人所得税以及代扣代缴或为职工缴纳职工社会保险费、住房公积金时，按照实际缴纳的金额，预算会计：借记“经营支出”科目，贷记“资金结存”科目。

实例【9-15】 2019 年 1 月 31 日，某学校通过银行转账 5 200 元支付对外经营场馆部门合同人员基本工资，代扣代缴个人所得税 65 元，实发工资额为 5 135 元，应编制会计分录如下：

（1）计提工资时，

财务会计：

借：经营费用——工资福利支出　　5 200

贷：应付职工薪酬——基本工资　5 200

注意：预算会计不需要做分录。

（2）代扣代缴个人所得税时，

财务会计：

借：应付职工薪酬——基本工资　65

贷：其他应交税费——应交个人所得税　65

注意：预算会计不需要做分录。

（3）发放工资时，

财务会计：

借：应付职工薪酬——基本工资　5 135

贷：银行存款　5 135

预算会计：

借：经营支出　5 135

贷：资金结存——货币资金　5 135

2. 学校发生与经营活动相关的其他各项费用时经营支出的核算方法

按照费用确认金额，财务会计：借记“经营费用”科目，贷记“银行存款”“其他应付款”“其他应收款”等科目。涉及增值税业务的，相关账务处理参见“应交增值税”科目。

实例【9-16】 2019 年 1 月 31 日，某学校开展经营活动发生支出 9 200元，通过银行存款支付，应编制会计分录如下：

财务会计：

借：经营费用——商品和服务费用　9 200

贷：银行存款　9 200

预算会计：

借：经营支出　9 200

贷：资金结存——货币资金　9 200

3. 学校当年购货退回等业务时经营支出的核算方法

对于已计入本年经营费用的，按照收回或应收的金额，财务会计：借记“银行存款”“其他应收款”等科目，贷记“经营费用”科目。

实例【9-17】 2019年1月27日，某学校对外经营的体育馆通过银行存款购买的一批经营用电脑耗材，入库时发现质量问题，材料已退回，退回相关货款24 300元，应编制会计分录如下：

财务会计：

借：银行存款　　24 300

　　贷：经营费用　　24 300

预算会计：

借：资金结存——货币资金　　24 300

　　贷：经营支出　　24 300

4. 学校开展经营活动过程中为购买存货、固定资产、无形资产等以及在建工程支付相关款项时经营支出的核算方法

按照实际支付的金额，财务会计：借记“固定资产”等科目，贷记“银行存款”“财政拨款”等科目，预算会计：借记“经营支出”科目，贷记“资金结存”科目。

实例【9-18】 2019年1月27日，某学校因开展经营活动发生设备购置费61 200元，已通过银行存款支付，应编制会计分录如下：

财务会计：

借：固定资产——专用设备　　61 200

　　贷：银行存款　　61 200

预算会计：

借：经营支出　　61 200

　　贷：资金结存——货币资金　　61 200

5. 年末，将本科目本年发生额转入经营结余

年末结转后，本科目应无余额。

9.4 上缴上级支出的核算

“上缴上级支出”是高等学校、非义务教育阶段中小学校共用科目。

9.4.1　认识上缴上级支出

上缴上级支出即高等学校、非义务教育阶段中小学校按照财政部门和主管部门的规定上缴上级单位的支出。

上缴上级支出的科目设置：上缴上级支出应当按照上缴款项单位、缴款项目、《政府收支分类科目》中“支出功能分类科目”的项级科目和“部门预算支出经济分类科目”的款级科目等进行明细核算。

9.4.2　上缴上级支出的核算方法

实例【9-19】 2019年4月1日，某学校根据体制安排和本年事业收入，经营收入的数额，经计算，本年应上缴上级单位款项100 000元，已通过银行存款上缴了款项，应编制会计分录如下：

财务会计：

借：上缴上级费用——上级单位（某学校）　　100 000

　　贷：银行存款　　100 000

预算会计：

借：上缴上级支出——上级单位　　100 000

　　贷：资金结存——货币资金　　100 000

年末，将上缴上级支出本年发生额转入其他结余。期末，将上缴上级费用科目本期发生额转入本期盈余，结转后，科目应无余额。

9.5　对附属单位补助支出的核算

对附属单位补助支出是高等学校、非义务教育阶段中小学校用财政拨款收入之外的收入对附属单位补助发生的支出。是高等学校和非义务教育阶段学校共用科目。

1. 对附属单位补助支出的科目设置：财务会计科目应当按照接受补助单位、补助项目等进行明细核算，预算会计科目同时还应当按照《政府收支分类科目》中“支出功能分类科目”的项级科目和“部门预算支出经济分类科目”的款级科目等进行明细核算。

2. 单位发生对附属单位补助支出的，按照实际补助的金额或者按照规定计算出应当对附属单位补助的金额，财务会计：借记附属单位补助费用科目，贷记“银行存款”“其他应付款”等科目。

3. 期末，将附属单位补助费用科目本期发生额转入本期盈余。年末，将附属单位补助支出科目本年发生额转入其他结余。

9.6 投资支出的核算

“投资支出”是高等学校、中小学校共用科目。

9.6.1 认识投资支出

投资支出：即高等学校、中小学校以货币资金对外投资发生的支出。

9.6.2 投资支出的核算方法

1. 单位以货币资金对外投资时投资支出的核算方法

按照投资金额和所支付的相关税费金额的合计数，预算会计：借记“投资支出”科目，贷记“资金结存”科目。

2. 单位出售、对外转让或到期收回本年度以货币资金取得对外投资时投资支出的核算方法

如果按规定将投资收益纳入单位预算，按照实际收到的金额，预算会计：借记“资金结存”科目，按照取得投资时“投资支出”科目的发生额，贷记“投资支出”科目，按照其差额，贷记或借记“投资预算收益”科目。

实例【9-20】 2019 年 1 月 10 日，某学校到期收回所购入的国债本息，收到款项共计 81 200 元，该国债的账面投资成本为 80 000 元。应编制会计分录如下：

财务会计：

借：银行存款　　81 200

　　贷：短期投资　　80 000

　　　　投资收益　　1 200

预算会计：

借：资金结存——货币资金　　81 200

　　贷：投资支出　　80 000

　　　　投资预算收益　　1 200

如果按规定将投资收益上缴财政的，按照取得投资时“投资支出”科目的发生额，预算会计：借记“资金结存”科目，贷记“投资支出”科目。

注意：出售、对外转让或到期收回以前年度以货币资金取得的对外投资的，如果按规定将投资收益纳入单位预算，按照实际收到的金额，借记“资金结存”科目，按照取得投资时“投资支出”科目的发生额，贷记“其他结余”科目，按照其差额，贷记或借记“投资预算收益”科目；如果按规定将投资收益上缴财政的，按照取得投资时“投资支出”科目的发生额，借记“资金结存”科目，贷记“其他结余”科目。

年末，将本科目本年发生额转入其他结余。

9.7　债务还本支出的核算

债务还本支出即高等学校、中小学校偿还自身承担的纳入预算管理的从金融机构举借的债务本金的支出。

1. 债务还本支出的科目设置：本科目应当按照贷款单位、贷款种类、《政府收支分类科目》中“支出功能分类科目”的项级科目和“部门预算支出经济分类科目”的款级科目等进行明细核算。本科目年末结转后应无余额。

2. 债务还本支出的核算方法：偿还各项短期或长期借款时，按照偿还的借款本金，预算会计：借记“债务还本”科目，贷记“资金结存”科目。年末，将本科目本年发生额转入其他余额，借记“其他结余”科目，贷记“债务还本”科目。

9.8 其他支出的核算

“其他支出”是高等学校、中小学校共用科目。

9.8.1 认识其他支出

其他支出即高等学校、中小学校发生利息支出、捐赠支出等其他支出。金额较大或业务较多的，可单独设置“7902 利息支出”“7903 捐赠支出”等科目。

高等学校经批准出资成立非企业法人单位，如教育基金会、研究院等，应当借记“其他费用”科目，贷记“银行存款”科目；同时，借记“其他支出”科目，贷记“资金结存——货币资金”科目。

9.8.2 其他支出的核算方法

实例【9-21】 2019 年 1 月 27 日，某学校通过置换换入一批办公用品。换出资产账面价值5 400 元，评估价为5 900 元，通过零余额账户支付补价 700 元，支付运杂费 400 元，办公用品已经验收入库，应编制会计分录如下：。

换入库存物品的成本 =5 900 +700 +400 =7 000（元）

财务会计：

借：库存物品——办公用品	7 000	
贷：库存物品——材料		5 400
其他收入		500
零余额账户用款额度		1 100

预算会计：

借：其他支出	1 100	

贷：资金结余——零余额账户用款额度　　1 100

年末，将本科目本年发生额中的财政拨款支出转入“财政拨款结转——本年收支结转”科目，下各财政拨款支出明细科目；将本科目本年发生额中的非财政专项资金支出转入“非财政拨款结转——本年收支结转”科目，贷记本科目下各非财政专项资金支出明细科目；将本科目本年发生额中的其他资金支出（非财政非专项资金支出）转入其他结余。

第 10 章　预算结余类科目核算

本章主要讲述预算结余类科目共 9 项，包括资金结余、财政拨款结转、财政拨款结余、非财政拨款结转、非财政拨款结余、专用结余、经营结余、其他结余、非财政拨款结余分配。

将 2018 年 12 月 31 日原账会计科目余额转入新账财务会计科目：由于原账的“事业结余”“非财政补助结余分配”科目年末无余额，这两个科目无须进行转账处理。

预算结余是各级财政预算收入和财政预算支出年终相抵后的差额。

10.1　资金结存的核算

“资金结存”是高等学校、中小学校共用科目。

10.1.1　认识资金结存

资金结存是核算高等学校、中小学校纳入部门预算管理的资金的流入、流出、调整和滚存等情况。年末借方余额，反映预算资金的累计滚存情况。

资金结存的科目设置：

1. “零余额账户用款额度”：本明细科目核算实行国库集中支付的高等学校、中小学校根据财政部门批复的用款计划收到和支用的零余额账户用款额度。年末结账后，本明细科目应无余额。

2. “货币资金”：本明细科目核算高等学校、中小学校以库存现金、银行存款、其他货币资金形态存在的资金。本明细科目年末借方余额，反映单位尚未使用的货币资金。

3. “财政应返还额度”：本明细科目核算实行国库集中支付的高等学校、中小学校可以使用的以前年度财政直接支付资金额度和财政应返还的财政授权支付资金额度。本明细科目下可设置“财政直接支付”“财政授权支付”两个明细科目进行明细核算。本明细科目年末借方余额，反映应收财政返还的资金额度。

10.1.2　财政授权支付方式取得收入时资金结存的核算方法

实例【10-1】 2019 年 1 月 2 日，某学校收到代理银行转来的财政授权支付通知书，列明额度 765 000 元，应编制会计分录如下：

财务会计：

借：零余额账户用款额度　　765 000

　　贷：财政拨款收入　　765 000

预算会计：

借：资金结存——零余额账户用款额度　　765 000

　　贷：财政拨款预算收入　　765 000

10.1.3　财政直接支付方式下发生相关支出时资金结存的核算方法

实例【10-2】 2019 年 1 月 2 日，某学校使用恢复的上年度用款额度，采用财政直接支付方式，支付教师培训费 132 000 元，已经收到国库支付执行机构委托代理银行转来财政直接支付入账通知书及相关原始凭证，应编制会计分录如下：

财务会计：

借：单位管理费用　　132 000

　　贷：财政应返还额度——财政直接支付　　132 000

预算会计：

借：事业支出　　132 000

　　贷：资金结存——财政应返还额度　　132 000

10.1.4 注销零余额账户用款额度时资金结存的核算方法

注销额度（零余额账户用款额度）时，年末，注销额度。本年度财政授权支付预算指标数大于零余额账户用款额度下达数的，下年初，恢复额度（财政应返还额度）。单位收到财政部门批复的上年末未下达零余额账户用款额度的。

实例【10-3】 2019年1月1日，财政部门批复的上年末未下达零余额账户用款额度200 000元，应编制会计分录如下：

财务会计：

借：零余额账户用款额度 200 000

　　贷：财政应返还额度——财政授权支付 200 000

预算会计：

借：资金结存——零余额账户用款额度 200 000

　　贷：资金结存——财政应返还额度——财政授权支付 200 000

10.2 财政拨款结转的核算

将2018年12月31日原账会计科目余额转入新账财务会计科目：新制度设置了“财政拨款结转”“财政拨款结余”科目及对应的“资金结存”科目。在新旧制度转换时，高等学校、中小学校应当对原账的“财政补助结转”科目及对应科目余额进行逐项分析，加上已经计入支出尚未支付财政资金（如发生时列支的应付票据、应付账款、应缴税费、应付职工薪酬等）的金额，减去已经支付财政资金尚未计入支出（如购入的存货、预付账款、其他应收款等）的金额，按照增减后的金额，登记新账的“财政拨款结转”科目及其明细科目贷方。

按照原账“财政应返还额度”科目余额登记新账的“资金结存——财政应返还额度”科目借方。按照新账的“财政拨款结转”和“财政拨款结余”科目贷方余额合计数，减去新账的“资金结存——财政应返还额度”

科目借方余额后的差额，登记新账的“资金结存——货币资金”科目借方。

“财政拨款结转”是高等学校、中小学校共用科目。

10.2.1　认识财政拨款结转

财政拨款结转是指核算高等学校、中小学校取得同级财政拨款结转资金的调整、结转和滚存情况。结转资金是指当年预算已执行但未完成，或者因故未执行，下一年度需要按照原用途继续使用的资金。财政拨款结转科目年末贷方余额，反映滚存的财政拨款结转资金数额。

财政拨款结转的科目设置：本科目应当按照结转余额变动原因设置明细科目。

1. 年初余额调整

本明细科目核算因发生会计差错更正、以前年度支出收回等原因，需要调整财政拨款结转的金额。年末结账后，本明细科目应无余额。

2. 与财政拨款调拨业务相关的明细科目

- “归集调入”：本明细科目核算按照规定从其他单位调入财政拨款结转资金时，实际调增的额度数额或调入的资金数额。年末结账后，本明细科目应无余额。

- “归集调出”：本明细科目核算按照规定向其他单位调出财政拨款结转资金时，实际调减的额度数额或调出的资金数额。年末结账后，本明细科目应无余额。

- “归集上缴”：本明细科目核算按照规定上缴财政拨款结转资金时，实际核销的额度数额或上缴的资金数额。年末结账后，本明细科目应无余额。

- “单位内部调剂”：本明细科目核算经财政部门批准对财政拨款结余资金改变用途，调整用于本单位其他未完成项目等的调整金额。

年末结账后，本明细科目应无余额。

3. 与年末财政拨款结转业务相关的明细科目

- “本年收支结转”：本明细科目核算本年度财政拨款收支相抵后的余额。年末结账后，本明细科目应无余额。

- “累计结转”：本明细科目核算滚存的财政拨款结转资金。本明细科目年末贷方余额，反映单位财政拨款滚存的结转资金数额。

10.2.2 财政拨款结转年初余额调整的核算方法

1. 学校财政拨款结转年初余额调整的核算方法

实例【10-4】 2019年1月1日，某学校发现，2018年年末未及时处理财政授权支付预算指标大于下达数时，两者之间的差额少计算了8 200元，具体是基本支出中的日常公用经费数额少计，应编制会计分录如下：

财务会计：

借：零余额账户用款额度　　8 200

　　贷：以前年度盈余调整　　8 200

预算会计：

借：资金结存——零余额账户用款额度　　8 200

　　贷：财政拨款结转——年初余额调整——基本支出结转　　8 200

2. 学校与财政拨款结转结余资金调整业务相关的核算方法

归集调入、归集调出、归集上缴、单位内部调剂。

实例【10-5】 2019年1月1日，某学校经财政部门批准，2018年完成的专项活动由科研部门开发的一项软件工程结余资金17 100元，转入本年教育部门项目，应编制会计分录如下：

预算会计：

借：财政拨款结余——单位内部调剂　　17 100

　　贷：财政拨款结转——单位内部调剂——项目支出结转　　17 100

注意：财务会计不需要做分录。

10.2.3 财政拨款结转年末结转的核算方法

1. 年末， 学校结转收入支出的核算方法

将财政拨款预算收入本年发生额、本年财政拨款支出发生额转入本科目。

2. 学校年末冲销有关明细科目余额的核算方法

实例【10-6】 2019 年 12 月 31 日，某学校财政拨款结转科目及所属明细科目转账前资料，如表所示：

表 10.1　某学校资料表

一级科目	明细科目	借方余额	贷方余额
财政拨款结转	本年收支结转		70 000 基本支出 50 000，项目支出 20 000
财政拨款结转	年初余额调整		28 000
财政拨款结转	归集上缴	48 000	
财政拨款结转	归集调入		30 000
财政拨款结转	单位内部调剂		17 000

（1）将贷方余额明细账予以结转，应编制会计分录如下：

注意：财务会计不需要做分录。

预算会计：

借：财政拨款结转——本年收支结转——基本支出结转　50 000
　　　　　　　　　　　　　　　　　——项目支出结转　20 000
　　　　　　　　　　　　　　　　　——年初余额调整　28 000
　　　　　　　　　　　　　　　　　——归集调入　30 000
　　　　　　　　　　　　　　　　　——单位内部调剂　17 000

　贷：财政拨款结转——累计结转　145 000

（2）将借方余额明细账予以结转，应编制会计分录如下：

注意：财务会计不需要做分录。

预算会计：

借：财政拨款结转——累计结转　48 000

　贷：财政拨款结转——归集上缴　48 000

3. 学校年末完成上述结转后，应当对财政拨款结转各明细项目执行情况进行分析的核算方法

按照有关规定将符合财政拨款结余性质的项目余额转入财政拨款结

余，预算会计：借记“累计结转”科目，贷记“财政拨款结余——结转转入”。

实例【10-7】 2019年12月31日，某学校将财政拨款结转转入财政拨款结余，经计算，财政拨款结转——累计结转科目年末余额为97 200元。

预算会计：

借：财政拨款结转——累计结转　　97 200

　　贷：财政拨款结余——结转转入　　97 200

注意：财务会计不需要做分录。

10.3 财政拨款结余的核算

将2018年12月31日原账会计科目余额转入新账财务会计科目：新制度设置了“财政拨款结转”“财政拨款结余”科目及对应的“资金结存”科目。在新旧制度转换时，高等学校、中小学校应当按照原账“财政补助结余”科目余额，登记新账的“财政拨款结余”科目及其明细科目贷方。

按照原账“财政应返还额度”科目余额登记新账的“资金结存——财政应返还额度”科目借方。按照新账的“财政拨款结转”和“财政拨款结余”科目贷方余额合计数，减去新账的“资金结存——财政应返还额度”科目借方余额后的差额，登记新账的“资金结存——货币资金”科目借方。

“财政拨款结余”是高等学校和中小学共用科目。

10.3.1 认识财政拨款结余

财政拨款结余是指核算高等学校、中小学校取得的统计财政拨款项目支出结余资金的调整、结构和滚存情况。结余资金是指当年预算工作目标已完成，或者因故终止，当年剩余的资金。财政拨款结余科目贷方余额，反映滚存的财政拨款结余资金数额。

需要说明的是：基本支出结转的余额留在下一年度继续使用，用于维持正常运行和完成日常工作任务，不存在结余问题，即基本支出拨款没有结余资金，只有结转资金。

财政拨款结余特指财政拨款项目支出结余。

财政拨款结余科目设置：

1. 与会计差错更正、以前年度支出收回相关的明细科目。“年初余额调整”：本明细科目核算因发生会计差错更正、以前年度支出收回等原因，需要调整财政拨款结余的金额。年末结账后，本明细科目应无余额。

2. 与财政拨款结余资金调整业务相关的明细科目：

- “归集上缴”：本明细科目核算按照规定上缴财政拨款结余资金时，实际核销的额度数额或上缴的资金数额。年末结账后，本明细科目应无余额。

- “单位内部调剂”：本明细科目核算经财政部门批准对财政拨款结余资金改变用途，调整用于其他未完成项目等的调整金额。年末结账后，本明细科目应无余额。

3. 与年末财政拨款结余业务相关的明细科目：

- “结转转入”：本明细科目核算按照规定转入财政拨款结余的财政拨款结转资金。年末结账后，本明细科目应无余额。

- “累计结余”：本明细科目核算滚存的财政拨款结余资金。本明细科目年末贷方余额，反映财政拨款滚存的结余资金数额。

4. 本科目还应当按照具体项目、《政府收支分类科目》中“支出功能分类科目”的相关科目等进行明细核算。

年末，财政拨款收入和财政拨款支出全部转入“财政拨款结转”科目，因此，“财政拨款结余”科目下不需要设置“收支转账”明细科目，财政拨款结余反映已完成项目的结余资金，由于已完成项目不需要调入资金，因此“财政拨款结余”科目下不需要设置“归集调入”明细科目。

10.3.2　与会计差错更正、以前年度支出收回相关的财政拨款结余的核算方法

实例【10-8】 2019 年 1 月 1 日，某学校查账发现，2018 年在使用以前年度财政直接支付发生的一项目支出 16 700 元，本应该是贷记“财政应返还额度”，而误记为“财政拨款收入”。该项目已经完成结束。应

编制会计分录如下：

财务会计：

借：以前年度盈余调整　　16 700

　　贷：财政应返还额度　　16 700

预算会计：

借：财政拨款结余——年初余额调整——××项目　　16 700

　　贷：资金结存——财政应返还额度　　16 700

实例【10-9】 2019年1月1日，某学校上年完成教学软件专项任务，年初发现上年列支的专项资金中一笔支出不当，当事人已将该笔支出资金21 500元退回单位零余额账户用款额度。应编制会计分录如下：

财务会计：

借：零余额账户用款额度　　21 500

　　贷：以前年度盈余调整　　21 500

预算会计：

借：资金结存——零余额账户用款额度　　21 500

　　贷：财政拨款结余——年初余额调整　　21 500

10.3.3 与财政拨款结余资金调整业务相关的财政拨款结余的核算方法

1. 学校经财政部门批准对财政拨款结余资金改变用途的核算方法

实例【10-10】 2019年1月1日，某学校经财政部门批准，2018年完成的专项教学软件开发项目结余资金45 500元，转入本年维修学生实验楼项目。应编制会计分录如下：

注意：财务会计不需要做分录。

预算会计：

借：财政拨款结余——单位内部调剂　　45 500

　　贷：财政拨款结转——单位内部调剂——项目支出结转　45 500

2. 学校按照规定上缴财政拨款结余资金或注销财政拨款结余资金额度的核算方法

按照实际上缴资金数额或注销的资金额度数额，预算会计：借记“归集上缴”科目，贷记“资金结存——财政应返还额度”“零余额账户用款额度”“货币资金”科目。

实例【10-11】 2019 年 1 月 1 日，某学校按照规定上缴财政拨款结余 54 500 元，款项以零余额账户结算。应编制会计分录如下

财务会计：

借：累计盈余　　54 500

　　贷：零余额账户用款额度　　54 500

预算会计：

借：财政拨款结余——归集上缴　　54 500

　　贷：资金结存——零余额账户用款额度　　54 500

10. 3. 4　与年末财政拨款结转和结余业务相关的财政拨款结余的核算方法

1. 学校年末，对财政拨款结转各明细项目执行情况进行分析的核算方法

按照有关规定将符合财政拨款结余性质的项目余额转入财政拨款结余，预算会计：借记“财政拨款结转——累计结转”科目，贷记“结转转入”科目。

2. 学校年末冲销有关明细科目余额的核算方法

将“年初余额调整”“归集上缴”“单位内部调剂”“结转转入”科目余额转入“累计结余”科目。结转后，本科目除“累计结余”明细科目外，其他明细科目应无余额。

实例【10-12】 2019 年 12 月 31 日，某学校“财政拨款结余”科目及其所属明细科目转账前资料，如表所示：

表 10.2　某学校资料表

一级科目	明细科目	借方余额	贷方余额
财政拨款结余	年初余额调整	13 000	
财政拨款结余	归集上缴		32 500
财政拨款结余	单位内部调剂		17 000
财政拨款结余	结转转入		97 000

（1）将财政拨款结余科目贷方余额明细账予以结转，应编制会计分录如下：

注意：财务会计不需要做分录。

预算会计：

借：财政拨款结余——结转转入　　97 000

　　贷：财政拨款结余——累计结余　　97 000

（2）将财政拨款结余科目借方余额明细账予以结转，应编制会计分录如下：

注意：财务会计不需要做分录。

预算会计：

借：财政拨款结余——累计结余　　62 500

　　贷：财政拨款结余——年初余额调整　　13 000

　　　　财政拨款结余——归集上缴　　32 500

　　　　财政拨款结余——单位内部调剂　　17 000

10.4　非财政拨款结转的核算

将 2018 年 12 月 31 日原账会计科目余额转入新账财务会计科目：新制度设置了“非财政拨款结转”科目及对应的“资金结存”科目。在新旧制度转换时，高等学校、中小学校应当对原账的“非财政补助结转”及对应科目余额进行逐项分析，加上已经计入支出尚未支付非财政补助专项资金（如发生时列支的应付票据、应付账款、应缴税费、应付职工薪酬等）的金额，减去已经支付非财政补助专项资金尚未计入支出（如购入的存货、预付账款等）的金额，加上已经收到非财政补助专项资金尚未计入预算收入（如预收账款等）的金额，减去已经计入预算收入尚未收到非财政补助专项资金（如应收票据、应收账款、其他应收款等）的金额，按照增减后的金额，登记新账的“非财政拨款结转”科目及其明细科目贷方；同时，按照相同的金额，登记新账“资金结存——货币资金”科目的借方。

“非财政拨款结转”是高等学校、中小学校共用科目。

10.4.1　认识非财政拨款结转

非财政拨款结转是核算高等学校、中小学校除财政拨款收支、经营收支以外各非同级财政拨款专项资金的调整、结转和滚存情况。非财政拨款结转按照规定结转下一年度继续使用。该科目年末贷方余额，反映滚存的非同级财政拨款专项结转资金数额。

10.4.2　非财政拨款结转的核算方法

1. 学校提取项目管理费或间接费用的核算方法

学校按规定从科研项目收入中计提项目间接费用或管理费时，除按新制度规定借记“单位管理费用”科目外，也可根据实际情况借记“业务活动费用”等科目。

学校使用计提的项目间接费用或管理费购买固定资产、无形资产的，在财务会计下，按照固定资产、无形资产的成本金额，借记“固定资产”“无形资产”科目，贷记“银行存款”等科目；同时，按照相同的金额，借记“预提费用——项目间接费用或管理费”科目，贷记“累计盈余”科目。在预算会计下，按照相同的金额，借记“事业支出”等科目，贷记“资金结存”科目。

实例【10-13】 2019 年 1 月 27 日，某学校启动一项科研项目。为了向项目承担单位和个人提供良好服务和工作条件，从科研项目收入 450 000 元中提取管理费 45 500 元。应编制会计分录如下：

财务会计：

借：单位管理费用　　45 500
　　贷：预提费用——项目管理费　　45 500
预算会计：
借：非财政拨款结转——项目管理费　　45 500
　　贷：非财政拨款结余——项目管理费　　45 500

2. 学校收到、支出非同级财政拨款货币资金的核算方法

实例【10-14】 2019 年 1 月 17 日，某学校因发生差错更正收到非财政拨款结转资金 32 500 元，已通过银行存款收讫。应编制会计分录如下：

财务会计
借：银行存款　　32 500
　　贷：以前年度盈余调整　　32 500
预算会计：
借：资金结存——货币资金　　32 500
　　贷：非财政拨款结转——年初余额调整　　32 500

3. 学校缴回非财政拨款结转资金的核算方法

实例【10-15】 2019 年 12 月 31 日，某学校按照规定上缴其他资金结转资金 73 500 元，通过银行存款缴回。应编制会计分录如下：

财务会计
借：累计盈余　　73 500
　　贷：银行存款　　73 500
预算会计：
借：非财政拨款结转——缴回资金　　73 500
　　贷：资金结存——货币资金　　73 500

4. 学校结转收入和支出的核算方法

实例【10-16】 2019 年 12 月 31 日，某学校有关收入账户的本月发生额如下：事业预算收入（专项资金收入）57 万元，上级补助预算收入（专项资金收入）12 万元，附属单位上缴预算收入（专项资金收入）2 万元，其他预算收入（专项资金收入）7 万元，期末转账。应编制会计分录如下：

注意：财务会计不需要做分录。

预算会计：

借：事业预算收入 570 000

上级补助预算收入 120 000

附属单位上缴预算收入 20 000

其他预算收入 70 000

贷：非财政拨款结转——本年收支结转 780 000

实例【10-17】 2019 年 12 月 31 日，某学校将债务预算收入（专项资金收入）科目发生额 2 800 000 元进行年末结转。应编制会计分录如下：

注意：财务会计不需要做分录。

预算会计：

借：债务预算收入 2 800 000

贷：非财政拨款结转——本年收支结转 2 800 000

实例【10-18】 2019 年 12 月 31 日，某学校有关支出账户的本月发生额如下：事业支出——其他资金支出 35 万元，其他支出（各非财政拨款专项资金支出）3 万，对附属单位补助支出 2 完，上缴上级支出 1 万，期末转账。应编制会计分录如下：

注意：财务会计不需要做分录。

预算会计：

借：非财政拨款结转——本年收支结转 410 000

贷：事业支出——其他资金支出 350 000

对附属单位补助支出 20 000

上缴上级支出 10 000

其他支出——专项资金支出 30 000

5. 学校年末冲销有关明细科目余额的核算方法

将“年初余额调整”“项目间接费用”“管理费”“缴回资金”“本年收支结转”科目余额转入“累计结转”科目。结转后，本科目除“累计结转”明细科目外，其他明细科目应无余额。

实例【10-19】 2019 年 12 月 31 日，某学校非财政拨款结转科目及其所属明细科目转账前资料如表所示：

表 10.3 某学校资料表

一级科目	明细科目	借方余额	贷方余额
非财政拨款结转	本年收支结转	270 000	
非财政拨款结转	年初余额调整	38 000	
非财政拨款结转	项目间接费用或管理费		56 000
非财政拨款结转	缴回资金		97 000

（1）将贷方余额明细账予以结转，应编制会计分录如下：

注意：财务会计不需要做分录。

预算会计：

借：非财政拨款结转——本年收支结转　　270 000

　　非财政拨款结转——年初余额调整　　38 000

　　贷：非财政拨款结转——累计结转　　308 000

（2）将借方余额明细账予以结转，应编制会计分录如下：

注意：财务会计不需要做分录。

预算会计：

借：非财政拨款结转——累计结转　　153 000

　　贷：非财政拨款结转——缴回资金　　56 000

　　　　非财政拨款结转——项目间接费或管理费　　97 000

结转后“非财政拨款结转——累计结转”科目年末余额为 153 000 元。

6. 学校年末完成上述结转后，应当对非财政拨款专项结转资金各项目情况进行分析的核算方法

将留归本单位使用的非财政拨款专项（项目已完成）剩余资金转入非

财政拨款结余，预算会计：借记“累计结转”科目，贷记“非财政拨款结余——结转转入”科目。

实例【10-20】 2019 年 12 月 31 日，某学校对非财政拨款专项结转资金进行分析，项目已经完成，剩余资金 153 000 元留归单位使用，经批准将非财政拨款专项剩余资金转入非财政拨款结余，应编制会计分录如下：

注意：财务会计不需要做分录。

预算会计：

借：非财政拨款结转——累计结转　　153 000

　　贷：非财政拨款结余——结转转入　　153 000

10.5　非财政拨款结余的核算

将 2018 年 12 月 31 日原账会计科目余额转入新账财务会计科目：“非财政拨款结余”科目及对应的“资金结存”科目余额。

1. 登记“非财政拨款结余”科目余额

新制度设置了“非财政拨款结余”科目及对应的“资金结存”科目。在新旧制度转换时，高等学校应当按照原账的“事业基金”科目余额，借记新账的“资金结存——货币资金”科目，贷记新账的“非财政拨款结余”科目。

2. 对新账“非财政拨款结余”科目及“资金结存”科目余额进行调整

调整短期投资对非财政拨款结余的影响：高等学校应当按照原账的“短期投资”科目余额，借记“非财政拨款结余”科目，贷记“资金结存——货币资金”科目。

调整应收票据、应收账款对非财政拨款结余的影响：高等学校应当对原账的“应收票据”“应收账款”科目余额进行分析，区分计入专项资金收入的金额和计入非专项资金收入的金额，按照计入非专项资金收入的金额借记“非财政拨款结余”科目，贷记“资金结——货币资金”科目。

调整预付账款对非财政拨款结余的影响：高等学校应当对原账的“预付账款”科目余额进行分析，区分其中由财政补助资金预付的金额、非财政补助专项资金预付的金额和非财政补助非专项资金预付的金额，按照非财政补助非专项资金预付的金额，借记“非财政拨款结余”科目，贷记“资金结存——货币资金”科目。

调整其他应收款对非财政拨款结余的影响：高等学校按照新制度规定将原账其他应收款中的预付款项计入支出的，应当对原账的“其他应收款”科目余额进行分析，区分其中预付款项的金额（将来很可能列支）和非预付款项的金额，并对预付款项的金额划分为财政补助资金预付的金额、非财政补助专项资金预付的金额和非财政补助非专项资金预付的金额，按照非财政补助非专项资金预付的金额，借记“非财政拨款结余”科目，贷记“资金结存——货币资金”科目。

调整存货对非财政拨款结余的影响：高等学校应当对原账的“存货”科目余额进行分析，区分购入的存货金额和非购入的存货金额。对购入的存货金额划分出其中使用财政补助资金购入的金额、使用非财政补助专项资金购入的金额和使用非财政补助非专项资金购入的金额，按照使用非财政补助非专项资金购入的金额，借记“非财政拨款结余”科目，贷记“资金结存——货币资金”科目。

调整长期股权投资对非财政拨款结余的影响：高等学校应当对原账的“长期投资”科目余额中属于股权投资的余额（不含对非企业法人投资）进行分析，区分其中用现金资产取得的金额和用非现金资产及其他方式取得的金额，按照用现金资产取得的金额，借记“非财政拨款结余”科目，贷记“资金结存——货币资金”科目。按照原制度核算长期投资、而且对应科目为“非流动资产基金——长期投资”的，不做此项调整。

调整长期债券投资对非财政拨款结余的影响：高等学校应当按照原账的“长期投资”科目余额中属于债券投资的余额，借记“非财政拨款结余”科目，贷记“资金结存——货币资金”科目。按照原制度核算长期投资、而且对应科目为“非流动资产基金——长期投资”的，不做此项调整。

调整短期借款、长期借款对非财政拨款结余的影响：高等学校应当按照原账的“短期借款”“长期借款”科目余额，借记“资金结存——货币资金”科目，贷记“非财政拨款结余”科目。

调整应付票据、应付账款对非财政拨款结余的影响：高等学校应当对原账的“应付票据”“应付账款”科目余额进行分析，区分财政补助应付的金额、非财政补助专项资金应付的金额和非财政补助非专项资金应付的金额，按照非财政补助非专项资金应付的金额借记“资金结存——货币资金”科目，贷记“非财政拨款结余”科目。

调整应缴增值税对非财政拨款结余的影响：高等学校应当对原账“应缴税费——应缴增值税”科目余额进行分析，划分出与非财政补助专项资金相关的金额和与非财政补助非专项资金相关的金额。按照与非财政补助非专项资金相关的金额，计算应调整非财政拨款结余的金额。应调整金额如为正数，按照该金额借记“资金结存——货币资金”科目，贷记“非财政拨款结余”科目；如为负数，按照该金额借记“非财政拨款结余”科目，贷记“资金结存——货币资金”科目。

调整其他应缴税费对非财政拨款结余的影响：高等学校应当对原账“应缴税费”科目余额中非增值税的其他应缴税费金额进行分析，划分出财政补助应交金额、非财政补助专项资金应交金额和非财政补助非专项资金应交金额，按照非财政补助非专项资金应交金额，借记“资金结存——货币资金”科目，贷记“非财政拨款结余”科目。

调整预收账款对非财政拨款结余的影响：高等学校应当按照原账的“预收账款”科目余额中预收非财政非专项资金的金额，借记“资金结存——货币资金”科目，贷记“非财政拨款结余”科目。

调整其他应付款对非财政拨款结余的影响：高等学校应当对原账的“其他应付款”科目余额（扣除属于受托代理负债的金额）进行分析，区分其中支出类的金额（确认其他应付款时计入了支出）和周转类的金额（如收取的押金、保证金等），并对支出类的金额划分为财政补助资金列支的金额、非财政补助专项资金列支的金额和非财政补助非专项资金列支的金额，按照非财政补助非专项资金列支的金额，借记“资金结存——货币资金”科目，贷记“非财政拨款结余”科目。

调整专用基金对非财政拨款结余的影响：高等学校应当对原账的“专用基金”科目余额进行分析，划分出按照收入比例列支提取的专用基金（如列支提取的职工福利基金、列支提取的学生奖助基金等），按照列支提取的专用基金的金额，借记“资金结存——货币资金”科目，贷记“非财政拨款结余”科目。

3. 高等学校按照前述1、2两个步骤难以准确调整出“非财政拨款结余”科目及对应的“资金结存”科目余额的，在新旧制度转换时，可以在新账的“库存现金”“银行存款”“其他货币资金”“财政应返还额度”科目借方余额合计数基础上，对不纳入单位预算管理的资金进行调整（如减去新账中货币资金形式的受托代理资产、应缴财政款、已收取将来需要退回资金的其他应付款，加上已支付将来需要收回资金的其他应收款），按照调整后的金额减去新账的“财政拨款结转”“财政拨款结余”“非财政拨款结转”“专用结余”科目贷方余额合计数，加上“经营结余”科目借方余额后的金额，登记新账的“非财政拨款结余”科目贷方；同时，按照相同的金额登记新账的“资金结存——货币资金”科目借方。

“非财政拨款结余”是高等学校、中小学校共用科目。

10.5.1 认识非财政拨款结余

非财政拨款结余是核算高等学校、中小学校历年滚存的非限定用途的非同级财政拨款结余资金，主要为非财政拨款结余扣除结余分配后滚存的金额。非财政拨款结余可以按照国家有关规定提取职工福利基金，剩余部分作为事业基金用于弥补以后年度学校收支差额；国家另有规定的，从其规定。年末贷方余额，反映非同级财政拨款结余资金的累计滚存数额。

非财政拨款结余的科目设置：年末，非财政拨款收入和非财政拨款支出全部转入“非财政拨款结转”科目，因此，“非财政拨款结余”科目下不需要设置“收支转账”明细科目；

非财政拨款结余不是财政资金，财政部门和主管部门一般不退其进行调剂，因此在“非财政拨款结余”科目下不需要设置“缴回资金”明细科目。

10.5.2 非财政拨款结余的核算方法

1. 学校提取项目管理费或间接费时非财政拨款的核算方法

按照规定从科研项目预算收入中提取项目管理费或间接费时，借记“非财政拨款结转——项目间接费用或管理费”科目，贷记“项目间接费用或管理费”科目。

2. 学校收到、 支出非同级财政拨款货币资金的核算方法

实例【10-21】 2019 年 1 月 1 日，某学校年初退回一批上年用其他资金购买的教学专用材料 4 800 元，材料已发出，退款已收到。应编制会计分录如下：

财务会计：

借：银行存款 4 800

　贷：以前年度盈余调整 4 800

预算会计：

借：资金结存——货币资金 4 800

　贷：非财政拨款结余——年初余额调整 4 800

实例【10-22】 2019 年 1 月 1 日，某学校 2018 年发生的一笔非财政拨款资金支出 23 500 元，属于项目支出，款项已通过银行账户收到。应编制会计分录如下：

财务会计：

借：银行存款 23 500

　贷：以前年度盈余调整 23 500

预算会计：

借：资金结存——货币资金 23 500

　贷：非财政拨款结余——年初余额调整 ——项目支出结余 23 500

3. 学校年末结转非财政拨款的核算方法

将留归本学校使用的非财政拨款专项（项目已完成）剩余资金转入本科目，预算会计：借记“非财政拨款结转——累计结转”科目，贷记“结转转入”科目。

实例【10-23】 2019 年 12 月 31 日，某学校对非财政拨款专项结转资金进行分析，项目已经完成，剩余资金 345 000 元留归单位使用，经批准将非财政拨款专项剩余资金转入非财政拨款结余。应编制会计分录如下：

注意：财务会计不需要做分录。

预算会计：

借：非财政拨款结转——累计结转　　345 000

　贷：非财政拨款结余——结转转入　　345 000

4. 学校年末冲销非财政拨款有关明细科目余额的核算方法

将“年初余额调整”“项目间接费用或管理费”“结转转入”科目余额结转入“累计结余”科目。结转后，本科目除“累计结余”明细科目外，其他明细科目无余额。

实例【10-24】 2019年12月31日，某学校非财政拨款结转科目及其所属明细科目转账前资料，如表所示：

表10.4　某学校资料表

一级科目	明细科目	借方余额	贷方余额
非财政拨款结余	年初余额调整	27 000	
非财政拨款结余	项目间接费用或管理费	86 000	
非财政拨款结余		145 000	

应编制会计分录如下：

注意：财务会计不需要做分录。

预算会计：

借：非财政拨款结余——年初余额调整　　27 000

　　　　　　　　——项目间接费用或管理费　　86 000

　　　　　　　　——结转转入　　145 000

　贷：非财政拨款结余——累计结余　　258 000

5. 学校年末结转非财政拨款的核算方法

事业单位将“非财政拨款结余分配”科目余额转入“非财政拨款结余”。

实例【10-25】 2019年12月31日，某学校非财政拨款结余分配贷方科目余额为305 000元，进行期末结转。应编制会计分录如下：

注意：财务会计不需要做分录。

预算会计：

借：非财政拨款结余分配 305 000

  贷：非财政拨款结余——累计结余 305 000

10.6 专用结余的核算

将 2018 年 12 月 31 日原账会计科目余额转入新账财务会计科目：新制度设置了“专用结余”科目及对应的“资金结存”科目。在新旧制度转换时，高等学校应当按照原账“专用基金”科目余额中通过非财政补助结余分配形成的金额，借记新账的“资金结存——货币资金”科目，贷记新账的“专用结余”科目。

“专用结余”是高等学校、中小学校共用科目。

10.6.1 认识专用结余

专用结余是核算高等学校、中小学校按照规定从非财政拨款结余中提取的具有专门用途的资金的变动和滚存情况。

专用结余的科目设置：本科目应当按照专用结余的类别进行明细核算。

10.6.2 提取专用基金时专用结余的核算方法

实例【10-26】 2019 年 12 月 31 日，某学校年终结余分配前，根据规定按 40% 的比例从非财政拨款结余中提取职工福利基金 28 400 元。应编制会计分录如下：

财务会计：

借：本年盈余分配 28 400

  贷：专用基金——职工福利基金 28 400

预算会计：

借：非财政拨款结余分配　　28 400

　　贷：专用结余　　28 400

10.7　经营结余的核算

将2018年12月31日原账会计科目余额转入新账财务会计科目：新制度设置了“经营结余”科目。如果原账的“经营结余”科目期末有借方余额，在新旧制度转换时，按照原账的“经营结余”科目余额，借记新账的“经营结余”科目，贷记新账的“资金结存——货币资金”科目。

“经营结余”是高等学校、非义务教育阶段中小学校共用科目。

10.7.1　认识经营结余

经营结余是核算高等学校、非义务教育阶段中小学校本年度经营活动收支相抵后余额弥补以前年度经营亏损后的余额。

经营结余的科目设置：本科目可以按照经营活动类别进行明细核算。年末结账后，本科目一般无余额；如为借方余额，反映累计发生的经营亏损。

10.7.2　经营结余的核算方法

1. 年末，将经营预算收入、经营支出本年发生额转入本科目。

2. 年末，如本科目为贷方余额，将本科目贷方余额转入“非财政拨款结余分配”科目；如本科目为借方余额，为经营亏损，不予结转。

实例【10-27】 2019年12月31日，某学校年末结转后，经营结余为贷方余额47 000元。应编制会计分录如下：

注意：财务会计不需要用做分录。

预算会计：

借：经营结余　　47 000

　　贷：非财政拨款结余分配　　47 000

10.8　其他结余的核算

将2018年12月31日原账会计科目余额转入新账财务会计科目：新制度设置了“其他结余”科目。由于这个科目年初无余额，在新旧制度转换时，无须对“其他结余”科目进行新账年初余额登记。

“其他结余”是高等学校、中小学校共用科目。

10.8.1　认识其他结余

其他结余是核算高等学校、中小学校本年度除财政拨款收支、非同级财政专项资金收支和经营收支以外各项收支相抵后的余额。

10.8.2　其他结余的核算方法

1. 学校结转收入、支出时其他结余的核算方法

年末，将“事业预算收入”“上级补助预算收入”“附属单位上缴预算收入”“非同级财政拨款预算收入”“债务预算收入”“其他预算收入”科目本年发生额中的非专项资金收入以及投资预算收益本年发生额转入“其他结余”科目，将“事业支出”“其他支出本年发生额中的非同级财政、非专项资金支出”“上缴上级支出”“对附属单位补助支出”“投资支出”“债务还本支出”科目本年发生额转入“其他结余”科目。

2. 学校结转其他结余的核算方法

年末，学校将本科目余额转入“非财政拨款结余分配”科目。

实例【10-28】 2019年12月31日，某学校其他结余年末贷方余额为34 200元，进行期末结转。应编制会计分录如下：

注意：财务会计不需要做分录。

预算会计：

借：其他结余	34 200	
贷：非财政拨款结余分配		34 200

10.9 非财政拨款结余分配的核算

将2018年12月31日原账会计科目余额转入新账财务会计科目：新制度设置了“非财政拨款结余分配”科目。由于这两个科目年初无余额，在新旧制度转换时，无需对“非财政拨款结余分配”科目进行新账年初余额登记。

“非财政拨款结余分配”是高等学校、中小学校共用科目。

非财政拨款结余分配：核算高等学校、中小学校本年度非财政拨款结余分配的情况和结果。年末结转后，本科目应无余额。

非财政拨款结余分配的核算方法：年末，将“其他结余”科目余额转入本科目。年末，按照规定完成上述处理后，将本科目余额转入“非财政拨款结余——累计结余”。

第 11 章　高等学校、中小学校会计报表

2017 年 10 月 24 日，财政部制定《政府会计制度——行政事业单位会计科目和报表》，自 2019 年 1 月 1 日起施行。2018 年 8 月 14 日，财政部颁发《关于印发高等学校执行〈政府会计制度——行政事业单位会计科目和报表〉的补充规定和衔接》（财会〔2018〕19 号），原执行《高等学校会计制度》（财会〔2013〕30 号，以下简称原制度）的高等学校，自 2019 年 1 月 1 日起执行新制度，不再执行原制度。2018 年 8 月 14 日，财政部颁发《关于印发中小学校执行〈政府会计制度——行政事业单位会计科目和报表〉的补充规定和衔接》（财会〔2018〕20 号）目前执行《中小学校会计制度》（财会〔2013〕27 号，以下简称原制度）的中小学校，自 2019 年 1 月 1 日起执行新制度，不再执行原制度。

新会计制度完善了报表体系，要求高等学校、中小学校不仅编制财务会计报表，而且要编制预算会计报表。新会计制度从会计信息化角度，规定高等学校、中小学校财务报表的编制主要以权责发生制为基础，以财务会计核算生成的数据为准；预算会计报表的编制主要以收付实现制为基础，以预算会计核算生成的数据为准。

其中，高等学校、中小学校的财务报表由会计报表及其附注构成。会计报表一般包括资产负债表、收入费用表和净资产变动表。新会计制度特别指出，可根据实际情况自行选择编制现金流量表；预算会计报表至少包括预算收入支出表、预算结转结余变动表和财政拨款预算收入支出表。除了资产负债表和收入费用表可以按月编制外，财务报表和预算会计报表至少要根据新制度按年度编制真实、完整的年度报表。

新会计制度要求高等学校、中小学校编制资产负债表、收入费用表和净资产变动表。其中，资产负债表采用账户式结构，反映一定时点的财务状况；收入费用表采用单步式结构，反映一定时期的业务活动成果；净资

产变动表则采用棋盘式结构，反映一定时期净资产变化情况。

本章主要讲述资产负债表的填制、收入费用表的填制、净资产变动表的填制、现金流量表的填制、预算收入支出表的填制、预算结转结余变动表的填制、财政拨款预算收入支出表的填制、报表附注。

11.1 会计报表概述

高等学校、中小学校会计报表按时间可划分为旬报、月报和年报（即决算），按内容划分，一般包括资产负债表（静态表，反映一定日期的财务状况）、预算执行情况表、收入支出表（动态表，反映会计期间的收、支、余状况）、附表及说明书等。附表一般作为报表中某些科目的明细内容或未列入报表中的重要经济业务活动或基础材料，说明书是对报表中某些事项的补充及情况说明。

1. 高等学校、中小学校财务会计报表包括：资产负债表、收入费用表、净资产变动表、现金流量表和会计报表附注。

2. 高等学校、中小学校预算会计报表包括预算收入支出表、预算结余变动表和财政拨款预算收入支出表。

高等学校、中小学校应当按照新制度及补充规定编制 2019 年财务报表和预算会计报表。在编制 2019 年度收入费用表、净资产变动表、现金流量表和预算收入支出表、预算结转结余变动表时，不要求填列上年比较数。

11.2 资产负债表的填制

高等学校、中小学校应当根据 2019 年 1 月 1 日新账的财务会计科目余额，按照新制度编制 2019 年 1 月 1 日资产负债表（仅要求填列各项目“年初余额”）。

11.2.1　认识资产负债表

高等学校、中小学校资产负债表采用账户式结构，反映一定时点的财务状况。报表必须是单位负责人和会计机构负责人签名并盖章。

1. 本表反映在某一特定日期全部资产、负债和净资产的情况。

2. 本表“年初余额”栏内各项数字，应当根据上年年末资产负债表“期末余额”栏内数字填列。

注意：如果本年度资产负债表规定的项目的名称和内容同上年度不一致，应当对上年年末资产负债表项目的名称和数字按照本年度的规定进行调整，将调整后的数字填入本表“年初余额”栏内。

11.2.2　资产类项目的填制方法

下面详细介绍资产类项目的填制方法：

1. “货币资金”项目，根据“库存现金”“银行存款”“零余额账户用款额度”“其他货币资金”科目的期末余额的合计数填列；若存在通过“库存现金”“银行存款”科目核算的受托代理资产还应当按照前述合计数扣减“库存现金”“银行存款”科目下“受托代理资产”明细科目的期末余额后的金额填列。

2. “短期投资”项目，根据期末余额填列。

3. “财政应返还额度”项目，根据期末余额填列。

4. “应收票据”项目，根据期末余额填列。

5. “应收账款净额”项目，根据“应收账款”科目的期末余额，减去“坏账准备”科目中对应收账款计提的坏账准备的期末余额后的金额填列。

6. “预付账款”项目，根据期末余额填列。

7. “应收股利”项目，根据期末余额填列。

8. “应收利息”项目，根据“应收利息”科目的期末余额填列。购入的到期一次还本付息的长期债券投资持有期间应收的利息，不包括在本项目内。

9. “其他应收款净额”项目，根据“其他应收款”科目的期末余额减去“坏账准备”科目中对其他应收款计提的坏账准备的期末余额后的金额填列。

10. “在途物品”“库存物品”“加工物品”项目，根据期末余额填列。

11. “待摊费用”项目，根据期末余额填列。

12. “一年内到期的非流动资产”项目，根据“长期债券投资”等科目的明细科目的期末余额分析填列。

13. “其他流动资产”项目，根据有关科目期末余额的合计数填列。

14. “流动资产合计”项目，根据本表中“货币资金”“短期投资”“财政应返还额度”“应收票据”“应收账款净额”“预付账款”“应收股利”“应收利息”“其他应收款净额”“在途物品”“库存物品”“加工物品”“待摊费用”“一年内到期的非流动资产”“其他流动资产”项目金额的合计数填列。

15. “长期股权投资”项目，根据期末余额填列。

16. “长期债券投资”项目，根据“长期债券投资”科目的期末余额减去其中将于 1 年内（含 1 年）到期的长期债券投资余额后的金额填列

17. “固定资产原值”项目，根据“固定资产”科目的期末余额填列。“固定资产累计折旧”项目，根据期末余额填列。“固定资产净值”项目，根据“固定资产”科目期末余额减去“固定资产累计折旧”科目期末余额后的金额填列。

18. “工程物资”项目，根据期末余额填列。

19. “在建工程”项目，根据期末余额填列。

20. “无形资产原值”项目，根据期末余额填列。“无形资产累计摊销”项目，根据期末余额填列。“无形资产净值”项目，根据“无形资产”科目期末余额减去“无形资产累计摊销”科目期末余额后的金额填列。

21. “研发支出”项目，根据期末余额填列。

22. “长期待摊费用”项目，根据期末余额填列。

23. “待处理财产损溢”项目，根据“待处理财产损溢”科目的期末借方余额填列；如“待处理财产损溢”科目期末为贷方余额，以“－”号填列。

24. “其他非流动资产”项目，根据有关科目的期末余额合计数填列。

25. “非流动资产合计”项目，根据本表中“长期股权投资”“长期债券投资”“固定资产净值”“工程物资”“在建工程”“无形资产净值”“研发支出”“公共基础设施净值”“政府储备物资”“文物文化资产”“保障性住房净值”“长期待摊费用”“待处理财产损溢”“其他非流动资产”项目金额的合计数填列。

26. “受托代理资产”项目，根据“受托代理资产”科目的期末余额

与“库存现金”“银行存款”科目下“受托代理资产”明细科目的期末余额的合计数填列。

27. “资产总计”项目，根据本表中“流动资产合计”“非流动资产合计”“受托代理资产”项目金额的合计数填列。

11.2.3　负债类项目的填制方法

下面详细介绍负债类项目的填制方法：

1. “短期借款”项目，根据期末余额填列。

2. “应交增值税”项目，根据期末余额填列；如期末为借方余额，以“-”号填列。

3. “其他应交税费”项目，根据期末余额填列；如期末为借方余额，以“-”号填列。

4. “应缴财政款”项目，根据期末余额填列。

5. “应付职工薪酬”项目，根据期末余额填列。

6. “应付票据”项目，根据期末余额填列。

7. “应付账款”项目，根据期末余额填列。

9. “应付利息”项目，根据期末余额填列。到期一次还本付息的长期借款利息不包括在本项目内。

10. “预收账款”项目，根据期末余额填列。

11. “其他应付款”项目，根据期末余额填列。

12. “预提费用”项目，根据期末余额填列。

13. “1 年内到期的非流动负债”项目，根据“长期应付款”“长期借款”等科目的明细科目的期末余额分析填列。

14. “其他流动负债”项目，根据有关科目的期末余额的合计数填列。

15. “流动负债合计”项目，根据本表“短期借款”“应交增值税”“其他应交税费”“应缴财政款”“应付职工薪酬”“应付票据”“应付账款”“应付利息”“预收账款”“其他应付款”“预提费用”“一年内到期的非流动负债”“其他流动负债”项目金额的合计数填列。

16. “长期借款”项目，根据“长期借款”科目的期末余额减去其中将于 1 年内（含 1 年）到期的长期借款余额后的金额填列。

17. “长期应付款”项目，根据“长期应付款”科目的期末余额减去其中将于1年内（含1年）到期的长期应付款余额后的金额填列。

18. “预计负债”项目，根据期末余额填列。

19. “其他非流动负债”项目，根据有关科目的期末余额合计数填列。

20. “非流动负债合计”项目，根据本表中“长期借款”“长期应付款”“预计负债”“其他非流动负债”项目金额的合计数填列。

21. “受托代理负债”项目，根据期末余额填列。

22. “负债合计”项目，根据本表中“流动负债合计”“非流动负债合计”“受托代理负债”项目金额的合计数填列。

11.2.4 资产负债表的填制方法

实例【11-1】 2019年12月31日，某学校结账后资产、负债和净资产会计科目如下：要求就此编制资产负债表，如下表11.1所示。

表11.1 某学校资料表 单位：元

资产	借方余额	负债和净资产	贷方余额
库存现金	14 000	短期借款	480 000
银行存款	646 000	应交增值税	0
零余额账户用款额度	0	其他应交税费	0
短期投资	90 000	应缴财政款	0
财政应返还额度	144 000	应付职工薪酬	0
应收票据	48 000	应付票据	0
应收账款	160 000	应付账款	32 000
预付账款	52 000	预收账款	4 000
其他应收款	18 000	其他应付款	8 000
库存物品	1 324 000	长期借款	1 280 000
长期股权投资	644 000	本期盈余	0
固定资产	7 830 000	专用基金	4 000 000
固定资产累计折旧	-2 030 000	权益法调整	112 000
在建工程	344 000	累计盈余	4 424 000

续上表

资产	借方余额	负债和净资产	贷方余额
无形资产	1 064 000		
无形资产累计摊销	－212 000		
待处理财产损溢	204 000		
合计	10 340 000		10 340 000

资产负债表

表 11.2　某学校资产负债表

编制单位：　　2019 年 12 月 31 日　　单位：元

资产	年末余额	年初余额	负债和净资产	年末余额	年初余额
流动资产：			流动负债：		
货币资金	660 000	568 000	短期借款	480 000	400 000
短期投资	90 000	78 000	应交增值税		
财政应返还额度	144 000	84 000	其他应交税费		
应收票据	48 000	40 000	应缴财政款		
应收账款净额	160 000	240 000	应付职工薪酬		
预付账款	52 000	24 000	应付票据		4 000
应收股利			应付账款	32 000	20 000
应收利息			应付利息		
其他应收款净额	18 000	12 000			
库存物品	1 324 000	1 294 000	预收账款	4 000	
待摊费用			其他应付款	8 000	12 000
一年内到期的流动资产			预提费用		
其他流动资产			一年内到期的非流动负债		
流动资产合计	2 496 000	2 340 000	其他流动负债	340 000	
非流动资产：			流动负债合计	864 000	436 000

续上表

资产	年末余额	年初余额	负债和净资产	年末余额	年初余额
长期股权投资	644 000	400 000	非流动负债：		
长期债券投资			长期借款	940 000	1 080 000
固定资产原值	7 830 000	6 048 000	长期应付款		
减：固定资产累计折旧	2 030 000	1 568 000	预计负债		
固定资产净值	5 800 000	4 480 000	其他非流动负债		
工程物资			非流动负债合计	940 000	1 080 000
在建工程	344 000	600 000	受托代理负债		
无形资产原值	1 064 000	1 150 000	负债合计	1 804 000	1 516 000
减：无形资产累计摊销	212 000	57 500	净资产		
无形资产净值	852 000	920 000	累计盈余	4 424 000	4 000 000
长期待摊费用			专用基金	4 000 000	3 200 000
待处理财产损溢	204 000		权益法调整	112 000	24 000
其他非流动资产			无偿调拨净资产		
非流动资产合计	7 844 000	6 400 000	本期盈余		
受托代理资产			净资产合计	8 536 000	7 224 000
资产总计	10 340 000	8 740 000	负债和净资产总计	10 340 000	8 740 000

11.3 收入费用表的填制

高等学校、中小学校应当按照新制度及补充规定编制 2019 年财务报表和预算会计报表。在编制 2019 年度收入费用表时，不要求填列上年比较数。

11.3.1　认识收入费用表

收入费用表反映高等学校、中小学校在某一会计期间内发生的收入、费用及当期盈余情况。

1. 月报的收入费用表由“本月数”和“本年累计数”两栏组成，年报的收入费用表由“上年数”和“本年数”两栏组成。

2. 如果本年度收入费用表规定的项目的名称和内容同上年度不一致，应当对上年度收入费用表项目的名称和数字按照本年度的规定进行调整，将调整后的金额填入本年度收入费用表的“上年数”栏内。如果本年度单位发生了因前期差错更正、会计政策变更等调整以前年度盈余的事项，还应当对年度收入费用表中“上年数”栏中的有关项目金额进行相应调整。

11.3.2　收入类项目的填制方法

“本期收入”项目，根据本表中“财政拨款收入”“事业收入”“上级补助收入”“附属单位上缴收入”“经营收入”“非同级财政拨款收入”“投资收益”“捐赠收入”“利息收入”“租金收入”“其他收入”项目金额的合计数填列。

1. “财政拨款收入”项目，根据“财政拨款收入”科目的本期发生额填列，其中“政府性基金收入”项目，根据“财政拨款收入”相关明细科目的本期发生额填列；

2. “事业收入”项目，根据本期发生额填列；

3. “上级补助收入”项目，根据本期发生额填列；

4. “附属单位上缴收入”项目，根据本期发生额填列；

5. “经营收入”项目，根据本期发生额填列；

6. “非同级财政拨款收入”项目，根据本期发生额填列；

7. “投资收益”项目，根据本期发生额填列；如为投资净损失，以“－”号填列；

8. “捐赠收入”项目，根据本期发生额填列；

9. “利息收入”项目，根据本期发生额填列；

10. “租金收入”项目，根据本期发生额填列；

11. “其他收入”项目，根据本期发生额填列。

新增项目：

1. 高等学校应当在收入费用表的“（二）事业收入”项目下增加“其中：教育事业收入”“科研事业收入”项目，在“（十一）其他收入”项目下增加“其中：后勤保障单位净收入”项目。

新增项目的内容和填列方法：

“教育事业收入”项目，反映高等学校本期开展教学活动及其辅助活动实现的收入。根据“事业收入——教育事业收入”科目的本期发生额填列。

“科研事业收入”项目，反映高等学校本期开展科研活动及其辅助活动实现的收入。根据“事业收入——科研事业收入”科目的本期发生额填列。

“后勤保障单位净收入”项目，

校内独立核算单位：是指高等学校内部不具有法人资格的独立核算单位或部门。校内独立核算单位不同于新制度所称附属单位。新制度所称附属单位，是指高等学校下属的具有法人资格的独立核算单位。

具有后勤保障职能的校内独立核算单位：一般指校医院、食堂、水电暖中心、物业管理中心、宿舍管理中心等。

关于校内独立核算单位报表编制的规定：

高等学校报表编制的范围：由高等学校及其所属单位举办的校内独立核算单位，如研究院、分校、后勤部门等，应当按照新制度开展本单位的会计核算和报表编制工作。高等学校在编制年度报表时，应当将校内独立核算单位纳入高等学校报表编制范围。

将校内独立核算单位会计信息纳入高等学校报表的总原则：将校内独立核算单位的会计信息纳入高等学校报表时，总的原则是将校内独立核算单位的报表信息并入学校相关报表的相应项目，并抵消学校内部业务或事项对学校报表的影响。

关于具有后勤保障职能的校内独立核算单位有关业务的特殊规定：

高等学校编制包含校内独立核算单位的收入费用表时，对于具有后勤保障职能的校内独立核算单位，应当将其本年收入（不含从学校取得的补贴经费）、费用（不含使用学校补贴经费发生的费用）相抵后的净额计入本表中“其他收入”项目金额，并单独填列于该项目下的“后勤保障单位净收入”项目。如果具有后勤保障职能的全部校内独立核算单位本年收入（不含从学校取得的补贴经费）、费用（不含使用学校补贴经费发生的费用）相抵后的净额合计数为负数，则以“－”号填列于“后勤保障单位净收入”项目。

2. 中小学校应当在收入费用表的“（十一）其他收入”项目下增加“其中：食堂净收入”项目；“其中：食堂净收入”和“食堂净预算收入”两个项目的内容及填列方法详见“关于中小学校食堂业务的会计处理”。

关于中小学校食堂业务的会计处理：中小学校食堂实行独立核算或对食堂收支等主要业务实行独立核算的，年末应当将食堂的报表信息并入学校相关报表的相应项目，并抵消中小学校与食堂的内部业务或事项对中小学校报表的影响。

但是，中小学校在编制收入费用表时，应当将食堂本年收入和费用相抵后的净额并入本表“其他收入”项目金额，并单独填列于该项目下的“食堂净收入”项目。如果食堂收入和费用相抵后的净额合计数为负数，则以“－”号填列。

11.3.3　费用类项目的填制方法

“本期费用”项目，根据本表中“业务活动费用”“单位管理费用”“经营费用”“资产处置费用”“上缴上级费用”“对附属单位补助费用”“所得税费用”和“其他费用”项目金额的合计数填列。

1. “业务活动费用”项目，根据本期发生额填列；
2. “单位管理费用”项目，根据本期发生额填列；
3. “经营费用”项目，根据本期发生额填列；
4. “资产处置费用”项目，根据本期发生额填列；
5. “上缴上级费用”项目，根据本期发生额填列；
6. “对附属单位补助费用”项目，根据本期发生额填列；
7. “所得税费用”项目，根据本期发生额填列；
8. “其他费用”项目，根据本期发生额填列。

“本期盈余”项目，根据本表中“本期收入”项目金额减去“本期费用”项目金额后的金额填列；如为负数，以“－”号填列。

新增项目：1. 高等学校应当在收入费用表的“（一）业务活动费用”项目下增加“其中：教育费用”“科研费用”项目，在“（二）单位管理费用”项目下增加“其中：行政管理费用”“后勤保障费用”“离退休费用”“单位统一负担的其他管理费用”项目。

新增项目的内容和填列方法：

“其中：教育费用”项目，反映高等学校本期开展教学及其辅助活动、学生事务等活动所发生的各项费用。根据“业务活动费用——教育费用”科目的本期发生额填列。

“科研费用”项目，反映高等学校本期开展科研及其辅助活动所发生的各项费用。根据“业务活动费用——科研费用”科目的本期发生额填列。

“其中：行政管理费用”项目，反映高等学校本期开展单位的行政管理活动所发生的各项费用。根据“单位管理费用——行政管理费用”科目的本期发生额填列。

“后勤保障费用”项目，反映高等学校本期统一负担的开展后勤保障活动所发生的各项费用。根据“单位管理费用——后勤保障费用”科目的本期发生额填列。

“离退休费用”项目，反映高等学校本期统一负担的离退休人员工资、补助、活动经费等各项费用。根据“单位管理费用——离退休费用”科目的本期发生额填列。

“单位统一负担的其他管理费用”项目，反映本期由高等学校统一负担的除行政管理费用、后勤保障费用、离退休费用之外的各项管理费用。根据“单位管理费用——单位统一负担的其他管理费用”科目的本期发生额填列。

11.3.4 收入费用表的填制方法

实例【11-2】 2019 年，某学校收入、费用类科目发生额如下表，其他相关资料如下：该单位无所得税纳税义务，如表 11.3 所示。

表 11.3 某学校资料表

编制单位：某学校　　2019 年度　　单位：元

费用类	本年累计数	收入类	本年累计数
业务活动费用	22 000 000	公共预算性拨款	17 000 000
其中：教育费用	20 000 000	政府性基金收入	3 000 000
科研费用	2 000 000	事业收入	12 360 000

续上表

费用类	本年累计数	收入类	本年累计数
单位管理费用	400 000	其中：教育事业收入	10 360 000
其中：行政管理费用	200 000	科研事业收入	2 000 000
后勤保障费用	80 000	上级补助收入	3 648 000
离退休费用	80 000	附属单位上缴收入	600 000
单位统一负担的其他管理费用	40 000	经营收入	504 000
经营费用	312 000	非同级财政拨款收入	400 000
资产处置费用	560 000	投资收益	20 000
上缴上级费用	10 640 000	捐赠收入	150 000
对附属单位补助费用	3 024 000	利息收入	40 000
所得税费用	0	租金收入	40 000
其他费用	120 000	其他收入	288 000
		其中：后勤保障单位净收入	88 000
费用合计	37 056 000	收入合计	38 050 000
本期盈余	994 000		

某学校收入费用表

表 11.4　某学校收入费用表

编制单位：某学校　　　　2019 年 12 月 31 日　　　　单位：元

项目	本月数	本年累计数
一、本期收入		38 050 000
（一）财政拨款收入		20 000 000
其中：政府性基金收入		3 000 000
（二）事业收入		12 360 000
其中：教育事业收入		10 360 000
科研事业收入		2 000 000

续上表

项目	本月数	本年累计数
（三）上级补助收入		3 648 000
（四）附属单位上缴收入		600 000
（五）经营收入		504 000
（六）非同级财政拨款收入		400 000
（七）投资收益		20 000
（八）捐赠收入		150 000
（九）利息收入		40 000
（十）租金收入		40 000
（十一）其他收入		288 000
其中：后勤保障单位净收入		88 000
二、本期费用		37 056 000
（一）业务活动费用		22 000 000
其中：教育费用		20 000 000
科研费用		2 000 000
（二）单位管理费用		400 000
其中：行政管理费用		200 000
后勤保障费用		80 000
离退休费用		80 000
单位统一负担的其他管理费用		40 000
（三）经营费用		312 000
（四）资产处置费用		560 000
（五）上缴上级费用		10 640 000
（六）对附属单位补助费用		3 024 000
（七）所得税费用		0
（八）其他费用		120 000
三、本期盈余		994 000

11.4　净资产变动表的填制

高等学校、中小学校应当按照新制度及补充规定编制 2019 年财务报表和预算会计报表。在编制 2019 年度净资产变动表时，不要求填列上年比较数。

高等学校、中小学校应当根据 2019 年 1 月 1 日新账财务会计科目余额，填列 2019 年净资产变动表各项目的“上年年末余额”。

11.4.1　认识净资产变动表

净资产变动表反映高等学校、中小学校在某一会计年度内净资产项目的变动情况。

净资产变动表的编制原则：本表“本年数”栏反映本年度各项目的实际变动数。本表“上年数”栏反映上年度各项目的实际变动数，应当根据上年度净资产变动表中“本年数”栏内所列数字填列。如果上年度净资产变动表规定的项目的名称和内容与本年度不一致，应对上年度净资产变动表中项目的名称和数字按照本年度的规定进行调整，将调整后金额填入本年度净资产变动表“上年数”栏内。

11.4.2　净资产变动表的填制方法

净资产变动表“本年数”栏内各项目的内容和填列方法：

1. “上年年末余额”行，根据“累计盈余”“专用基金”“权益法调整”科目上年年末余额填列。

2. “以前年度盈余调整”行，本行“累计盈余”项目根据本年度“以前年度盈余调整”科目转入“累计盈余”科目的金额填列；如调整减少累计盈余，以“-”号填列。

3. “本年年初余额”行，本行“累计盈余”“专用基金”“权益法调整”项目根据其各自在“上年年末余额”和“以前年度盈余调整”行对应项目金额的合计数填列。

4. “本年变动金额”行，本行“累计盈余”“专用基金”“权益法调整”项目根据其各自在“本年盈余”“无偿调拨净资产”“归集调整预算结转结余”“提取或设置专用基金”“使用专用基金”“权益法调整”行对应项目金额的合计数填列。

5. “本年盈余”行，本行“累计盈余”项目根据年末由“本期盈余”科目转入“本年盈余分配”科目的金额填列；如转入时借记“本年盈余分配”科目，则以“－”号填列。

6. “无偿调拨净资产”行，本行“累计盈余”项目根据年末由“无偿调拨净资产”科目转入“累计盈余”科目的金额填列；如转入时借记“累计盈余”科目，则以“－”号填列。

7. “归集调整预算结转结余”行，本行“累计盈余”项目根据“累计盈余”科目明细账记录分析填列；如归集调整减少预算结转结余，则以“－”号填列。

8. “提取或设置专用基金”行，本行“累计盈余”项目根据“从预算结余中提取”行“累计盈余”项目的金额填列。本行“专用基金”项目根据“从预算收入中提取”“从预算结余中提取”“设置的专用基金”行“专用基金”项目金额的合计数填列。

“从预算收入中提取”行，反映本年从预算收入中提取专用基金对净资产的影响。本行“专用基金”项目应当通过对“专用基金”科目明细账记录的分析，根据本年按有关规定从预算收入中提取基金的金额填列。

“从预算结余中提取”行，反映本年根据有关规定从本年度非财政拨款结余或经营结余中提取专用基金对净资产的影响。本行“累计盈余”“专用基金”项目应当通过对“专用基金”科目明细账记录的分析，根据本年按有关规定从本年度非财政拨款结余或经营结余中提取专用基金的金额填列；本行“累计盈余”项目以“－”号填列。

“设置的专用基金”行，反映本年根据有关规定设置的其他专用基金对净资产的影响。本行“专用基金”项目应当通过对“专用基金”科目明细账记录的分析，根据本年按有关规定设置的其他专用基金的金额填列。

9. “使用专用基金”行，本行“累计盈余”“专用基金”项目应当通过对“专用基金”科目明细账记录的分析，根据本年按规定使用专用基金的金额填列；本行“专用基金”项目以“-”号填列。

10. “权益法调整”行，本行“权益法调整”项目根据“权益法调整”科目本年发生额填列；若本年净发生额为借方时，以“-”号填列。

11. “本年年末余额”行，本行“累计盈余”“专用基金”“权益法调整”项目根据其各自在“本年年初余额”“本年变动金额”行对应项目金额的合计数填列。

12. 本表各行“净资产合计”项目，根据所在行“累计盈余”“专用基金”“权益法调整”项目金额的合计数填列。

实例【11-3】 2019 年 12 月 31 日，某学校本年运营增加的累计盈余 150 000 元，无偿调拨净资产增加累计盈余 9 000 元，政府下拨的专用基金 300 000 元。购买的长期股权投资除净损益和利润分配以外的所有者权益变动份额而调整长期股权投资账面余额为 33 000 元，据此编制该单位的净资产变动表，如表 11.5 所示。

表 11.5　某学校资料表（净资产变动表）

编制单位：某学校　　　　2019 年 12 月 31 日　　　　单位：元

项目	累计盈余	专用基金	权益法调整	净资产合计
一、上年年末余额	1 500 000	1 200 000	9 000	2 709 000
二、以前年度盈余调整				
三、本年年初余额	1 500 000	1 200 000	9 000	2 709 000
四、本年变动金额	159 000	300 000	33 000	492 000
（一）本年盈余	150 000			150 000
（二）无偿调拨净资产	9 000			9 000
（三）归集调整预算结转结余				
（四）提取或设置专用基金		300 000		300 000
其中：从预算收入中提取				
从预算结余中提取				
设置的专用基金		300 000		300 000
（五）使用专用基金				
（六）权益法调整			33 000	33 000
五、本年年末余额	1 659 000	1 500 000	42 000	3 201 000

11.5　现金流量表的填制

高等学校、中小学校应当按照新制度及补充规定编制2019年财务报表和预算会计报表。

11.5.1　认识现金流量表

现金流量表反映高等学校、中小学校在某一会计年度内现金流入和流出的信息。

1. 本表所指的现金，是指高等学校、中小学校的库存现金以及其他可以随时用于支付的款项，包括库存现金、可以随时用于支付的银行存款、其他货币资金、零余额账户用款额度、财政应返还额度，以及通过财政直接支付方式支付的款项。

2. 现金流量表应当按照日常活动、投资活动、筹资活动的现金流量分别反映。本表所指的现金流量，是指现金的流入和流出。高等学校、中小学校应当采用直接法编制现金流量表。

11.5.2　现金流量表的填制方法

现金流量表“本年金额”栏各项目的填列方法如下。

1. 日常活动产生的现金流量

“财政基本支出拨款收到的现金”项目，反映高等学校、中小学校本年接受财政基本支出拨款取得的现金。根据“零余额账户用款额度”“财政拨款收入”“银行存款”等科目及其所属明细科目的记录分析填列。

“财政非资本性项目拨款收到的现金”项目，反映高等学校、中小学校本年接受除用于购建固定资产、无形资产等资本性项目以外的财政项目拨款取得的现金。根据“银行存款”“零余额账户用款额度”“财政拨款收入”等科目及其所属明细科目的分析填列。

“事业活动收到的除财政拨款以外的现金”项目，反映高等学校、中小学校本年开展专业业务活动及其辅助活动取得的除财政拨款以外的现金。根据“库存现金”“银行存款”“其他货币资金”“应收账款”“应收票据”“预收账款”“事业收入”等科目及其所属明细科目的记录分析填列。

“收到的其他与日常活动有关的现金”项目，反映高等学校、中小学校本年收到的除以上项目之外的与日常活动有关的现金。根据“库存现金”“银行存款”“其他货币资金”“上级补助收入”“附属单位上缴收入”“经营收入”“非同级财政拨款收入”“捐赠收入”“利息收入”“租金收入”“其他收入”等科目及其所属明细科目的记录分析填列。

“日常活动的现金流入小计”项目，反映高等学校、中小学校本年日常活动产生的现金流入的合计数。根据本表中“财政基本支出拨款收到的现金”“财政非资本性项目拨款收到的现金”“事业活动收到的除财政拨款以外的现金”“收到的其他与日常活动有关的现金”项目金额的合计数填列。

“购买商品、接受劳务支付的现金”项目，反映高等学校、中小学校本年在日常活动中用于购买商品、接受劳务支付的现金。根据“库存现金”“银行存款”“财政拨款收入”“零余额账户用款额度”“预付账款”“在途物品”“库存物品”“应付账款”“应付票据”“业务活动费用”“单位管理费用”“经营费用”等科目及其所属明细科目的记录分析填列。

“支付给职工以及为职工支付的现金”项目，反映高等学校、中小学校本年支付给职工以及为职工支付的现金。根据“库存现金”“银行存款”“零余额账户用款额度”“财政拨款收入”“应付职工薪酬”“业务活动费用”“单位管理费用”“经营费用”等科目及其所属明细科目的记录分析填列。

“支付的各项税费”项目，反映高等学校、中小学校本年用于缴纳日常活动相关税费而支付的现金。根据“库存现金”“银行存款”“零余额账户用款额度”“应交增值税”“其他应交税费”“业务活动费用”“单位管理费用”“经营费用”“所得税费用”等科目及其所属明细科目的记录分析填列。

“支付的其他与日常活动有关的现金”项目，反映高等学校、中小学校本年支付的除上述项目之外与日常活动有关的现金。根据“库存现金”“银行存款”“零余额账户用款额度”“财政拨款收入”“其他应付款”“业务活动费用”“单位管理费用”“经营费用”“其他费用”等科目及其所属明细科目的记录分析填列。

“日常活动的现金流出小计”项目，反映高等学校、中小学校本年日常活动产生的现金流出的合计数。根据本表中“购买商品、接受劳务支付的现金”“支付给职工以及为职工支付的现金”“支付的各项税费”“支付的其他与日常活动有关的现金”项目金额的合计数填列。

“日常活动产生的现金流量净额”项目，应当按照本表中“日常活动的现金流入小计”项目金额减去“日常活动的现金流出小计”项目金额后的金额填列；如为负数，以“－”号填列。

2. 投资活动产生的现金流量

“收回投资收到的现金”项目，反映高等学校、中小学校本年出售、转让或者收回投资收到的现金。根据“库存现金”“银行存款”“短期投资”“长期股权投资”“长期债券投资”等科目的记录分析填列。

“取得投资收益收到的现金”项目，反映高等学校、中小学校本年因对外投资而收到被投资单位分配的股利或利润，以及收到投资利息而取得的现金。根据“库存现金”“银行存款”“应收股利”“应收利息”“投资收益”等科目的记录分析填列。

“处置固定资产、无形资产、公共基础设施等收回的现金净额”项目，反映高等学校、中小学校本年处置固定资产、无形资产等非流动资产所取得的现金，减去为处置这些资产而支付的有关费用之后的净额。由于自然灾害所造成的固定资产等长期资产损失而收到的保险赔款收入，也在本项目反映。根据“库存现金”“银行存款”“待处理财产损溢”等科目的记录分析填列。

“收到的其他与投资活动有关的现金”项目，反映高等学校、中小学校本年收到的除上述项目之外与投资活动有关的现金（金额较大的现金流入，应当单列项目反映）。根据“库存现金”“银行存款”等有关科目的记录分析填列。

“投资活动的现金流入小计”项目，反映高等学校、中小学校本年投资活动产生的现金流入的合计数。根据本表中“收回投资收到的现金”“取得投资收益收到的现金”“处置固定资产、无形资产等收回的现金净额”“收到的其他与投资活动有关的现金”项目金额的合计数填列。

“购建固定资产、无形资产等支付的现金”项目，反映高等学校、中小学校本年购买和建造固定资产、无形资产等非流动资产所支付的现金；融资租入固定资产支付的租赁费不在本项目反映，在筹资活动的现金流量中反映。根据“库存现金”“银行存款”“固定资产”“工程物资”“在建工程”“无形资产”“研发支出”等科目的记录分析填列。

“对外投资支付的现金”项目，反映高等学校、中小学校本年为取得短期投资、长期股权投资、长期债券投资而支付的现金。根据“库存现金”“银行存款”“短期投资”“长期股权投资”“长期债券投资”等科目的记录分析填列。

“上缴处置固定资产、无形资产等净收入支付的现金”项目，反映本年高等学校、中小学校将处置固定资产、无形资产等非流动资产所收回的现金净额予以上缴财政所支付的现金。根据“库存现金”“银行存款”“应缴财政款”等科目的记录分析填列。

“支付的其他与投资活动有关的现金”项目，反映高等学校、中小学校本年支付的除上述项目之外与投资活动有关的现金（金额较大的现金流出，应当单列项目反映）。根据“库存现金”“银行存款”等有关科目的记录分析填列。

“投资活动的现金流出小计”项目，反映高等学校、中小学校本年投资活动产生的现金流出的合计数。根据本表中“购建固定资产、无形资产等支付的现金”“对外投资支付的现金”“上缴处置固定资产、无形资产等净收入支付的现金”“支付的其他与投资活动有关的现金”项目金额的合计数填列。

“投资活动产生的现金流量净额”项目，应当按照本表中“投资活动的现金流入小计”项目金额减去“投资活动的现金流出小计”项目金额后的金额填列；如为负数，以“-”号填列。

3. 筹资活动产生的现金流量

“财政资本性项目拨款收到的现金”项目，反映高等学校、中小学校本年接受用于购建固定资产、无形资产等资本性项目的财政项目拨款取得的现金。根据“银行存款”“零余额账户用款额度”“财政拨款收入”等科目及其所属明细科目的记录分析填列。

“取得借款收到的现金”项目，反映高等学校、中小学校本年举借短期、长期借款所收到的现金。根据“库存现金”“银行存款”“短期借款”

“长期借款”等科目记录分析填列。

“收到的其他与筹资活动有关的现金”项目，反映高等学校、中小学校本年收到的除上述项目之外与筹资活动有关的现金。对于金额较大的现金流入，应当单列项目反映。根据“库存现金”“银行存款”等有关科目的记录分析填列。

“筹资活动的现金流入小计”项目，反映高等学校、中小学校本年筹资活动产生的现金流入的合计数。根据本表中“财政资本性项目拨款收到的现金”“取得借款收到的现金”“收到的其他与筹资活动有关的现金”项目金额的合计数填列。

“偿还借款支付的现金”项目，反映高等学校、中小学校本年偿还借款本金所支付的现金。根据“库存现金”“银行存款”“短期借款”“长期借款”等科目的记录分析填列。

“偿付利息支付的现金”项目，反映高等学校、中小学校本年支付的借款利息等。根据“库存现金”“银行存款”“应付利息”“长期借款”等科目的记录分析填列。

“支付的其他与筹资活动有关的现金”项目，反映高等学校、中小学校本年支付的除上述项目之外与筹资活动有关的现金，如融资租入固定资产所支付的租赁费。根据“库存现金”“银行存款”“长期应付款”等科目的记录分析填列。

“筹资活动的现金流出小计”项目，反映高等学校、中小学校本年筹资活动产生的现金流出的合计数。根据本表中“偿还借款支付的现金”“偿付利息支付的现金”“支付的其他与筹资活动有关的现金”项目金额的合计数填列。

“筹资活动产生的现金流量净额”项目，按照本表中“筹资活动的现金流入小计”项目金额减去“筹资活动的现金流出小计”金额后的金额填列；如为负数，以“－”号填列。

4.“汇率变动对现金的影响额”项目，反映高等学校、中小学校本年外币现金流量折算为人民币时，所采用的现金流量发生日的汇率折算的人民币金额与外币现金流量净额按期末汇率折算的人民币金额之间的差额。

5.“现金净增加额”项目，反映高等学校、中小学校本年现金变动的净额。根据本表中“日常活动产生的现金流量净额”“投资活动产生的现金流量净额”、“筹资活动产生的现金流量净额”和“汇率变动对现金的影响额”项目金额的合计数填列；如为负数，以“－”号填列。

实例【11-4】 2019 年 12 月 31 日，某学校本年度现金流量日常活动、投资活动、筹资活动事项如表所示，据此编制现金流量表。

表 11.6　某学校资料表　　单位：元

日期	摘要	借方	贷方
2 月 1 日	支付工资		22 000
2 月 3 日	提现		1 600
3 月 4 日	财政基本拨款	200 000	
3 月 7 日	购买固定资产		6 000
3 月 10 日	财政非资本性项目拨款	400 000	
4 月 1 日	购买商品		21 200
4 月 3 日	支付工资		22 000
4 月 5 日	事业活动收到的现金	6 000	
4 月 6 日	收到 3 月应收款项	2 060	
4 月 8 日	支付税金		840
4 月 8 日	进行公共基础设置投资		10 000
4 月 10 日	取得投资收益	240	
4 月 30 日	收回投资	44 000	
5 月 1 日	支付工资		22 000
5 月 2 日	为职工购买电脑		5 200
5 月 3 日	处置专利权	60 000	
5 月 5 日	投资股票		2 000
5 月 10 日	上交处置专利权净收入		6 000
5 月 15 日	收到财政资本性项目拨款	20 000	
5 月 18 日	取得借款	4 000	
5 月 28 日	偿还借款	2 000	
5 月 28 日	偿还利息	240	

现金流量表

表 11.7　某学校现金流量表

编制单位：　　　　2019 年 12 月 31 日　　　　单位：元

项目	本年金额	上年金额
一、日常活动产生的现金流量：		
1.1　财政基本支出拨款收到的现金	200 000	
1.2　财政非资本性项目拨款收到的现金	400 000	
1.3　事业活动受到的除财政拨款以外的现金	6 000	
1.4　收到其他与日常活动有关的现金	2 060	
日常活动的现金流入小计	608 060	
1.5　购买商品、接受劳务支付的现金	21 200	
1.6　支付给职工以及为职工支付的现金	71 200	
1.7　支付的各项税费	840	
1.8　支付的其他与日常活动有关的现金	0	
日常活动的现金流出小计	93 240	
日常活动产生的现金流量净额	514 820	
二、投资活动产生的现金流量		
2.1　收回投资收到的现金	44 000	
2.2　取得投资收益收到的现金	240	
2.3　处置固定资产、无形资产、公共基础设施等收回的现金	60 000	
2.4　收到的其他与投资活动有关的现金	0	
投资活动的现金流入小计	104 240	
2.5　构建固定资产、无形资产、公共基础设施等支付的现金	16 000	
2.6　对外投资支付的现金	2 000	
2.7　上缴处置固定资产、无形资产、公共基础设置等净收入支付的现金	6 000	

续上表

项目	本年金额	上年金额
2.8　支付的其他与投资活动有关的现金	0	
投资活动的现金流出小计	24 000	
投资活动产生的现金流量净额	80 240	
三、筹资活动产生的现金流量		
3.1　财政资本性项目拨款收到的现金	20 000	
3.2　取得借款收到的现金	4 000	
3.3　收到的其他与筹资活动有关的现金	0	
筹资活动的现金流入小计	24 000	
3.4　偿还借款支付的现金	2 000	
3.5　偿还利息支付的现金	240	
3.6　支付的其他与筹资活动有关的现金	0	
筹资活动的现金流出小计	2 240	
筹资活动产生的现金流量净额	21 760	
四、汇率变动对现金的影响额	0	
五、现金净增加额	616 820	

11.6　预算收入支出表的填制

高等学校、中小学校应当按照新制度及补充规定编制 2019 年财务报表和预算会计报表。在编制 2019 年度预算收入支出表时，不要求填列上年比较数。

11.6.1　认识预算收支表

预算收支表反映高等学校、中小学校在某一会计年度内各项预算收入、预算支出和预算收支差额的情况。

本表“本年数”栏反映各项目的本年实际发生数。本表“上年数”栏反映各项目上度的实际发生数，应当根据上年度预算收入支出表中“本年数”栏内所列数字填列。如果本年度预算收入支出表规定的项目的名称和内容同上年度不一致，应当对上年度预算收入支出表项目的名称和数字按照本年度的规定进行调整，将调整后金额填入本年度预算收入支出表的“上年数”栏。

11.6.2 预算收支表的填制方法

预算收支表“本年数”栏各项目的内容和填列方法：

1.“本年预算收入”项目，根据本表中“财政拨款预算收入”“事业预算收入”“上级补助预算收入”“附属单位上缴预算收入”“经营预算收入”“债务预算收入”“非同级财政拨款预算收入”“投资预算收益”“其他预算收入”项目金额的合计数填列。

“财政拨款预算收入”项目，根据本年发生额填列；

“政府性基金收入”项目，反映本年取得的财政拨款收入中属于政府性基金预算拨款的金额。根据“财政拨款预算收入”相关明细科目的本年发生额填列；

“事业预算收入”项目，根据本年发生额填列；

“上级补助预算收入”项目，根据本年发生额填列；

“附属单位上缴预算收入”项目，根据本年发生额填列；

“经营预算收入”项目，根据本年发生额填列；

“债务预算收入”项目，根据本年发生额填列；

“非同级财政拨款预算收入”项目，根据本年发生额填列；

“投资预算收益”项目，根据本年发生额填列；

“其他预算收入”项目，本年发生额填列。

“利息预算收入”项目，根据明细账记录分析填列，高等学校、中小学校单设“利息预算收入”科目的，根据本年发生额填列。

“捐赠预算收入”项目，根据明细账记录分析填列，高等学校、中小学校单设“捐赠预算收入”科目的，根据本年发生额填列。

“租金预算收入”项目，根据明细账记录分析填列，高等学校、中小学校单设“租金预算收入”科目的，根据本年发生额填列。

2. “本年预算支出”项目，“本年预算支出”项目，反映高等学校、中小学校本年预算支出总额。根据本表中“事业支出”“经营支出”“上缴上级支出”“对附属单位补助支出”“投资支出”“债务还本支出”和“其他支出”项目金额的合计数填列。

“事业支出”项目，根据本年发生额填列；

“经营支出”项目，根据本年发生额填列；

“上缴上级支出”项目，根据本年发生额填列；

“对附属单位补助支出”项目，根据本年发生额填列；

“投资支出”项目，根据本年发生额填列；

“债务还本支出”项目，根据本年发生额填列；

“其他支出”项目，根据本年发生额填列。

“利息支出”项目，根据明细账记录分析填列。单设“利息支出”科目的，根据“利息支出”科目的本年发生额填列。

“捐赠支出”项目，根据明细账记录分析填列。单设“捐赠支出”科目的，根据“捐赠支出”科目的本年发生额填列。

3. 本年预算收支差额，本年预算收支差额”项目，反映高等学校、中小学校本年各项预算收支相抵后的差额。根据本表中“本期预算收入”项目金额减去“本期预算支出”项目金额后的金额填列；如相减后金额为负数，以“-”号填列。

4. 新增项目

高等学校应当在预算收入支出表的“（二）事业预算收入”项目下增加“其中：教育事业预算收入”“科研事业预算收入”项目，在“（九）其他预算收入”项目下“其中:”后所列项目中增加“后勤保障单位净预算收入”项目，在“（二）事业支出”项目下增加“其中：教育支出”“科研支出”“行政管理支出”“后勤保障支出”“离退休支出”“其他事业支出”项目。

新增项目的内容和填列方法

“其中：教育事业预算收入”项目，反映高等学校本期开展教学及其辅助活动取得现金流入。根据“事业预算收入——教育事业预算收入”科目的本年发生额填列。

“科研事业预算收入”项目，反映高等学校本年开展科研及其辅助活动取得现金流入。根据“事业预算收入——科研事业预算收入”科目的本年发生额填列。

“后勤保障单位净预算收入”项目，本规定所称校内独立核算单位，是指高等学校内部不具有法人资格的独立核算单位或部门。本规定所称校内独立核算单位不同于新制度所称附属单位。新制度所称附属单位，是指高等学校下属的具有法人资格的独立核算单位。

具有后勤保障职能的校内独立核算单位一般指校医院、食堂、水电暖中心、物业管理中心、宿舍管理中心等。

关于校内独立核算单位报表编制的规定：由高等学校及其所属单位举办的校内独立核算单位，如研究院、分校、后勤部门等，应当按照新制度开展本单位的会计核算和报表编制工作。高等学校在编制年度报表时，应当将校内独立核算单位纳入高等学校报表编制范围。将校内独立核算单位的会计信息纳入高等学校报表时，总的原则是将校内独立核算单位的报表信息并入学校相关报表的相应项目，并抵销学校内部业务或事项对学校报表的影响。

关于具有后勤保障职能的校内独立核算单位有关业务的特殊规定：高等学校编制包含校内独立核算单位的预算收入支出表时，对于具有后勤保障职能的校内独立核算单位，应当将其本年收入（不含从学校取得的补贴经费）、支出（不含使用学校补贴经费发生的支出）相抵后的净额计入本表中“其他预算收入”项目金额，并单独填列于该项目下的“后勤保障单位净预算收入”项目。如果具有后勤保障职能的全部校内独立核算单位本年收入（不含从学校取得的补贴经费）、支出（不含使用学校补贴经费发生的支出）相抵后的净额合计数为负数，则以“-”号填列于“后勤保障单位净预算收入”项目。

高等学校在编制年度预算会计报表时，以适当形式提供将校内独立核算单位预算会计信息纳入高等学校预算会计报表的说明。

“其中：教育支出”项目，反映高等学校本年开展教学及其辅助活动、学生事务等活动实际发生的各项现金流出。根据“事业支出——教育支出”科目的本年发生额填列。

“科研支出”项目，反映高等学校本年开展科研及其辅助活动实际发生的各项现金流出。根据“事业支出——科研支出”科目的本年发生额填列。

“行政管理支出”项目，反映高等学校本年开展单位的行政管理活动实际发生的各项现金流出。根据“事业支出——行政管理支出”科目的本年发生额填列。

“后勤保障支出”项目，反映高等学校本年开展后勤保障活动实际发生的各项现金流出。根据“事业支出——后勤保障支出”科目的本年发生额填列。

“离退休支出”项目，反映高等学校本年实际发生的用于离退休人员的各项现金流出。根据“事业支出——离退休支出”科目的本年发生额填列。

“其他事业支出”项目，反映高等学校本年支付的除教学、科研、后勤保障、行政管理、离退休支出之外的其他各项事业支出。根据“事业支出——其他事业支出”科目的本年发生额填列。

实例【11-5】 某学校 2019 预算收入、支出类科目发生额如表 11.8 所示。其他相关资料如下：该学校无所得税缴纳义务。

收入、支出类科目预算发生额表如下：

表 11.8　某学校资料表　　单位：元

支出类	本年数	收入类	本年数
事业支出	19 500 000	财政拨款预算收入	30 000 000
经营支出	600 000	其中：政府性基金收入	4 500 000
上缴上级支出	3 000 000	事业预算收入	18 000 000
对附属单位补助支出	3 000 000	上级补助预算收入	3 000 000
投资支出	150 000	附属单位上缴预算收入	900 000
债务还本支出	180 000	经营预算收入	750 000
其他支出	90 000	债务预算收入	600 000
其中：利息支出	39 000	非同级财政拨款预算收入	210 000
捐赠支出	51 000	投资预算收益	195 000
		其他预算收入	210 000
		其中：利息预算收入	60 000
		捐赠预算收入	90 000
		租金预算收入	60 000
支出合计	26 520 000	收入合计	53 865 000

编制该单位的2019预算收入支出表时，省略了“上年数”一列数字。“本年数”一列数字主要填列说明如下：

1. 本年预算收入

本年预算收入 = 30 000 000 + 18 000 000 + 3 000 000 + 900 000 + 750 000 + 600 000 + 210 000 + 195 000 + 210 000 = 53 865 000（元）

2. 本年预算支出

本年预算支出 = 19 500 000 + 600 000 + 3 000 000 + 3 000 000 + 150 000 + 180 000 + 90 000 = 26 520 000（元）

3. 本年预算收支差额

本年预算收支差额 = 53 865 000 − 26 520 000 = 27 345 000（元）

预算收入支出表

表 11.9 某学校资料表

编制单位：某学校　　　2019 年 12 月 31 日　　　单位：元

项目	本年数	上年数
一、本年预算收入	53 865 000	
（一）财政拨款预算收入	30 000 000	
其中：政府性基金收入	4 500 000	
（二）事业预算收入	18 000 000	
其中：教育事业预算收入	15 000 000	
科研事业预算收入	3 000 000	
（三）上级补助预算收入	3 000 000	
（四）附属单位上缴预算收入	900 000	
（五）经营预算收入	750 000	
（六）债务预算收入	600 000	
（七）非同级财政拨款预算收入	210 000	
（八）投资预算收入	195 000	
（九）其他预算收入	210 000	
其中：利息预算收入	60 000	
捐款预算收入	90 000	

续上表

项目	本年数	上年数
租金预算收入	30 000	
后勤保障单位净预算收入	30 000	
二、本年预算支出	26 520 000	
（二）事业支出	19 500 000	
其中：教育支出	6 000 000	
科研支出	6 000 000	
行政管理支出	3 000 000	
后勤保障支出	3 000 000	
离退休支出	1 500 000	
（三）经营支出	600 000	
（四）上级上缴支出	3 000 000	
（五）对附属单位补助支出	3 000 000	
（六）投资支出	150 000	
（七）债务还本支出	180 000	
（八）其他支出	90 000	
其中：利息支出	39 000	
捐赠支出	51 000	
三、本年预算收支差额	27 345 000	

11.7　预算结转结余变动表的填制

预算结转结余变动表反映高等学校、中小学校在某一会计年度内预算结转结余的变动情况。

11.7.1 认识预算结转结余变动表

1. 本表“本年数”栏反映各项目的本年实际发生数。本表“上年数”栏反映各项目的上年实际发生数，应当根据上年度预算结转结余变动表中“本年数”栏内所列数字填列。

如果本年度预算结转结余变动表规定的项目的名称和内容同上年度不一致，应当对上年度预算结转结余变动表项目的名称和数字按照本年度的规定进行调整，将调整后金额填入本年度预算结转结余变动表的“上年数”栏。

2. 本表中“年末预算结转结余”项目金额等于“年初预算结转结余”“年初余额调整”“本年变动金额”三个项目的合计数。

11.7.2 预算结转结余变动表的填制方法

预算结转结余变动表“本年数”栏各项目的内容和填列方法

1. “年初预算结转结余”项目，反映高等学校、中小学校本年预算结转结余的年初余额。根据本项目下“财政拨款结转结余”“其他资金结转结余”项目金额的合计数填列。

“财政拨款结转结余”项目，反映高等学校、中小学校本年财政拨款结转结余资金的年初余额。根据“财政拨款结转”“财政拨款结余”科目本年年初余额合计数填列。

“其他资金结转结余”项目，反映高等学校、中小学校本年其他资金结转结余的年初余额。根据“非财政拨款结转”“非财政拨款结余”“专用结余”“经营结余”科目本年年初余额的合计数填列。

2. “年初余额调整”项目，反映高等学校、中小学校本年预算结转结余年初余额调整的金额。根据本项目下“财政拨款结转结余”“其他资金结转结余”项目金额的合计数填列。

“财政拨款结转结余”项目，反映高等学校、中小学校本年财政拨款结转结余资金的年初余额调整金额。根据“财政拨款结转”“财政拨款结余”科目下“年初余额调整”明细科目的本年发生额的合计数填列；如调整减少年初财政拨款结转结余，以“－”号填列。

“其他资金结转结余”项目，反映高等学校、中小学校本年其他资金结转结余的年初余额调整金额。根据“非财政拨款结转”“非财政拨款结余”科目下“年初余额调整”明细科目的本年发生额的合计数填列；如调整减少年初其他资金结转结余，以“－”号填列。

3.“本年变动金额”项目，反映高等学校、中小学校本年预算结转结余变动的金额。根据本项目下“财政拨款结转结余”“其他资金结转结余”项目金额的合计数填列。

“财政拨款结转结余”项目，反映高等学校、中小学校本年财政拨款结转结余资金的变动。根据本项目下“本年收支差额”“归集调入”“归集上缴或调出”项目金额的合计数填列。

“本年收支差额”项目，反映高等学校、中小学校本年财政拨款资金收支相后的差额。根据“财政拨款结转”科目下“本年收支结转”明细科目本年转入的预算收入与预算支出的差额填列；差额为负数的，以“－”号填列。

“归集调入”项目，反映高等学校、中小学校本年按照规定从其他单位归集调入的财政拨款结转资金。根据“财政拨款结转”科目下“归集调入”明细科目的本年发生额填列。

“归集上缴或调出”项目，反映高等学校、中小学校本年按照规定上缴的财政拨款结转结余资金及按照规定向其他单位调出的财政拨款结转资金。根据“财政拨款结转”“财政拨款结余”科目下“归集上缴”明细科目，以及“财政拨款结转”科目下“归集调出”明细科目本年发生额的合计数填列，以“－”号填列。

“其他资金结转结余”项目，反映高等学校、中小学校本年其他资金结转结余的变动。根据本项目下“本年收支差额”“缴回资金”“使用专用结余”“支付所得税”项目金额的合计数填列。

“本年收支差额”项目，反映高等学校、中小学校本年除财政拨款外的其他资金收支相抵后的差额。根据“非财政拨款结转”科目下“本年收支结转”明细科目、“其他结余”科目、“经营结余”科目本年转入的预算收入与预算支出的差额的合计数填列；如为负数，以“－”号填列。

“缴回资金”项目，反映高等学校、中小学校本年按照规定缴回的非财政拨款结转资金。根据“非财政拨款结转”科目下“缴回资金”明细科目本年发生额的合计数填列，以“－”号填列。

“使用专用结余”项目，反映本年高等学校、中小学校根据规定使用从非财政拨款结余或经营结余中提取的专用基金的金额。根据“专用结余”科目明细账中本年使用专用结余业务的发生额填列，以“-”号填列。

“支付所得税”项目，反映有企业所得税缴纳义务的高等学校、中小学校本年实际缴纳的企业所得税金额。根据“非财政拨款结余”明细账中本年实际缴纳企业所得税业务的发生额填列，以“-”号填列。

4. “年末预算结转结余”项目，反映高等学校、中小学校本年预算结转结余的年末余额。根据本项目下“财政拨款结转结余”“其他资金结转结余”项目金额的合计数填列。

“财政拨款结转结余”项目，反映高等学校、中小学校本年财政拨款结转结余的年末余额。本科目根据本项目下“财政拨款结转”“财政拨款结余”项目金额的合计数填列。本项目下“财政拨款结转”“财政拨款结余”项目，应当分别根据“财政拨款结转”“财政拨款结余”科目的本年年末余额填列。

“其他资金结转结余”项目，反映高等学校、中小学校本年其他资金结转结余的年末余额。根据本项目下“非财政拨款结转”“非财政拨款结余”“专用结余”“经营结余”项目金额的合计数填列。本项目下“非财政拨款结转”“非财政拨款结余”“专用结余”“经营结余”项目，应当分别根据“非财政拨款结转”“非财政拨款结余”“专用结余”“经营结余”科目的本年年末余额填列。

实例【11-6】 某学校2019年12月31日结账后各资产、负债和净资产类会计科目如表所示。据此编制该学校的预算结转结余变动表。

会计科目余额表

表11.10　某学校资料表

2019年12月31日　　　　单位：元

会计科目	年初数	年末数	本年变动数（依据本年明细科目发生数）
财政拨款结转	1 200 000	2 200 000	1 000 000
-年初余额调整	0	0	0

续上表

会计科目	年初数	年末数	本年变动数（依据本年明细科目发生数）
–归集调入	0	0	1 100 000
–归集调出	0	0	40 000
–归集上缴	0	0	60 000
–单位内部调剂	0	0	0
–本年收支结转	0	0	0
–累计结转	1 200 000	2 200 000	1 000 000
财政拨款结余	1 600 000	2 000 000	400 000
–年初余额调整	0	0	400 000
–归集上缴	0	0	0
–单位内部调剂	0	0	0
–结转转入	0	0	0
–累计结转	1 600 000	2 000 000	400 000
非财政拨款结转	200 000	300 000	100 000
–年初余额调整	0	0	20 000
–缴回资金	0	0	20 000
–项目间接费用或管理费	0	0	0
–本年收支结转	0	0	100 000
–累计结转	200 000	300 000	100 000
非财政拨款结余	500 000	760 000	260 000
–年初余额调整	0	0	260 000
–项目间接费用或管理费 –结转转入	0	0	0
–累计结转	0	0	0
专用结余	500 000	760 000	260 000
经营结余	220 000	240 000	20 000
其他结余	800 000	400 000	400 000
	200 000	220 000	20 000

上述科目余额表中专用结余、经营结余、其他结余科目的本年变动额均为涉及转入预算收入与预算支出的差额，各项目均可根据各账户的期末余额、发生分析填列。编制完成的年度。

预算结转结余变动表

表 11.11　某学校资料表

编制单位：某学校　　　　2019 年 12 月 31 日　　　　单位：元

项目	本年数	上年数
一、年初预算结转结余	3 500 000	
（一）财政拨款结转结余	2 800 000	
（二）其他资金结转结余	700 000	
二、年初余额调整（减少以“－”号填列）	680 000	
（一）财政拨款结转结余	400 000	
（二）其他资金结转结余	280 000	
三、本年变动金额（减少以“－”号填列）	1 080 000	
（一）财政拨款结转结余	1 000 000	
1. 本年收支差额	0	
2. 归集调入	1 100 000	
3. 归集上缴或调出	－100 000	
（二）其他资金结转结余	80 000	
1. 本年收支差额	100 000	
2. 缴回资金	－20 000	
3. 使用专业结余	0	
4. 支付所得税	0	
四、年末预算结转结余	5 260 000	
（一）财政拨款结转结余	4 200 000	
1. 财政拨款结转	2 200 000	
2. 财政拨款结余	2 000 000	
（二）其他资金结转结余	1 060 000	

续上表

项目	本年数	上年数
1. 非财政拨款结转	300 000	
2. 非财政拨款结余	760 000	
3. 专用结余	0	
4. 经营结余（如有余额，以“-”号填列）	0	

11.8　财政拨款预算收入支出表的填制

财政拨款预算收入支出表反映高等学校、中小学校本年财政拨款预算资金收入、支出及相关变动的具体情况。

11.8.1　认识财政拨款预算收入支出表

财政拨款预算收入支出表中“项目”栏内各项目，根据高等学校、中小学校取得的财政拨款种类分项设置。其中“项目支出”项目下，根据每个项目设置；高等学校、中小学校取得除一般公共财政预算拨款和政府性基金预算拨款以外的其他财政拨款的，应当按照财政拨款种类增加相应的资金项目及其明细项目。

11.8.2　财政拨款预算收入支出表的填制方法

财政拨款预算收入支出表各栏及其对应项目的内容和填列方法：

1. “年初财政拨款结转结余”栏中各项目，反映高等学校、中小学校年初各项财政拨款结转结余的金额。根据“财政拨款结转”“财政拨款结余”及其明细科目的年初余额填列。本栏中各项目的数额应当与上年度财政拨款预算收入支出表中“年末财政拨款结转结余”栏中各项目的数额相等。

2. “调整年初财政拨款结转结余”栏中各项目，反映高等学校、中小学校对年初财政拨款结转结余的调整金额。根据“财政拨款结转”“财政拨款结余”科目下“年初余额调整”明细科目及其所属明细科目的本年发生额填列；如调整减少年初财政拨款结转结余，以“－”号填列。

3. “本年归集调入”栏中各项目，反映高等学校、中小学校本年按规定从其他单位调入的财政拨款结转资金金额。根据“财政拨款结转”科目下“归集调入”明细科目及其所属明细科目的本年发生额填列。

4. “本年归集上缴或调出”栏中各项目，反映高等学校、中小学校本年按规定实际上缴的财政拨款结转结余资金，及按照规定向其他单位调出的财政拨款结转资金金额。根据“财政拨款结转”“财政拨款结余”科目下“归集上缴”科目和“财政拨款结转”科目下“归集调出”明细科目，及其所属明细科目的本年发生额填列，以“－”号填列。

5. “单位内部调剂”栏中各项目，反映高等学校、中小学校本年财政拨款结转结余资金在单位内部不同项目等之间的调剂金额。本科目根据“财政拨款结转”和“财政拨款结余”科目下的“单位内部调剂”明细科目及其所属明细科目的本年发生额填列；对单位内部调剂减少的财政拨款结余金额，以“－”号填列。

6. “本年财政拨款收入”栏中各项目，反映高等学校、中小学校本年从同级财政部门取得的各类财政预算拨款金额。根据“财政拨款预算收入”科目及其所属明细科目的本年发生额填列。

7. “本年财政拨款支出”栏中各项目，反映高等学校、中小学校本年发生的财政拨款支出金额。根据“事业支出”科目及其所属明细科目本年发生额中的财政拨款支出数的合计数填列。

8. “年末财政拨款结转结余”栏中各项目，反映高等学校、中小学校年末财政拨款结转结余的金额。根据“财政拨款结转”“财政拨款结余”科目及其所属明细科目的年末余额填列。

实例【11-7】 某学校2019年12月31日结账后各资产、负债和净资产类会计科目如表11.12所示。据此编制该单位的财政拨款预算收入支出表，如表所示：

会计科目余额表

表 11.12　某学校资料表

2019 年 12 月 31 日　　　　单位：元

会计科目	年初数	年末数	本年变动数（依据本年明细科目发生数）
财政拨款结转	1 200 000	2 200 000	1 000 000
－年初余额调整	0	0	0
－归集调入	0	0	1 100 000
－归集调出	0	0	40 000
－归集上缴	0	0	60 000
－单位内部调剂	0	0	0
－本年收支结转	0	0	0
－累计结转	1 200 000	2 200 000	1 000 000
财政拨款结余	1 600 000	2 000 000	400 000
－年初余额调整	0	0	400 000
－归集上缴	0	0	0
－单位内部调剂	0	0	0
－结转转入	0	0	0
－累计结转	1 600 000	2 000 000	400 000
非财政拨款结转	200 000	300 000	100 000
－年初余额调整	0	0	20 000
－缴回资金	0	0	20 000
－项目间接费用或管理费	0	0	0
－本年收支结转	0	0	100 000
－累计结转	200 000	300 000	100 000
非财政拨款结余	500 000	760 000	260 000

续上表

会计科目	年初数	年末数	本年变动数（依据本年明细科目发生数）
-年初余额调整	0	0	260 000
-项目间接费用或管理费	0	0	0
-结转转入	0	0	0
-累计结转	500 000	760 000	260 000
专用结余	220 000	240 000	20 000
经营结余	800 000	400 000	400 000
其他结余	200 000	220 000	20 000

财政拨款预算收入支出表

表 11.13　财政拨款预算收入支出表

单位：某学校　　2019 年 12 月 31 日　　单位：元

项目	年初财政拨款结转结余		调整年初财政拨款结转结余	本年归集调入	本年归集上缴或调出	单位内部调剂		本年财政拨款收入	本年财政拨款支出	年末财政拨款结转结余	
	结转	结余				结转	结余			结转	结余
一、一般公共预算财政拨款	400 000	600 000	400 000	500 000	40 000			200 000	200 000	860 000	1 000 000
（一）基本支出	200 000	400 000	400 000		40 000			40 000	40 000	160 000	800 000
1. 人员经费	20 000	300 000			20 000			20 000	20 000	0	300 000
2. 公用经费支出	180 000	100 000	400 000		20 000			20 000	20 000	160 000	500 000
（二）项目支出	200 000	200 000		500 000				160 000	160 000	700 000	200 000
1. ××项目	40 000	200 000		300 000				160 000	160 000	340 000	200 000
2. ××项目	160 000	0		200 000						360 000	0
二、政府性基金预算财政拨款	800 000	1 000 000		600 000	60 000			1 000 000	1 000 000	1 340 000	1 000 000
（一）基本支出	500 000	200 000		200 000				600 000	600 000	700 000	200 000

续上表

项目	年初财政拨款结转结余		调整年初财政拨款结转结余	本年归集调入	本年归集上缴或调出	单位内部调剂		本年财政拨款收入	本年财政拨款支出	年末财政拨款结转结余	
	结转	结余				结转	结余			结转	结余
1. 人员经费	300 000	200 000						200 000	200 000	300 000	200 000
2. 公用经费支出	200 000	0		200 000				400 000	400 000	400 000	0
（二）项目支出	300 000	800 000		400 000	60 000			400 000	400 000	640 000	800 000
××项目	300 000	800 000		400 000	60 000			400 000	400 000	640 000	800 000
总计	1 200 000	1 600 000	400 000	550 000	100 000			1 200 000	1 200 000	2 200 000	2 000 000

11.9　报表附注

附注是对在会计报表中列示的项目所做的进一步说明，以及对未能在会计报表中列示项目的说明。附注是财务报表的重要组成部分。凡对报表使用者的决策有重要影响的会计信息，不论本制度是否有明确规定，均应当明确披露。

11.9.1　附注的主要内容

附注主要包括下列内容：

1. 高等学校、中小学校的基本情况：主要职能、主要业务活动、所在地、预算管理关系等。

2. 会计报表编制基础：现金流量表以收付实现制为基础编制，财务报表以权责发生制为基础编制。

3. 遵循政府会计准则、制度的声明。

4. 重要会计政策和会计估计：高等学校、中小学校应当采用与其业务特点相适应的具体会计政策，并充分披露报告期内采用的重要会计政策和会计估计。主要包括以下内容：

会计期间：高等学校、中小学校会计核算的会计期间为月度、年度。

记账本位币，外币折算汇率：高等学校、中小学校会计核算以人民币为记账本位币。

坏账准备的计提方法。

存货类别、发出存货的计价方法、存货的盘存制度，以及低值易耗品和包装物的摊销方法。

长期股权投资的核算方法：采取成本法或权益法。

固定资产分类、折旧方法、折旧年限和年折旧率；融资租入固定资产的计价和折旧方法。

无形资产的计价方法：使用寿命有限的无形资产，其使用寿命估计情况；使用寿命不确定的无形资产，其使用寿命不确定的判断依据；内部研究开发项目划分研究阶段和开发阶段的具体标准。

其他重要的会计政策和会计估计。

本期发生重要会计政策和会计估计变更的，变更的内容和原因、受其重要影响的报表项目名称和金额、相关审批程序，以及会计估计变更开始适用的时点。

5. 会计报表重要项目说明。

6. 本年盈余与预算结余的差异情况说明。

7. 其他重要事项说明。

11.9.2 会计报表重要事项说明

高等学校、中小学校应当按照资产负债表和收入费用表项目列示顺序，采用文字和数据描述相结合的方式披露重要项目的明细信息。报表重要项目的明细金额合计，应当与报表项目金额相衔接。报表重要项目说明应包括但不限于下列内容。

1. 货币资金的披露格式如下：

表11.14　货币资金表　　单位：元

项目	期末余额	年初余额
库存现金		
银行存款		
其他货币资金		
合计		

2. 应收账款（应收票据、预付账款、其他应收款的）按照债务人类别披露的格式如下：

表11.15　应收账款表　　单位：元

债务人类别	期末余额	年初余额
××学校		
部门内部单位（纳入单位所属部门财务报告合并范围的单位）		
单位1		
部门外部单位		
单位1		
其他		
单位1		
合计		

3. 库存物品的披露格式如下：

表11.16　库存物品表　　单位：元

库存物品种类	期末余额	年初余额
1.		
合计		

4. 其他流动资产（长期待摊费用、其他非流动资产）的披露格式

如下：

表 11.17　流动资产表　　单位：元

项目	期末余额	年初余额
1.		
合计		

5. 长期债券投资（短期投资）的披露格式如下：

表 11.18　长期债券投资表　　单位：元

债券发行主体	年初余额	本期增加额	本期减少额	期末余额
1.				
合计				

6. 长期股权投资的披露格式如下：

表 11.19　长期股权投资表　　单位：元

被投资单位	核算方法	年初余额	本期增加额	本期减少额	期末余额
1.					
合计					

当期发生的重大投资净损益项目、金额及原因。

7. 固定资产的披露格式如下：

表 11.20　固定资产表　　单位：元

项目	年初余额	本期增加额	本期减少额	期末余额
一、原值合计				
其中：房屋及构筑物				
通用设备				
专用设备				
文物和陈列品				
图书、档案				

续上表

项目	年初余额	本期增加额	本期减少额	期末余额
家具、用具、装具及动植物				
二、累计折旧合计				
其中：房屋及构筑物				
通用设备				
专用设备				
文物和陈列品				
图书、档案				
家具、用具、装具				
三、账面价值合计：				
其中：房屋及构筑物				
通用设备				
专用设备				
文物和陈列品				
图书、档案				
家具、用具、装具及动植物				

已提足折旧的固定资产名称、数量等情况。

出租、出借固定资产以及固定资产对外投资等情况。

8. 在建工程的披露格式如下：

表11.21　在建工程表　　单位：元

项目	年初余额	本期增加额	本期减少额	期末余额
1.				
合计				

9. 各类无形资产的披露格式如下：

表 11.22　无形资产表　　单位：元

项目	年初余额	本期增加额	本期减少额	期末余额
一、原值合计				
1.				
二、累计摊销合计				
1.				
三、账面价值合计				
1.				

计入当期损益的研发支出金额、确认为无形资产的研发支出金额。

无形资产出售、对外投资等处置情况。

10. 受托代理资产的披露格式如下：

表 11.23　受托代理资产表　　单位：元

资产类别	年初余额	本期增加额	本期减少额	期末余额
货币资金				
受托转赠物资				
受托存储保管物资				
其他				
合计				

11. 应付账款（应付票据、预收账款、其他应付款、长期应付款）按照债权人类别披露的格式如下：

表 11.24　应收账款表　　单位：元

债权人类别	期末余额	年初余额
高等学校、中小学校		
部门内部单位		
单位 1		

续上表

债权人类别	期末余额	年初余额
部门外部单位		
单位 1		
其他		
单位 1		
合计		

12. 其他流动负债（预计负债、其他非流动负债）的披露格式如下：

表 11.25　其他流动资产表　　单位：元

项目	期末余额	年初余额
1.		
合计		

13. 长期借款按照债权人披露的格式如下（短期借款，可比照长期借款进行披露）：

表 11.26　长期借款表　　单位：元

债权人	期末余额	年初余额
1.		
合计		

有基建借款的，应当分基建项目披露长期借款年初数、本年变动数、年末数及到期期限。

14. 事业收入按照收入来源的披露格式如下：

表 11.27　事业收入表　　单位：元

收入来源	本期发生额	上期发生额
来自财政专户管理资金		
本部门内部单位		
单位 1		

续上表

收入来源	本期发生额	上期发生额
本部门以外同级政府单位		
单位 1		
其他		
单位 1		
合计		

15. 非同级财政拨款收入按收入来源的披露格式如下：

表 11.28　非同级财政拨款收入表　　单位：元

收入来源	本期发生额	上期发生额
本部门以外同级政府单位		
单位 1		
本部门以外非同级政府单位		
单位 1		
合计		

16. 其他收入按照收入来源的披露格式如下：

表 11.29　其他收入表　　单位：元

收入来源	本期发生额	上期发生额
本部门内部单位		
单位 1		
本部门以外同级政府单位		
单位 1		
本部门以外非同级政府单位		
单位 1		
其他		
单位 1		
合计		

17. 业务活动费用（单位管理费用、经营费用）按经济分类的披露格式如下：

表 11.30　业务活动费用表　　单位：元

项目	本期发生额	上期发生额
工资福利费用		
商品和服务费用		
对个人和家庭的补助费用		
固定资产折旧费		
无形资产摊销费		
集体专用基金		
合计		

18. 业务活动费用（单位管理费用、经营费用）按支付对象的披露格式如下：

表 11.31　业务活动费用表　　单位：元

支付对象	本期发生额	上期发生额
本部门内部单位		
单位 1		
本部门以外同级政府单位		
单位 1		
合计		

19. 其他费用按照类别披露的格式如下：

表 11.32　其他费用表　　单位：元

费用类别	本期发生额	上期发生额
利息费用		
坏账损失		
合计		

20. 本期费用按照经济分类的披露格式如下：

表 11.33　本期费用表　　　　单位：元

项目	本年数	上年数
工资福利费用		
商品和服务费用		
对个人和家庭的补助费用		
固定资产折旧费		
无形资产摊销费		
计提专用基金		
所得税费用		
资产处置费用		
上缴上级费用		
对附属单位补助费用		
其他费用		
本期费用合计		

注意：高等学校、中小学校在按照本制度编制收入费用表的基础上，可以根据需要按照此表披露的内容编制收入费用表。

11.9.3　本年盈余与预算结余的差异情况说明

为了反映高等学校、中小学校财务会计和预算会计因核算基础和核算范围不同所产生的本年盈余数与本年预算结余数之间的差异，高等学校、中小学校应当按照重要性原则，对本年度发生的各类影响收入（预算收入）和费用（预算支出）的业务进行适度归并和分析，披露将年度预算收入支出表中“本年预算收支差额”调节为年度收入费用表中“本期盈余”的信息。有关披露格式如下：

表 11.34　差异调节表　　单位：元

项目	金额
一、本年预算结余（本年预算收支差额）	
二、差异调节	
（一）重要事项的差异	
加：1. 当期确认为收入但没有确认为预算收入	
（1）应收款项、预收账款确认的收入	
（2）接受非货币性资产捐赠确认的收入	
2. 当期确认为预算支出但没有确认为费用	
（1）支付应付款项、预付款项的支出	
（2）为取得在途物资、库存物品等计入物资成本的支出	
（3）为构建固定资产等的资本性资产	
（4）偿还借款本息支出	
减：1. 当期确认为预算收入但没有确认为收入	
（1）收到应收款项、预收账款确认的预算收入	
（2）取得借款确认的预算收入	
2. 当期确认为费用但没有确认为预算支出	
（1）发出库存物品等确认的费用	
（2）计提的折旧费用和待摊费用	
（3）确认的资产处置费用（处置资产价值）	
（4）应付款项、预付账款确认的费用	
（二）其他事项差异	
三、本年盈余（本年收入与费用的差额）	

11.9.4　其他重要事项说明

1. 资产负债表日存在的重要或有事项说明。没有重要或有事项的，也应说明。

2. 以名义金额计量的资产名称、数量等情况，以及以名义金额计量理由的说明。

3. 通过债务资金形成的固定资产等资产的账面价值、使用情况、收益情况及与此相关的债务偿还情况等的说明。

4. 重要资产置换、无偿调入（出）、捐入（出）、报废、重大毁损等情况的说明。

5. 高等学校、中小学校将内部独立核算单位的会计信息纳入本单位财务报表情况的说明。

高等学校应当在年度财务报表附注中提供将校内独立核算单位财务会计信息纳入学校财务报表情况的说明，包括将校内独立核算单位资产、负债和净资产并入学校资产负债表时对内部业务或事项抵消处理的情况，具有后勤保障职能的各校内独立核算单位本年收入、费用情况，将不具有后勤保障职能的其他校内独立核算单位的收入、费用并入学校收入费用表时对内部业务或事项抵消处理的情况。高等学校在编制年度预算会计报表时，可参照上述规定，以适当形式提供将校内独立核算单位预算会计信息纳入高等学校预算会计报表的说明。

中小学校应当在年度财务报表附注中提供将食堂财务会计信息纳入学校财务报表情况的说明，包括内部业务或事项抵销处理的情况，食堂本年收入、费用情况。

6. 政府会计具体准则中要求附注披露的其他内容。

7. 有助于理解和分析财务报表需要说明的其他事项。